ÉDITORIAL

AVRIL 2023

Victoire du Vivant

Lorsque les femmes vont au tombeau, au petit matin, bien avant l'aurore, elles sont loin d'imaginer ce qu'elles vont trouver : une pierre roulée et un tombeau vide ! Victoire de la vie sur la mort, la Parole s'accomplit, mais il faut ce temps à nul autre pareil pour comprendre ce qui avait été dit, pour cheminer avec les mots de l'Écriture et du Fils, pour accueillir enfin le salut donné à toutes les nations. La liturgie de la Semaine sainte prépare nos cœurs à entrer dans le mystère de Pâques. Dernier repas de Jésus et institution de l'eucharistie. Mort sur la Croix et grand silence du Samedi saint. Nuit pascale qui nous raconte l'histoire de notre baptême. Plongés dans la mort avec le Christ, nous sommes nés à une vie nouvelle au jour de notre baptême. Chaque année, Pâques nous rappelle que notre résurrection est déjà commencée et que, dans tous ces passages de la mort à la vie que nous vivons, le Ressuscité se tient debout et nous appelle à être des vivants. L'Église naît au seuil du tombeau vide pour dire Dieu à tous les âges. À nous aussi d'être les témoins du Vivant ! ■

« Pâques nous le rappelle : notre résurrection est déjà commencée. »

Annonce

ÉGLISE CATHOLIQUE EN FRANCE

Quand vient le temps de transmettre

Il arrive un moment dans nos vies où nous commençons à nous demander ce que vont devenir nos biens, nos avoirs, nos objets, nos chers souvenirs. Que transmettre et à qui ? De tout ce que nous avons accumulé, qui allons-nous gratifier ou encombrer ? S'informer auprès d'un notaire ou du service donations et legs d'une association permet de cheminer. Mais mettre en ordre sa succession ou écrire un testament reste une étape parfois difficile à accepter et pourtant c'est un service rendu à tous, à soi-même autant qu'aux proches, ayants droit ou dignes de faveur. Souvent, la paix intérieure et la tranquillité d'esprit seront à ce prix. Cette étape fait peur car elle rend concret et réel ce qui apparaît comme la fin de notre chemin sur terre. Pourtant elle peut être vécue dans l'espérance. Celle que nous appelle à vivre le Christ, une espérance pour tous. Nous envisageons souvent notre héritage comme un vestige matériel de notre vie laissé aux générations présentes et futures. Mais l'héritage de chacun, c'est bien plus. Par notre héritage, nous offrons à l'héritier d'accomplir ce que nous

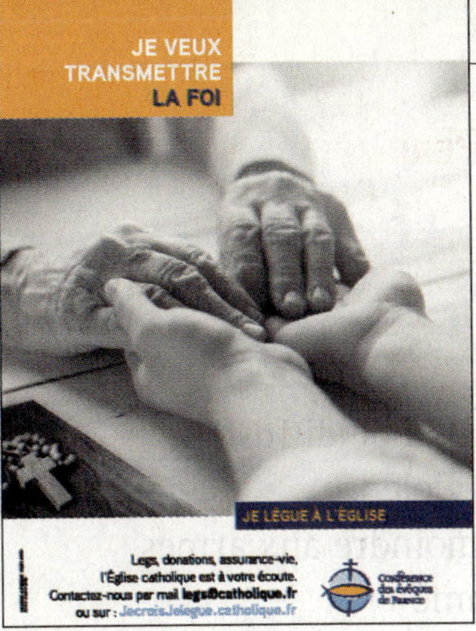

avons mis tout notre cœur à réaliser tout au long de notre existence selon nos valeurs et au nom de notre foi. L'héritier n'est donc pas passif lorsqu'il reçoit un héritage. Il reçoit dans un même temps le devoir de perpétuer les valeurs que le testataire souhaite voir persister dans le temps. En léguant à l'Église, Jacqueline, 85 ans, a conçu ainsi sa démarche comme un geste envers les générations futures : *« L'Église m'a fait un sacré don : la joie. J'aimerais contribuer à ce qu'elle fasse le même cadeau à d'autres. »* Chaque transmission est alors l'occasion d'une consolidation de ce que nos ancêtres souhaitaient pour nous et ceux qui nous suivront. Quand je laisse ainsi mon héritage derrière moi, je participe à une chaîne pour l'humanité entière. Ce que je laisse ne sera donc pas de l'ordre de ce qui se conserve, mais de l'ordre de ce qui s'accomplit.

Annonce

Pour vous procurer la brochure éditée par l'Église catholique « Transmettre, léguer : un parcours spirituel », vous pouvez écrire à : legs@catholique.fr

Prier avec le Saint-Père

Intention universelle du mois d'avril 2023

Prions pour une plus grande diffusion
d'une culture de la non-violence,
qui signifie un recours moindre aux armes
de la part des États comme
des citoyens.

Pour vous aider à prier :
www.prieraucoeurdumonde.net

SAINTS ET SAINTES DU MOIS D'AVRIL 2023

Xavier Lecœur, journaliste et historien

Chaque jour, l'Église fête plusieurs saints et bienheureux : ceux du calendrier romain, ceux des calendriers diocésains et ceux du calendrier des Églises orientales. Tous les mois, Prions en Église *vous propose d'en découvrir quelques-uns.*

1er avril

St Valery

(VIe-VIIe siècles)

D'abord moine à Luxeuil (70), il se fit ensuite missionnaire dans le nord de la France. Il y fonda le monastère de Leuconay, berceau de Saint-Valery-sur-Somme (60).

2 avril

St François de Paule

(1436-1507)

La vie exemplaire de cet ermite calabrais lui attira des disciples. Il les regroupa au sein de l'ordre des Minimes. Il mourut à Plessis-lès-Tours (37).

3 avril

St Richard

(1197-1253)

Malgré les brimades du roi Henri III d'Angleterre, cet évêque de Chichester (au sud de Londres) sut accomplir les devoirs de sa charge avec courage et bonté.

4 avril

Bse Alèthe

(XIe-XIIe siècles)

Mère de sept enfants (dont saint Bernard de Clairvaux, saint Gérard et sainte Ombeline), elle fut un modèle de femme chrétienne, pieuse et charitable.

5 avril

Ste Julienne de Cornillon

(1192-1258)

Cette religieuse augustine, prieure du monastère du mont Cornillon près de Liège (Belgique), joua un rôle capital dans l'institution d'une fête nouvelle dédiée au Saint-Sacrement, la Fête-Dieu.

6 avril

Bx Zéphyrin Agostini

(1813-1896)

Prêtre italien, né à Vérone. Il y fonda la congrégation des Ursulines Filles de Marie Immaculée pour l'éducation des jeunes filles pauvres. Béatifié en 1998.

7 avril
St Jean-Baptiste de La Salle
(1651-1719)
« Appuyez vos faiblesses sur Jésus Christ et confiez-vous en sa bonté », recommandait ce prêtre rémois, fondateur des Frères des Écoles Chrétiennes. Patron des éducateurs, depuis 1950.

8 avril
Bx Auguste Czartoryski
(1858-1893)
Né à Paris dans une famille noble polonaise, ce jeune prince pieux entra chez les Salésiens de Don Bosco, contre l'avis de son père. Béatifié en 2004.

9 avril
Bse Célestine Faron
(1913-1944)
Cette religieuse polonaise fut déportée à Auschwitz (Pologne) en raison de son hostilité au nazisme. Elle y mourut à Pâques 1944. Béatifiée en 1999.

10 avril
St Fulbert
(vers 960-1028)
Évêque de Chartres (28), il fut à la fois un pasteur, un bâtisseur et un savant.

11 avril
St Stanislas
(1030-1079)
Cet évêque de Cracovie fut assassiné par le roi Boleslas II qu'il avait excommunié en raison de ses crimes et débauches. L'un des saints patrons de la Pologne.

12 avril
Ste Thérèse des Andes
(1900-1920)
Il y a trente ans, en 1993, le pape saint Jean-Paul II canonisait cette jeune Chilienne fervente et joyeuse, qui mourut du typhus peu après son entrée au Carmel.

13 avril
Bx Scubilion
(1797-1867)
Natif de l'Yonne, ce Frère des Écoles Chrétiennes partit pour La Réunion. Il y défendit les esclaves et leur enseigna le catéchisme.

14 avril
St Prétextat
(VIe siècle)
Pour avoir dénoncé les abus des souverains mérovingiens, cet évêque de Rouen fut condamné à l'exil. À son retour, il fut assassiné dans sa cathédrale.

15 avril
St César de Bus
(1544-1607)
Fondateur

de la congrégation des Pères de la Doctrine chrétienne pour l'enseignement catéchétique et scolaire des jeunes, ce Provençal a été canonisé le 15 mai 2022, à Rome.

16 avril
St Benoît-Joseph Labre
(1748-1783)
Rejeté de plusieurs monastères, il fit de sa vie un pèlerinage perpétuel, allant de sanctuaire en sanctuaire, dans la prière et la pauvreté. Il mourut à Rome. Canonisé en 1881.

17 avril
Ste Kateri Tekakwitha
(1656-1680)
Malgré l'opposition de son milieu, cette jeune Iroquoise demanda le baptême et fit le choix de la virginité consacrée. Première sainte amérindienne, canonisée en 2012.

18 avril
Bse Sabine Petrilli
(1851-1923)
Il y a un siècle, jour pour jour, s'éteignait cette religieuse italienne, fondatrice de la congrégation hospitalière et caritative des Sœurs des Pauvres de Sainte-Catherine-de-Sienne. Béatifiée en 1988.

19 avril
St Léon IX
(lire page 242)

20 avril
Ste Agnès de Montepulciano
(1268-1317)
« Mon Bien-Aimé est à moi, je ne le quitterai plus » : tels furent les derniers mots de cette mystique italienne, fondatrice du couvent dominicain de Montepulciano (Italie).

21 avril
St Anselme
(vers 1033-1109)
Prieur, puis abbé de Notre-Dame du Bec (27), ce grand théologien fut ensuite nommé archevêque de Cantorbéry (Angleterre). Docteur de l'Église.

22 avril
Ste Opportune
(VIIIe siècle)
Abbesse de l'abbaye d'Almenèches (61). Vénérée pour sa grande piété et son dévouement envers les pauvres.

23 avril
Bse Marie-Gabrielle Sagheddu
(1914-1939)
Entrée à 21 ans chez les trappistines de Grottaferrata

près de Rome (Italie), elle tomba malade et offrit sa vie pour l'unité des chrétiens. Béatifiée en 1983, il y a quarante ans.

24 avril
St Fidèle de Sigmaringen
(1578-1622)
Avocat, il renonça à son métier pour entrer chez les capucins. Ordonné prêtre, il fut envoyé prêcher en Suisse où il mourut, victime des conflits entre catholiques et calvinistes.

25 avril
St Jean-Baptiste Piamarta
(1841-1913)
« Bien faire le bien » : telle était la devise de ce prêtre italien, fondateur de la congrégation de la Sainte-Famille de Nazareth, dédiée à l'éducation religieuse et professionnelle de la jeunesse.

26 avril
Bse Alda
(1249-1309)
Devenue veuve, cette habitante de Sienne (Italie) entra à l'hôpital de la ville et y soigna les malades.

27 avril
Ste Zita
(vers 1218-1278)
Domestique pendant quarante ans dans une riche famille de Lucques (Italie), Zita partageait le peu qu'elle avait avec les pauvres. Patronne des gens de maison.

28 avril
St Louis-Marie Grignion de Montfort
(1673-1716)
« On n'a point encore assez loué, exalté, honoré, aimé et servi Marie », regrettait ce grand apôtre de la piété mariale, fondateur de trois congrégations religieuses.

29 avril
St Hugues le Grand
(1024-1109)
En 1049, il succéda à saint Odilon comme abbé de Cluny et le demeura pendant soixante ans ! Son fructueux abbatiat marque l'apogée de la grande abbaye bourguignonne.

30 avril
Ste Marie de l'Incarnation Guyart
(1599-1672)
« Dieu ne refuse rien à ceux qui s'abandonnent à sa conduite », affirmait cette Tourangelle qui implanta la congrégation des Ursulines au Québec. Canonisée en 2014.

Prions avec les textes de la messe

DU 1ER AU 30 AVRIL 2023

Partagez vos intentions de prière

....

....

....

....

....

....

....

....

....

Envoyez vos intentions de prière à :
Prions en Église, Intentions de prière, 18 rue Barbès, 92128 Montrouge Cedex.
Elles seront portées par les pèlerins qui partiront à Saint-Jacques-de-Compostelle, du 1er au 8 mai 2023.

SAMEDI 1ER AVRIL 2023

5E SEMAINE DE CARÊME COULEUR LITURGIQUE : VIOLET

Temps du Carême

Antienne d'ouverture

Toi, Seigneur, ne sois pas loin : ô ma force, viens vite à mon aide !
Moi, je suis un ver, pas un homme,
raillé par les gens, rejeté par le peuple. (Ps 21, 20. 7)

Prière

Seigneur Dieu, de tous ceux à qui tu as donné de renaître dans le Christ, tu as fait une descendance choisie, un sacerdoce royal ; accorde-nous de vouloir ce que tu commandes et de pouvoir l'accomplir, afin que le peuple appelé à l'éternité ait une même foi dans le cœur, une même charité dans l'action. Par Jésus…

— Amen.

Lecture

du livre du prophète Ézékiel (37, 21-28)

« J'en ferai une seule nation »

Ainsi parle le Seigneur Dieu : « Je vais prendre les fils d'Israël parmi les nations où ils sont allés. Je les rassemblerai de partout et les ramènerai sur leur terre. J'en ferai une seule nation dans le pays, sur les montagnes d'Israël. Ils n'auront tous qu'un seul roi ; ils ne formeront plus deux nations ; ils ne seront plus divisés en deux royaumes. Ils ne se

rendront plus impurs avec leurs idoles immondes et leurs horreurs, avec toutes leurs révoltes. Je les sauverai en les retirant de tous les lieux où ils habitent et où ils ont péché, je les purifierai. Alors ils seront mon peuple, et moi je serai leur Dieu. Mon serviteur David régnera sur eux; ils n'auront tous qu'un seul berger; ils marcheront selon mes ordonnances, ils garderont mes décrets et les mettront en pratique. Ils habiteront le pays que j'ai donné à mon serviteur Jacob, le pays que leurs pères ont habité. Ils l'habiteront, eux-mêmes et leurs fils, et les fils de leurs fils pour toujours. David, mon serviteur, sera leur prince pour toujours. Je conclurai avec eux une alliance de paix, une alliance éternelle. Je les rétablirai, je les multiplierai, je mettrai mon sanctuaire au milieu d'eux pour toujours. Ma demeure sera chez eux, je serai leur Dieu et ils seront mon peuple. Alors les nations sauront que Je suis le Seigneur, celui qui sanctifie Israël, lorsque mon sanctuaire sera au milieu d'eux pour toujours. »

– Parole du Seigneur.

Cantique Jérémie 31, 10, 11-12ab, 13

℟ ***Le Seigneur nous garde, comme un berger son troupeau.***

Écoutez, nations, la parole du Seigneur !
Annoncez dans les îles lointaines :
« Celui qui dispersa Israël le rassemble,
il le garde, comme un berger
son troupeau. ℟

Le Seigneur a libéré Jacob,
l'a racheté des mains d'un plus fort.
Ils viennent, criant de joie,
sur les hauteurs de Sion :
ils affluent vers les biens du Seigneur. ℟

La jeune fille se réjouit, elle danse ;
jeunes gens, vieilles gens, tous ensemble !

Je change leur deuil en joie,
les réjouis, les console après la peine. » ℟

Acclamation de l'Évangile

Ta parole, Seigneur, est vérité, et ta loi, délivrance. Rejetez tous les crimes que vous avez commis, faites-vous un cœur nouveau et un esprit nouveau. ***Ta parole, Seigneur, est vérité, et ta loi, délivrance.***

Évangile de Jésus Christ

selon saint Jean (11, 45-57)

« Afin de rassembler dans l'unité les enfants de Dieu dispersés »

En ce temps-là, quand Lazare fut sorti du tombeau, beaucoup de Juifs, qui étaient venus auprès de Marie et avaient donc vu ce que Jésus avait fait, crurent en lui. Mais quelques-uns allèrent trouver les pharisiens pour leur raconter ce qu'il avait fait. Les grands prêtres et les pharisiens réunirent donc le Conseil suprême ; ils disaient : « Qu'allons-nous faire ? Cet homme accomplit un grand nombre de signes. Si nous le laissons faire, tout le monde va croire en lui, et les Romains viendront détruire notre Lieu saint et notre nation. » Alors, l'un d'entre eux, Caïphe, qui était grand prêtre cette année-là, leur dit : « Vous n'y comprenez rien ; vous ne voyez pas quel est votre intérêt : il vaut mieux qu'un seul homme meure pour le peuple, et que l'ensemble de la nation ne périsse pas. » Ce qu'il disait là ne venait pas de lui-même ; mais, étant grand prêtre cette année-là, il prophétisa que Jésus allait mourir pour la nation ; et ce

n'était pas seulement pour la nation, c'était afin de rassembler dans l'unité les enfants de Dieu dispersés.
À partir de ce jour-là, ils décidèrent de le tuer. C'est pourquoi Jésus ne se déplaçait plus ouvertement parmi les Juifs; il partit pour la région proche du désert, dans la ville d'Éphraïm où il séjourna avec ses disciples. Or, la Pâque juive était proche, et beaucoup montèrent de la campagne à Jérusalem pour se purifier avant la Pâque. Ils cherchaient Jésus et, dans le Temple, ils se disaient entre eux : « Qu'en pensez-vous ? Il ne viendra sûrement pas à la fête ! » Les grands prêtres et les pharisiens avaient donné des ordres : quiconque saurait où il était devait le dénoncer, pour qu'on puisse l'arrêter.

Prière sur les offrandes

Accepte, Seigneur, les offrandes présentées en ce temps de jeûne ; qu'elles nous purifient et nous rendent dignes de ta grâce, pour nous conduire aux biens promis dans l'éternité. Par le Christ, notre Seigneur. – ***Amen.***

1re préface de la Passion, p. 343.

Antienne de la communion

Le Christ a été livré,
afin de rassembler dans l'unité
les enfants de Dieu dispersés.
(cf. Jn 11, 52)

Prière après la communion

Dieu souverain, nous te le demandons humblement : puisque tu nous as fait communier au corps et au sang très saints de ton Fils, rends-nous participants de la nature divine. Par le Christ, notre Seigneur. – ***Amen.***

Prière sur le peuple

Le prêtre peut dire la prière suivante :

Prends pitié, Seigneur, de ton Église en prière, et regarde avec bonté le cœur de tes fidèles tournés vers toi ; ne permets pas que le péché les entrave, ne laisse pas le malheur les accabler, puisque tu les as rachetés par la mort de ton Fils unique. Lui qui… ***— Amen***

INVITATION

Nous entrons demain dans la « Grande Semaine ». Et si je plaçais des rendez-vous dans mon agenda pour la vivre chaque jour avec Jésus ?

COMMENTAIRE

Division et multiplication Ézékiel 37, 21-28

Le peuple est marqué par la division et le péché, mais Ézékiel annonce l'horizon d'une profusion sans bornes : « Pour toujours […] alliance éternelle […] je les multiplierai. » L'unité à venir est même plus large que la descendance promise à Abraham : elle englobe toutes les nations. Lorsque nous laissons Dieu faire sa demeure chez nous – habiter en nous et au milieu de nous –, une réconciliation universelle est à l'œuvre. ■

Nicolas Tarralle, *prêtre assomptionniste*

DIMANCHE 2 AVRIL 2023

DIMANCHE DES RAMEAUX ET DE LA PASSION

ANNÉE A – COULEUR LITURGIQUE : ROUGE

« Béni soit celui qui vient au nom du Seigneur ! »
Matthieu 21, 9

© Marion Duval

« Hosanna au fils de David ! » À Jérusalem, l'entrée du Messie est triomphale. La foule se presse autour de « Celui qui vient au nom du Seigneur ». Mais elle est versatile. Bientôt, Jésus sera mené à Jérusalem, non plus pour être acclamé, mais pour être jugé, calomnié, injurié. À l'aube de cette Semaine sainte, débordons de reconnaissance pour notre Messie. Suivons-le dans sa douleur et dans sa victoire triomphale.

COMMÉMORATION DE L'ENTRÉE DU SEIGNEUR À JÉRUSALEM

Procession ou entrée solennelle

Antienne

Hosanna au fils de David !
Béni soit celui qui vient au nom du Seigneur, le Roi d'Israël !
Hosanna au plus haut des cieux ! (cf. Mt 21, 9)

OU

H27 ; T. : AELF ; M. : Julien ; Chalet.

Le chant terminé, le prêtre salue le peuple puis invite les fidèles à participer à la célébration par la brève allocution qui suit ou en des termes semblables :

Frères et sœurs bien-aimés, depuis le début du Carême, nous avons préparé nos cœurs par la pénitence et la pratique de la charité.

Nous voici rassemblés aujourd'hui pour commencer avec toute l'Église la célébration du mystère pascal de notre Seigneur, celui de sa passion et de sa résurrection. En vue d'accomplir ce mystère pascal, il a fait son entrée dans sa ville de Jérusalem. Mettons toute notre foi et tout notre amour à rappeler maintenant le souvenir de cette entrée de Jésus notre Sauveur et suivons le Seigneur, afin qu'associés par grâce à la croix, nous ayons part à la résurrection et à la vie.

Prière

Dieu éternel et tout-puissant, bénis et sanctifie ✠ ces rameaux, afin qu'en suivant dans l'allégresse le Christ notre Roi, nous puissions parvenir par lui jusqu'à la Jérusalem éternelle. Lui qui… **— *Amen.***

OU

Augmente la foi de ceux qui espèrent en toi, Seigneur Dieu, exauce en ta bonté les prières de ceux qui te supplient : aujourd'hui, nous tenons à la main ces rameaux pour acclamer le Christ en son triomphe ; puissions-nous, par nos œuvres bonnes, porter en lui du fruit à ta gloire. Lui qui… **— *Amen.***

Récit de l'entrée à Jérusalem

Évangile de Jésus Christ selon saint Matthieu (21, 1-11)

Jésus et ses disciples, approchant de Jérusalem, arrivèrent en vue de Bethphagé, sur les pentes du mont des Oliviers. Alors Jésus envoya deux disciples : « Allez au village qui est en face de vous ;

vous trouverez aussitôt une ânesse attachée et son petit avec elle. Détachez-les et amenez-les moi. Et si l'on vous dit quelque chose, vous répondrez : "Le Seigneur en a besoin." Et aussitôt on les laissera partir. » Cela est arrivé pour que soit accomplie la parole prononcée par le prophète : *Dites à la fille de Sion : Voici ton roi qui vient vers toi, plein de douceur, monté sur une ânesse et un petit âne, le petit d'une bête de somme.* Les disciples partirent et firent ce que Jésus leur avait ordonné. Ils amenèrent l'ânesse et son petit, disposèrent sur eux leurs manteaux, et Jésus s'assit dessus. Dans la foule, la plupart étendirent leurs manteaux sur le chemin; d'autres coupaient des branches aux arbres et en jonchaient la route. Les foules qui marchaient devant Jésus et celles qui suivaient criaient : « Hosanna au fils de David! Béni soit celui qui vient au nom du Seigneur! Hosanna au plus haut des cieux! » Comme Jésus entrait à Jérusalem, toute la ville fut en proie à l'agitation et disait : « Qui est cet homme? » Et les foules répondaient : « C'est le prophète Jésus, de Nazareth en Galilée. »

Procession des rameaux

Après l'évangile et avant le départ de la procession,
le prêtre peut prononcer une brève homélie ou dire simplement :

Et maintenant, frères et sœurs bien-aimés, imitons les foules de Jérusalem, heureuses d'acclamer Jésus, et avançons dans la paix.

Ou bien seulement :

Avançons dans la paix. ***— Au nom du Christ. Amen.***

Tandis que la procession s'avance, on peut chanter l'antienne suivante ou d'autres chants en l'honneur du Christ Roi :

Les enfants des Hébreux, portant des rameaux d'olivier,
allèrent au-devant du Seigneur ; ils l'acclamaient en disant :
Hosanna au plus haut des cieux !

À l'entrée de la procession dans l'église, on chante le répons suivant ou un autre chant semblable :

À l'entrée du Seigneur dans la Ville sainte,
les enfants des Hébreux, portant des palmes et des rameaux d'olivier, annonçaient la résurrection.
℟ ***Avec eux, nous chantons : Hosanna au plus haut des cieux !***
Quand le peuple apprit que Jésus arrivait à Jérusalem,
il sortit à sa rencontre.
℟ ***Avec eux, nous chantons : Hosanna au plus haut des cieux !***

Entrée simple

Acclamé puis injurié, Jésus marchera jusqu'au pied de la Croix en ne faisant que la volonté de son Père. Le Christ Jésus, prenant la condition de serviteur, vient montrer aux hommes la toute-puissance de l'amour de Dieu. Dans nos combats et nos faiblesses, il nous offre la joie du salut et l'espérance de la résurrection.

Chant d'entrée *(Suggestions p. 367)*

OU *Antienne d'ouverture*

Six jours avant la fête de la Pâque, lorsque le Seigneur fit son entrée à Jérusalem, les enfants allèrent à sa rencontre. Ils tenaient en main des branches de palmier, et criaient à pleine voix :

– Hosanna au plus haut des cieux ! Sois béni, toi qui viens dans l'abondance de ta miséricorde !

Portes, levez vos frontons,
élevez-vous, portes éternelles :
qu'il entre, le roi de gloire !
Qui donc est ce roi de gloire ?
C'est le Seigneur, Dieu de l'univers ;
c'est lui, le roi de gloire.

– Hosanna au plus haut des cieux ! Sois béni, toi qui viens dans l'abondance de ta miséricorde !

(cf. Jn 12, 1. 12-13 ; Ps 23, 9-10)

Suggestion de préparation pénitentielle *(ou p. 336)*

Roi triomphant, le Christ est bientôt jugé, calomnié, assassiné. Avec grande foi, en ce dimanche des Rameaux, tournons-nous vers le Seigneur et reconnaissons que nous sommes pécheurs.

Seigneur Jésus, toi le Fils de Dieu et notre Dieu, tu t'es fait homme par amour des hommes. Kyrie, eleison. ***– Kyrie, eleison.***

Ô Christ, toi qui es venu pour nous sauver, tu as connu le rejet, la souffrance et la mort. Christe, eleison. ***– Christe, eleison.***

Seigneur, toi notre Roi acclamé par les foules, tu t'es fait obéissant jusqu'à la mort de la Croix. Kyrie eleison. ***– Kyrie, eleison.***

Que Dieu tout-puissant nous fasse miséricorde ; qu'il nous pardonne nos péchés et nous conduise à la vie éternelle. – ***Amen.***

Pendant le Carême, on omet le Gloire à Dieu.

MESSE DE LA PASSION

Prière

Dieu éternel et tout-puissant, pour donner au genre humain un exemple d'humilité, tu as voulu que notre Sauveur prenne chair et qu'il subisse la croix : accorde-nous, dans ta bonté, d'accueillir le témoignage de sa force dans la souffrance et d'avoir part à sa résurrection. Lui qui… – ***Amen.***

LITURGIE DE LA PAROLE

Lecture du livre du prophète Isaïe (50, 4-7)

« Je n'ai pas caché ma face devant les outrages,
je sais que je ne serai pas confondu »

Le Seigneur mon Dieu m'a donné le langage des disciples, pour que je puisse, d'une parole, soutenir celui qui est épuisé. Chaque matin, il éveille, il éveille mon oreille pour qu'en disciple, j'écoute. Le Seigneur mon Dieu m'a ouvert l'oreille, et moi, je ne me suis pas révolté, je ne me suis pas dérobé. J'ai présenté mon dos à ceux qui me frappaient, et mes joues à ceux qui m'arrachaient la

barbe. Je n'ai pas caché ma face devant les outrages et les crachats. Le Seigneur mon Dieu vient à mon secours ; c'est pourquoi je ne suis pas atteint par les outrages, c'est pourquoi j'ai rendu ma face dure comme pierre : je sais que je ne serai pas confondu.
– Parole du Seigneur.

Psaume 21 (22)

℟ ***Mon Dieu, mon Dieu, pourquoi m'as-tu abandonné ?***

T. : AELF ; M. : B. Delattre ; Éd. : ADF.

Tous ceux qui me voient me bafouent,
ils ricanent et hochent la tête :
« Il comptait sur le Seigneur : qu'il le délivre !
Qu'il le sauve, puisqu'il est son ami ! » ℟

Retrouvez
ce psaume sur le CD
"Les psaumes
de l'année A"

℟ ***Mon Dieu, mon Dieu, pourquoi m'as-tu abandonné ?***

Oui, des chiens me cernent,
une bande de vauriens m'entoure.
Ils me percent les mains et les pieds ;
je peux compter tous mes os. ℟

Ils partagent entre eux mes habits
et tirent au sort mon vêtement.
Mais toi, Seigneur, ne sois pas loin :
ô ma force, viens vite à mon aide ! ℟

Tu m'as répondu !
Et je proclame ton nom devant mes frères,
je te loue en pleine assemblée.
Vous qui le craignez, louez le Seigneur. ℟

Lecture de la lettre de saint Paul apôtre aux Philippiens (2, 6-11)

« Il s'est abaissé : c'est pourquoi Dieu l'a exalté »

Le Christ Jésus, ayant la condition de Dieu, ne retint pas jalousement le rang qui l'égalait à Dieu. Mais il s'est anéanti, prenant la condition de serviteur, devenant semblable aux hommes. Reconnu homme à son aspect, il s'est abaissé, devenant obéissant jusqu'à la mort, et la mort de la croix. C'est pourquoi Dieu l'a exalté : il l'a doté du Nom qui est au-dessus de tout nom, afin qu'au nom de Jésus tout genou fléchisse au ciel, sur terre et aux enfers, et que toute langue proclame : « Jésus Christ est Seigneur » à la gloire de Dieu le Père. – Parole du Seigneur.

Acclamation de l'Évangile

Gloire et louange à toi, Seigneur Jésus ! Pour nous, le Christ est devenu obéissant, jusqu'à la mort, et la mort de la croix. C'est pourquoi Dieu l'a exalté : il l'a doté du Nom qui est au-dessus de tout nom. ***Gloire et louange à toi, Seigneur Jésus !***

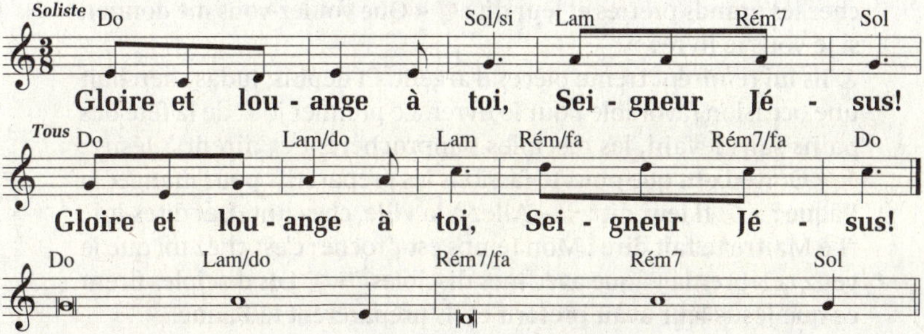

U77-01; T. : AELF; M. : P. Robert; ADF-Musique.

La lecture de la Passion se fait sans salutation au début.

Refrains suggérés au cours de la lecture de la Passion :

℟ ***Ô croix dressée sur le monde*** *(H30) ou :* ***Victoire, tu régneras*** *(H32) ou :* ***Nous chantons la croix du Seigneur*** *(CNA n° 342).*

Pour lire l'évangile de la Passion à plusieurs voix :
✝ Jésus ; Ⓛ lecteur ; Ⓓ disciples et amis ; Ⓕ foule ; Ⓐ autres personnages.

La Passion de notre Seigneur Jésus Christ

selon saint Matthieu (26, 14 – 27, 66)

(Si l'on choisit la lecture brève, Matthieu 27, 11-54, on lit le titre ci-dessus, puis on commence après le filet de la page 34.)

Passion de notre Seigneur Jésus Christ

Ⓛ En ce temps-là, l'un des Douze, nommé Judas Iscariote, se rendit chez les grands prêtres et leur dit : Ⓓ « Que voulez-vous me donner, si je vous le livre ? »
Ⓛ Ils lui remirent trente pièces d'argent. Et depuis, Judas cherchait une occasion favorable pour le livrer. Le premier jour de la fête des pains sans levain, les disciples s'approchèrent et dirent à Jésus : Ⓓ « Où veux-tu que nous te fassions les préparatifs pour manger la Pâque ? » Ⓛ Il leur dit : ✝ « Allez à la ville, chez untel, et dites-lui : "Le Maître te fait dire : Mon temps est proche ; c'est chez toi que je veux célébrer la Pâque avec mes disciples." » Ⓛ Les disciples firent ce que Jésus leur avait prescrit et ils préparèrent la Pâque.
Le soir venu, Jésus se trouvait à table avec les Douze. Pendant le repas, il déclara : ✝ « Amen, je vous le dis : l'un de vous va me livrer. » Ⓛ Profondément attristés, ils se mirent à lui demander, chacun son tour : Ⓓ « Serait-ce moi, Seigneur ? » Ⓛ Prenant la parole, il dit : ✝ « Celui qui s'est servi au plat en même temps que

moi, celui-là va me livrer. Le Fils de l'homme s'en va, comme il est écrit à son sujet; mais malheureux celui par qui le Fils de l'homme est livré! Il vaudrait mieux pour lui qu'il ne soit pas né, cet homme-là! » Ⓛ Judas, celui qui le livrait, prit la parole : Ⓓ « Rabbi, serait-ce moi? » Ⓛ Jésus lui répond : ✠ « C'est toi-même qui l'as dit! »
Ⓛ Pendant le repas, Jésus, ayant pris du pain et prononcé la bénédiction, le rompit et, le donnant aux disciples, il dit : ✠ « Prenez, mangez : ceci est mon corps. » Ⓛ Puis, ayant pris une coupe et ayant rendu grâce, il la leur donna, en disant : ✠ « Buvez-en tous, car ceci est mon sang, le sang de l'Alliance, versé pour la multitude en rémission des péchés. Je vous le dis : désormais je ne boirai plus de ce fruit de la vigne, jusqu'au jour où je le boirai, nouveau, avec vous dans le royaume de mon Père. »
Ⓛ Après avoir chanté les psaumes, ils partirent pour le mont des Oliviers. Alors Jésus leur dit : ✠ « Cette nuit, je serai pour vous tous une occasion de chute; car il est écrit : *Je frapperai le berger, et les brebis du troupeau seront dispersées.* Mais, une fois ressuscité, je vous précéderai en Galilée. » Ⓛ Prenant la parole, Pierre lui dit : Ⓓ « Si tous viennent à tomber à cause de toi, moi, je ne tomberai jamais. » Ⓛ Jésus lui répondit : ✠ « Amen, je te le dis : cette nuit même, avant que le coq chante, tu m'auras renié trois fois. » Ⓛ Pierre lui dit : Ⓓ « Même si je dois mourir avec toi, je ne te renierai pas. » Ⓛ Et tous les disciples dirent de même.
Alors Jésus parvient avec eux à un domaine appelé Gethsémani

et leur dit : ✝ « Asseyez-vous ici, pendant que je vais là-bas pour prier. » Ⓛ Il emmena Pierre, ainsi que Jacques et Jean, les deux fils de Zébédée, et il commença à ressentir tristesse et angoisse. Il leur dit alors : ✝ « Mon âme est triste à en mourir. Restez ici et veillez avec moi. » Ⓛ Allant un peu plus loin, il tomba face contre terre en priant, et il disait : ✝ « Mon Père, s'il est possible, que cette coupe passe loin de moi ! Cependant, non pas comme moi, je veux, mais comme toi, tu veux. » Ⓛ Puis il revient vers ses disciples et les trouve endormis ; il dit à Pierre : ✝ « Ainsi, vous n'avez pas eu la force de veiller seulement une heure avec moi ? Veillez et priez, pour ne pas entrer en tentation ; l'esprit est ardent, mais la chair est faible. » Ⓛ De nouveau, il s'éloigna et pria, pour la deuxième fois ; il disait : ✝ « Mon Père, si cette coupe ne peut passer sans que je la boive, que ta volonté soit faite ! » Ⓛ Revenu près des disciples, de nouveau il les trouva endormis, car leurs yeux étaient lourds de sommeil. Les laissant, de nouveau il s'éloigna et pria pour la troisième fois, en répétant les mêmes paroles. Alors il revient vers les disciples et leur dit : ✝ « Désormais, vous pouvez dormir et vous reposer. Voici qu'elle est proche, l'heure où le Fils de l'homme est livré aux mains des pécheurs. Levez-vous ! Allons ! Voici qu'il est proche, celui qui me livre. »
Ⓛ Jésus parlait encore, lorsque Judas, l'un des Douze, arriva, et avec lui une grande foule armée d'épées et de bâtons, envoyée par les grands prêtres et les anciens du peuple. Celui qui le livrait

leur avait donné un signe : Ⓓ « Celui que j'embrasserai, c'est lui : arrêtez-le. » Ⓛ Aussitôt, s'approchant de Jésus, il lui dit : Ⓓ « Salut, Rabbi ! » Ⓛ Et il l'embrassa. Jésus lui dit : ✠ « Mon ami, ce que tu es venu faire, fais-le ! » Ⓛ Alors ils s'approchèrent, mirent la main sur Jésus et l'arrêtèrent. L'un de ceux qui étaient avec Jésus, portant la main à son épée, la tira, frappa le serviteur du grand prêtre, et lui trancha l'oreille. Alors Jésus lui dit : ✠ « Rentre ton épée, car tous ceux qui prennent l'épée périront par l'épée. Crois-tu que je ne puisse pas faire appel à mon Père ? Il mettrait aussitôt à ma disposition plus de douze légions d'anges. Mais alors, comment s'accompliraient les Écritures selon lesquelles il faut qu'il en soit ainsi ? » Ⓛ À ce moment-là, Jésus dit aux foules : ✠ « Suis-je donc un bandit, pour que vous soyez venus vous saisir de moi, avec des épées et des bâtons ? Chaque jour, dans le Temple, j'étais assis en train d'enseigner, et vous ne m'avez pas arrêté. » Ⓛ Mais tout cela est arrivé pour que s'accomplissent les écrits des prophètes. Alors tous les disciples l'abandonnèrent et s'enfuirent.

Ceux qui avaient arrêté Jésus l'amenèrent devant Caïphe, le grand prêtre, chez qui s'étaient réunis les scribes et les anciens. Quant à Pierre, il le suivait à distance, jusqu'au palais du grand prêtre ; il entra dans la cour et s'assit avec les serviteurs pour voir comment cela finirait. Les grands prêtres et tout le Conseil suprême cherchaient un faux témoignage contre Jésus pour le faire mettre à mort. Ils n'en trouvèrent pas ; pourtant beaucoup de faux témoins s'étaient présentés. Finalement il s'en présenta deux, qui déclarèrent : Ⓐ « Celui-là a dit : "Je peux détruire le Sanctuaire de Dieu et, en trois jours, le rebâtir." » Ⓛ Alors le grand prêtre se leva et lui dit : Ⓐ « Tu ne réponds rien ? Que dis-tu des témoignages qu'ils portent contre toi ? » Ⓛ Mais Jésus gardait le silence. Le grand prêtre lui dit : Ⓐ « Je t'adjure, par le Dieu vivant, de nous dire si c'est toi qui es le Christ, le Fils de Dieu. » Ⓛ Jésus lui répond : ✝ « C'est toi-même qui l'as dit ! En tout cas, je vous le déclare : désormais vous verrez le Fils de l'homme siéger à la droite du Tout-Puissant et venir sur les nuées du ciel. » Ⓛ Alors le grand prêtre déchira ses vêtements, en disant : Ⓐ « Il a blasphémé ! Pourquoi nous faut-il encore des témoins ? Vous venez d'entendre le blasphème ! Quel est votre avis ? » Ⓛ Ils répondirent : Ⓕ « Il mérite la mort. » Ⓛ Alors ils lui crachèrent au visage et le giflèrent ; d'autres le rouèrent de coups en disant : Ⓕ « Fais-nous le prophète, ô Christ ! Qui t'a frappé ? »

Ⓛ Cependant Pierre était assis dehors dans la cour. Une jeune servante s'approcha de lui et lui dit : Ⓐ « Toi aussi, tu étais avec Jésus, le Galiléen ! » Ⓛ Mais il le nia devant tout le monde et dit : Ⓓ « Je ne sais pas de quoi tu parles. » Ⓛ Une autre servante le vit sortir en direction du portail et elle dit à ceux qui étaient là : Ⓐ « Celui-ci était avec Jésus, le Nazaréen. » Ⓛ De nouveau, Pierre le nia en faisant ce serment : Ⓓ « Je ne connais pas cet homme. » Ⓛ Peu après, ceux qui se tenaient là s'approchèrent et dirent à Pierre :

Ⓐ « Sûrement, toi aussi, tu es l'un d'entre eux ! D'ailleurs, ta façon de parler te trahit. » Ⓛ Alors, il se mit à protester violemment et à jurer : Ⓓ « Je ne connais pas cet homme. » Ⓛ Et aussitôt un coq chanta. Alors Pierre se souvint de la parole que Jésus lui avait dite : « Avant que le coq chante, tu m'auras renié trois fois. » Il sortit et, dehors, pleura amèrement.

Le matin venu, tous les grands prêtres et les anciens du peuple tinrent conseil contre Jésus pour le faire mettre à mort. Après l'avoir ligoté, ils l'emmenèrent et le livrèrent à Pilate, le gouverneur. Alors, en voyant que Jésus était condamné, Judas, qui l'avait livré, fut pris de remords ; il rendit les trente pièces d'argent aux grands prêtres et aux anciens. Il leur dit : Ⓓ « J'ai péché en livrant à la mort un innocent. » Ⓛ Ils répliquèrent : Ⓐ « Que nous importe ? Cela te regarde ! » Ⓛ Jetant alors les pièces d'argent dans le Temple, il se retira et alla se pendre. Les grands prêtres ramassèrent l'argent et dirent : Ⓐ « Il n'est pas permis de le verser dans le trésor, puisque c'est le prix du sang. » Ⓛ Après avoir tenu conseil, ils achetèrent avec cette somme le champ du potier pour y enterrer les étrangers. Voilà pourquoi ce champ est appelé jusqu'à ce jour le Champ-du-Sang.

Alors fut accomplie la parole prononcée par le prophète Jérémie : *Ils ramassèrent les trente pièces d'argent, le prix de celui qui fut mis à prix, le prix fixé par les fils d'Israël, et ils les donnèrent pour le champ du potier, comme le Seigneur me l'avait ordonné.*

Début de la lecture brève

Ⓛ On fit comparaître Jésus devant Pilate, le gouverneur, qui l'interrogea : Ⓐ « Es-tu le roi des Juifs ? » Ⓛ Jésus déclara : ✠ « C'est toi-même qui le dis. » Ⓛ Mais, tandis que les grands prêtres et les anciens l'accusaient, il ne répondit rien. Alors Pilate lui dit : Ⓐ « Tu n'entends pas tous les témoignages portés contre toi ? » Ⓛ Mais Jésus ne lui répondit plus un mot, si bien que le gouverneur fut très étonné. Or, à chaque fête, celui-ci avait coutume de relâcher un prisonnier, celui que la foule demandait. Il y avait alors un prisonnier bien connu, nommé Barabbas. Les foules s'étant donc rassemblées, Pilate leur dit : Ⓐ « Qui voulez-vous que je vous relâche : Barabbas ? ou Jésus, appelé le Christ ? » Ⓛ Il savait en effet que c'était par jalousie qu'on avait livré Jésus. Tandis qu'il siégeait au tribunal, sa femme lui fit dire : Ⓐ « Ne te mêle pas de l'affaire de ce juste, car aujourd'hui j'ai beaucoup souffert en songe à cause de lui. » Ⓛ Les grands prêtres et les anciens poussèrent les foules à réclamer Barabbas et à faire périr Jésus. Le gouverneur reprit : Ⓐ « Lequel des deux voulez-vous que je vous relâche ? » Ⓛ Ils répondirent : Ⓕ « Barabbas ! » Ⓛ Pilate leur dit : Ⓐ « Que ferai-je donc de Jésus appelé le Christ ? » Ⓛ Ils répondirent tous : Ⓕ « Qu'il soit crucifié ! » Ⓛ Pilate demanda : Ⓐ « Quel mal a-t-il donc fait ? » Ⓛ Ils criaient encore plus fort : Ⓕ « Qu'il soit crucifié ! » Ⓛ Pilate, voyant que ses efforts ne servaient à rien, sinon à augmenter le tumulte, prit de l'eau et se lava

les mains devant la foule, en disant : Ⓐ « Je suis innocent du sang de cet homme : cela vous regarde ! » Ⓛ Tout le peuple répondit : Ⓕ « Son sang, qu'il soit sur nous et sur nos enfants ! » Ⓛ Alors, il leur relâcha Barabbas ; quant à Jésus, il le fit flageller, et il le livra pour qu'il soit crucifié. Alors les soldats du gouverneur emmenèrent Jésus dans la salle du Prétoire et rassemblèrent autour de lui toute la garde. Ils lui enlevèrent ses vêtements et le couvrirent d'un manteau rouge. Puis, avec des épines, ils tressèrent une couronne, et la posèrent sur sa tête ; ils lui mirent un roseau dans la main droite et, pour se moquer de lui, ils s'agenouillaient devant lui en disant : Ⓕ « Salut, roi des Juifs ! » Ⓛ Et, après avoir craché sur lui, ils prirent le roseau, et ils le frappaient à la tête. Quand ils se furent bien moqués de lui, ils lui enlevèrent le manteau, lui remirent ses vêtements, et l'emmenèrent pour le crucifier.
En sortant, ils trouvèrent un nommé Simon, originaire de Cyrène, et ils le réquisitionnèrent pour porter la croix de Jésus. Arrivés en un lieu dit Golgotha, c'est-à-dire : Lieu-du-Crâne (ou Calvaire), ils donnèrent à boire à Jésus du vin mêlé de fiel ; il en goûta, mais ne voulut pas boire. Après l'avoir crucifié, ils se partagèrent ses vêtements en tirant au sort ; et ils restaient là, assis, à le garder. Au-dessus de sa tête ils placèrent une inscription indiquant le motif de sa condamnation : « Celui-ci est Jésus, le roi des Juifs. » Alors on crucifia avec lui deux bandits, l'un à droite et l'autre à gauche.

Les passants l'injuriaient en hochant la tête; ils disaient : Ⓕ « Toi qui détruis le Sanctuaire et le rebâtis en trois jours, sauve-toi toi-même, si tu es Fils de Dieu, et descends de la croix! » Ⓛ De même, les grands prêtres se moquaient de lui avec les scribes et les anciens, en disant : Ⓐ « Il en a sauvé d'autres, et il ne peut pas se sauver lui-même! Il est roi d'Israël : qu'il descende maintenant de la croix, et nous croirons en lui! Il a mis sa confiance en Dieu. Que Dieu le délivre maintenant, s'il l'aime! Car il a dit : "Je suis Fils de Dieu." »
Ⓛ Les bandits crucifiés avec lui l'insultaient de la même manière.
À partir de la sixième heure (c'est-à-dire : midi), l'obscurité se fit sur toute la terre jusqu'à la neuvième heure. Vers la neuvième heure, Jésus cria d'une voix forte : ✢ « *Éli, Éli, lema sabactani?* », Ⓛ ce qui veut dire : ✢ « Mon Dieu, mon Dieu, pourquoi m'as-tu abandonné? »
Ⓛ L'ayant entendu, quelques-uns de ceux qui étaient là disaient : Ⓕ « Le voilà qui appelle le prophète Élie! » Ⓛ Aussitôt l'un d'eux courut prendre une éponge qu'il trempa dans une boisson vinaigrée; il la mit au bout d'un roseau, et il lui donnait à boire. Les autres disaient : Ⓕ « Attends! Nous verrons bien si Élie vient le sauver. »
Ⓛ Mais Jésus, poussant de nouveau un grand cri, rendit l'esprit.

(Ici on fléchit le genou et on s'arrête un instant.)

Et voici que le rideau du Sanctuaire se déchira en deux, depuis le haut jusqu'en bas; la terre trembla et les rochers se fendirent. Les tombeaux s'ouvrirent; les corps de nombreux saints qui étaient morts ressuscitèrent, et, sortant des tombeaux après la résurrection de Jésus, ils entrèrent dans la Ville sainte, et se montrèrent à un grand nombre de gens. À la vue du tremblement de terre et de ces événements, le centurion et ceux qui, avec lui, gardaient Jésus, furent saisis d'une grande crainte et dirent : Ⓐ « Vraiment, celui-ci était Fils de Dieu ! »

Fin de la lecture brève

Ⓛ Il y avait là de nombreuses femmes qui observaient de loin. Elles avaient suivi Jésus depuis la Galilée pour le servir. Parmi elles se trouvaient Marie Madeleine, Marie, mère de Jacques et de Joseph, et la mère des fils de Zébédée. Comme il se faisait tard, arriva un homme riche, originaire d'Arimathie, qui s'appelait Joseph, et qui était devenu, lui aussi, disciple de Jésus. Il alla trouver Pilate pour demander le corps de Jésus. Alors Pilate ordonna qu'on le lui remette. Prenant le corps, Joseph l'enveloppa dans un linceul immaculé, et le déposa dans le tombeau neuf qu'il s'était fait creuser dans le roc. Puis il roula une grande pierre à l'entrée du tombeau et s'en alla. Or Marie Madeleine et l'autre Marie étaient là, assises en face du sépulcre. Le lendemain, après le jour de la Préparation, les grands prêtres et les pharisiens s'assemblèrent chez Pilate, en disant : Ⓐ « Seigneur, nous nous sommes rappelé que cet imposteur a dit, de son vivant : "Trois jours après, je ressusciterai." Alors, donne l'ordre que le sépulcre soit surveillé jusqu'au troisième jour, de peur que ses disciples ne viennent voler le corps et ne disent au peuple : "Il est ressuscité d'entre les morts." Cette dernière imposture serait

pire que la première. » Ⓛ Pilate leur déclara : Ⓐ « Vous avez une garde. Allez, organisez la surveillance comme vous l'entendez ! » Ⓛ Ils partirent donc et assurèrent la surveillance du sépulcre en mettant les scellés sur la pierre et en y plaçant la garde.

Homélie

Profession de foi *(p. 340)*

Suggestion de prière universelle

Le prêtre :

En ce dimanche des Rameaux, tournons-nous vers le Christ, le Roi de gloire. Confions-lui les prières de tous les habitants de la terre.

℟ ***Fils du Dieu vivant, exauce-nous !***

D. R. ; T. et M. : J. Gelineau.

Le diacre ou un lecteur :

« Béni soit celui qui vient au nom du Seigneur ! » À l'aube de cette Semaine sainte, prions le Christ pour notre Église, appelée à témoigner, aux quatre coins de la terre, de la victoire de notre Roi et Seigneur. Ensemble, prions. ℟

« Voici ton roi qui vient vers toi, plein de douceur. » Avec le pape François, prions pour tous les peuples de la terre, appelés à un recours moindre aux armes et à une culture de la non-violence. Ensemble, prions. ℟

« Le Seigneur en a besoin. » À l'aube de cette semaine douloureuse, prions pour celles et ceux qui donnent de leur temps, gratuitement, pour toutes les personnes délaissées, exclues ou en grande souffrance. Ensemble, prions. ℟

« Hosanna au plus haut des cieux ! » Alors qu'approche Pâques, prions pour celles et ceux qui, dans notre paroisse, vivront dans les prochains mois un sacrement de l'initiation chrétienne : baptême, communion, confirmation. Ensemble, prions. ℟

(Ces intentions seront adaptées ou modifiées selon les circonstances.)

Le prêtre :

Seigneur Jésus, Roi d'amour et de gloire, écoute nos prières, daigne les exaucer, toi qui vis et règnes pour les siècles des siècles. ***— Amen.***

LITURGIE EUCHARISTIQUE

Prière sur les offrandes

Par la passion de ton Fils unique, nous te prions, Seigneur : ne tarde pas à nous réconcilier avec toi ; et même si nos œuvres ne méritent pas ton pardon, nous comptons sur ta miséricorde pour le recevoir, grâce à l'unique sacrifice du Christ. Lui qui… ***— Amen.***

Prière eucharistique

(Préface des Rameaux)

Vraiment, il est juste et bon, pour ta gloire et notre salut, de t'offrir notre action de grâce, toujours et en tout lieu, Seigneur, Père très saint, Dieu éternel et tout-puissant, par le Christ, notre Seigneur. Alors qu'il était innocent, il a voulu souffrir pour les coupables, et, sans avoir commis le mal, il s'est laissé condamner pour les criminels ; sa mort a effacé nos fautes et sa résurrection a fait de nous des justes. C'est pourquoi nous te louons avec tous les anges et, dans la joie, nous te célébrons en proclamant : ***Saint ! Saint ! Saint...***

Chant de communion *(Suggestions p. 367)*

OU

Antienne de la communion

Mon Père, si cette coupe
ne peut passer sans que je la boive,
que ta volonté soit faite ! (Mt 26, 42)

Prière après la communion

Rassasiés par ce don sacré, nous te supplions humblement, Seigneur : toi qui nous as donné, dans la mort de ton Fils, d'espérer les biens auxquels nous croyons, donne-nous, par sa résurrection, de parvenir au but vers lequel nous tendons. Par le Christ, notre Seigneur.

— Amen.

RITE DE CONCLUSION

Prière sur le peuple

Regarde, Seigneur, nous t'en prions, la famille qui t'appartient : c'est pour elle que Jésus, le Christ, notre Seigneur, n'hésita pas à se livrer aux mains des méchants et à subir le supplice de la croix. Lui qui…
– *Amen*

Bénédiction solennelle

Dieu, Père de toute miséricorde, vous a donné dans la passion de son Fils unique le modèle de la charité ; qu'il vous aide à recevoir, dans le service de Dieu et des hommes, le don incomparable de sa bénédiction. **– *Amen.***
Dans la foi, vous le savez, par la mort que le Christ a subie dans le temps, vous pouvez échapper à la mort éternelle : puissiez-vous obtenir de lui la grâce de la vie sans déclin. **– *Amen.***
Vous qui suivez l'exemple de son humilité, puissiez-vous avoir part à sa résurrection. **– *Amen.***
Et que la bénédiction de Dieu tout-puissant, le Père, et le Fils, ✠ et le Saint-Esprit, descende sur vous et y demeure toujours. **– *Amen.***

Envoi

COMMENTAIRE DU DIMANCHE

Vincent Leclercq, prêtre assomptionniste

Voici ton roi qui meurt pour toi

L'évangile de la Passion résonne au plus profond de nous-mêmes. Il rejoint ce que nous croyons dans la foi et ce que nous expérimentons dans notre vie.

Le peuple est heureux d'acclamer son Seigneur. Le Messie est venu pour lui. Partageant son humilité, Jésus lui a révélé sa grandeur : « Voici ton roi qui vient vers toi, plein de douceur, monté sur une ânesse et un petit âne, le petit d'une bête de somme » (Mt 21, 5). L'entrée à Jérusalem ouvre la voie du ciel à tous ceux qui accepteront de le suivre.

La semaine qui commence est sainte. Elle nous appelle à prier avec Jésus qui va livrer sa vie pour nous. « Restez ici et veillez avec moi. » Elle nous donne aussi de rejoindre tous ceux dont l'amour est trahi et la dignité bafouée. Avec le Christ, le mensonge,

la trahison et la haine n'auront pas le dernier mot. Son amour est plus fort que la violence. Jusqu'au bout d'une vie donnée, il nous sauve du péché, du mal et de la mort.
À chaque scène, Jésus est parfaitement maître de son destin. Non pas parce qu'il aurait tout décidé de lui-même, mais parce qu'il accomplit la mission du Père : « Mon Père [...], non pas comme moi, je veux, mais comme toi, tu veux. »
Le juste a été condamné. Le Fils bien-aimé est exposé sur la Croix. Son histoire se répète encore aujourd'hui. Devant la souffrance, Jésus guide notre réponse : ne pas quitter le Père des yeux ; ne pas détourner notre cœur du cri des hommes. Au pied de la Croix, nous retrouverons la paix.

Prier est difficile. Mais si Jésus me demande de demeurer à ses côtés pour l'aider à vaincre le mal, vais-je prier autrement ?

Jésus donne sa vie pour nous à chaque instant. Comment faire de même en famille, au travail ou en paroisse ? ■

Prions en Eglise Junior

LIRE L'ÉVANGILE AVEC LES ENFANTS

CE QUE JE DÉCOUVRE

As-tu vu ? Cette foule qui suit Jésus et crie de joie à son passage... Mais un peu plus tard, elle va l'insulter. Nous arrive-t-il de nous conduire comme la foule ? Quand tout va bien, nous acclamons Jésus. Quand tout va mal, nous l'accusons. Mais **nous pouvons aussi être comme Simon de Cyrène, qui aide Jésus à porter sa croix.** Nous sommes comme lui quand nous aidons quelqu'un en difficulté, ou encore quand nous prions Jésus, quand nous lui disons que nous l'aimons.

CE QUE JE VIS

As-tu déjà été comme Simon de Cyrène ? Comment ? Relis la Passion page 28. De quel personnage te sens-tu le plus proche ? **Place ton rameau bénit sur la croix dans ta chambre et acclame Jésus : « Hosanna ! »**

Texte : Cédric Kuntz. Illustrations : Alban Marillau

MÉDITATION BIBLIQUE

DIMANCHE DES RAMEAUX ET DE LA PASSION

La Passion selon saint Matthieu 26, 14 – 27, 66

D'annonces en accomplissements

Écrivant d'abord pour des communautés issues du judaïsme, Matthieu est attentif à montrer que l'événement Jésus Christ a été annoncé de longue date par les prophètes d'Israël.

Le temps de la préparation

« J'interdirai tout sommeil à mes yeux [...] avant d'avoir trouvé un lieu pour le Seigneur. » (Ps 131, 4-5)

Le temps de l'observation

En entrant dans la Jérusalem terrestre, Jésus fait signe vers la Jérusalem céleste, « le lieu de son repos » (cf. Ps 131, 8), dans laquelle il entrera lors de sa résurrection. Cette entrée messianique est présentée en termes d'« accomplissement », comme le souligne Matthieu : « Cela s'est passé pour accomplir la parole transmise par le prophète. » (cf. Mt 1, 22). L'évangéliste vise ici la prophétie de Zacharie (Za 9, 9) avec sa conception bien particulière du roi, de l'oint (le Messie), attendu. Ce dernier est en effet caractérisé par ...

... la justice et l'humilité symbolisée par sa monture, un âne. Sachant que l'Écriture oppose ce dernier au cheval, symbole d'orgueil et de force sûre d'elle-même. Quant à sa victoire, elle relève d'une vérité et d'une rectitude propres à gagner les cœurs. C'est la victoire de l'amour qui s'offre et qui sert. Ce messianisme est aux antipodes de celui que propose le diable dans le récit des tentations ou que réclame la foule en attente de coups d'éclat pour se laisser convaincre.

Le temps de la méditation

Nous pouvons méditer sur la cohérence de Jésus qui ne déviera pas de ce qu'il a reconnu être sa mission. Il choisit délibérément d'en appeler à la foi-confiance de chacun sans forcer l'adhésion. Il est ce roi « selon le cœur de Dieu » (cf. 1 S 13, 14), pour reprendre un critère d'évaluation des monarques d'Israël. Sommes-nous assez libres pour ouvrir la porte de notre ville intérieure à ce Dieu si loin de nos fantasmes de toute-puissance, pour reconnaître en lui notre Sauveur et nous laisser instruire par lui ? Car pour nous, l'alternative est similaire : soit marcher par les chemins où Dieu nous conduit, quels qu'ils soient ; soit avancer à la force du poignet sur des chemins que nous organisons nous-mêmes. Mais « la force des chevaux n'est pas ce qu'il aime, ni la vigueur des guerriers, ce qui lui plaît […] ; le Seigneur se plaît avec ceux qui le craignent, avec ceux qui espèrent son amour » (Ps 146, 10-11).

Le temps de la prière

« Hosanna au Fils de David ! » (Mt 21, 9) ■

Emmanuelle Billoteau, ermite

Une prière *de Normand Provencher, pour ce dimanche*

Nous te louons et te remercions

Dieu notre Père,
donne-nous la force et le courage
d'accompagner ton Fils Jésus
tout au long de cette Semaine sainte,
avec nos frères et sœurs,
jusqu'à la Croix et au tombeau ouvert
du matin de Pâques.

Nous te louons et te remercions
de nous révéler qui tu es,
le Dieu dont la puissance
est celle de l'amour et de la vie.

DES IMAGES POUR LA FOI

DIMANCHE DES RAMEAUX ET DE LA PASSION

« Comprenez-vous ? »

Malgré l'incompréhension des hommes, le Christ se donne sur la Croix pour leur faire connaître l'amour infini de Dieu.

À droite de la Croix, un homme tenant un panier de clous guide les quatre exécuteurs qui fixent le Christ par les mains et les pieds au bois du supplice. Avec les échelles appuyées à la Croix et les marteaux haut levés, la scène évoquerait un chantier de construction si le corps de Jésus n'en était le centre. À gauche, reconnaissables à leurs chapeaux, les « grands prêtres et les scribes » qui ont condamné Jésus (Mc 14, 1); à droite, sans doute deux disciples. Au-dessus de chaque groupe pointent deux rameaux de vigne. Leur présence est éclairée par les mots (inspirés d'un répons pour le Vendredi saint) encadrant la scène : « Ma vigne préférée, comment as-tu tourné en amertume, au point de me crucifier ? » Malgré l'incompréhension des hommes, le Christ se donne sans résistance sur la Croix pour faire connaître l'amour de Dieu. Jésus semble nous poser la même question qu'aux disciples après le lavement des pieds : « Comprenez-vous ce que je viens de faire pour vous ? » (Jn 13, 12). Qui peut répondre ? Le mystère du Crucifié nous dépasse comme il dépassait ceux qui l'ont crucifié. Cherchons simplement à mieux y entrer. ■

Dominique Pierre, journaliste

Crucifixion

plaque de reliquaire avec émaux champlevés (vers 1180) provenant d'Allemagne du Nord, musée du Louvre, Paris (Ier).

LUNDI 3 AVRIL 2023

SEMAINE SAINTE COULEUR LITURGIQUE : VIOLET

Lundi de la Semaine sainte

Antienne d'ouverture

Accuse, Seigneur, ceux qui m'accusent,
attaque ceux qui m'attaquent.
Prends une armure, un bouclier,
lève-toi pour me défendre,
Seigneur, force qui me sauve. (cf. Ps 34, 1-2 ; 139, 8)

Prière

Dieu tout-puissant, nous t'en supplions ; dans notre faiblesse, nous ne pouvons tenir ; donne-nous de reprendre souffle, grâce à la passion de ton Fils unique. Lui qui… — ***Amen.***

Lecture

du livre du prophète Isaïe (42, 1-7)

« Il ne criera pas, il ne fera pas entendre sa voix au-dehors »

Ainsi parle le Seigneur : « Voici mon serviteur que je soutiens, mon élu qui a toute ma faveur. J'ai fait reposer sur lui mon esprit ; aux nations, il proclamera le droit. Il ne criera pas, il ne haussera pas le ton, il ne fera pas entendre sa voix au-dehors. Il ne brisera pas le roseau qui fléchit, il n'éteindra pas la mèche qui faiblit, il proclamera le droit en

vérité. Il ne faiblira pas, il ne fléchira pas, jusqu'à ce qu'il établisse le droit sur la terre, et que les îles lointaines aspirent à recevoir ses lois. »
Ainsi parle Dieu, le Seigneur, qui crée les cieux et les déploie, qui affermit la terre et ce qu'elle produit ; il donne le souffle au peuple qui l'habite, et l'esprit à ceux qui la parcourent : « Moi, le Seigneur, je t'ai appelé selon la justice ; je te saisis par la main, je te façonne, je fais de toi l'alliance du peuple, la lumière des nations : tu ouvriras les yeux des aveugles, tu feras sortir les captifs de leur prison, et, de leur cachot, ceux qui habitent les ténèbres. »
– Parole du Seigneur.

Psaume 26 (27)

℟ ***Le Seigneur est ma lumière et mon salut.***

Le Seigneur est ma lumière et mon salut ;
de qui aurais-je crainte ?
Le Seigneur est le rempart de ma vie ;
devant qui tremblerais-je ? ℟

Si des méchants s'avancent contre moi
pour me déchirer,
ce sont eux, mes ennemis,
mes adversaires,
qui perdent pied et succombent. ℟

Qu'une armée se déploie devant moi,
mon cœur est sans crainte ;
que la bataille s'engage contre moi,
je garde confiance. ℟

J'en suis sûr, je verrai les bontés du Seigneur
sur la terre des vivants.
« Espère le Seigneur,
sois fort et prends courage ;
espère le Seigneur. » ℟

Acclamation de l'Évangile

Louange à toi, Seigneur, Roi d'éternelle gloire ! Salut, ô Christ, notre Roi : toi seul as pris en pitié nos égarements. ***Louange à toi, Seigneur, Roi d'éternelle gloire !***

Évangile de Jésus Christ

selon saint Jean (12, 1-11)

« Laisse-la observer cet usage en vue du jour de mon ensevelissement ! »

Six jours avant la Pâque, Jésus vint à Béthanie où habitait Lazare, qu'il avait réveillé d'entre les morts. On donna un repas en l'honneur de Jésus. Marthe faisait le service, Lazare était parmi les convives avec Jésus.

Or, Marie avait pris une livre d'un parfum très pur et de très grande valeur ; elle répandit le parfum sur les pieds de Jésus, qu'elle essuya avec ses cheveux ; la maison fut remplie de l'odeur du parfum. Judas Iscariote, l'un de ses disciples, celui qui allait le livrer, dit alors : « Pourquoi n'a-t-on pas vendu ce parfum pour trois cents pièces d'argent, que l'on aurait données à des pauvres ? » Il parla ainsi, non par souci des pauvres, mais parce que c'était un voleur : comme il tenait la bourse commune, il prenait ce que l'on y mettait. Jésus lui dit : « Laisse-la observer cet usage en vue du jour de mon ensevelissement ! Des pauvres, vous en aurez toujours avec vous, mais moi, vous ne m'aurez pas toujours. » Or, une grande foule de Juifs apprit que Jésus était là, et ils arrivèrent, non seulement à cause de Jésus, mais aussi pour voir ce Lazare qu'il avait réveillé d'entre les morts. Les grands prêtres décidèrent alors de tuer aussi Lazare*, parce que beaucoup de Juifs, à cause de lui, s'en allaient, et croyaient en Jésus.

Prière sur les offrandes

Seigneur, tu as prévu, dans ta miséricorde, de réparer les dommages de nos fautes, regarde les saints mystères que nous célébrons ; donne-nous d'en retirer des fruits pour la vie éternelle. Par le Christ, notre Seigneur. **— *Amen.***

2e préface de la Passion, p. 344.

Antienne de la communion

Ne me cache pas ton visage
le jour où je suis en détresse !
Le jour où j'appelle, écoute-moi ;
viens vite, réponds-moi ! (Ps 101, 3)

Prière après la communion

Visite ton peuple, Seigneur ; dans ton amour inlassable, veille sur nos cœurs sanctifiés par les mystères divins ; et puisque tu nous as donné dans ta miséricorde les remèdes du salut éternel, aide-nous, par ta protection, à les garder fidèlement. Par le Christ, notre Seigneur. **— *Amen.***

Prière sur le peuple

Le prêtre peut dire la prière suivante :

Que ton secours, Seigneur, soit accordé aux humbles et ne cesse de protéger ceux qui se confient en ta miséricorde ; ainsi, pour célébrer les fêtes pascales, ils seront préparés par la discipline du corps, et, plus encore, par la pureté de l'esprit. Par le Christ, notre Seigneur.
— *Amen*

INVITATION

Est-ce que je connais la pastorale des prisons de mon diocèse ? Comment puis-je lui proposer mon aide : en écrivant aux prisonniers, en collectant des affaires… ?

COMMENTAIRE

Soin du corps

Jean 12, 1-11

Le réveil de Lazare d'entre les morts ne lui offre qu'un bref répit car il devient aussitôt un témoin gênant à abattre. Tout comme Jésus. Le parfum de Marie vient conjurer cette odeur de mort. Elle anticipe l'ensevelissement de son maître et ami en prenant un soin infini de son corps. La valeur unique de son geste ne s'épuise pas dans des comparaisons humainement limitées : ni l'argent ni même les pauvres ne peuvent être la mesure de Jésus Christ. ■ *Nicolas Tarralle, prêtre assomptionniste*

✻ CLÉ DE LECTURE

« Tuer Lazare »

Jean 12, 10 *(p. 52)*

Lazare « que Jésus avait ressuscité des morts » doit-il mourir à nouveau ? Que signifie donc cette « résurrection » ? L'évangile de Jean offre, en une scène impressionnante, le signe et l'annonce de la victoire de Jésus sur la mort. Devant la mort de son ami Lazare, Jésus, comme tout un chacun, est bouleversé et pleure. Mais il va montrer aux deux sœurs éplorées qu'en lui Dieu a mis la force de l'Esprit qui relève de la mort. En ouvrant le tombeau de Lazare, il ne parle pas de résurrection, mais il s'en remet au Père, pour manifester que la puissance de sa parole et de son amour relève dans la vie celui l'on considérait comme définitivement mort. Ils pourront bien tuer Lazare ! Avec tous ceux qui s'en remettent à Dieu, Lazare est déjà ressuscité ! ■

Roselyne Dupont-Roc, bibliste

Mardi de la Semaine sainte

Antienne d'ouverture

Seigneur, ne me livre pas à la merci de l'adversaire : contre moi se sont levés de faux témoins qui soufflent la violence.
(Ps 26, 12)

Prière

Accorde-nous, Dieu éternel et tout-puissant, de célébrer les mystères de la passion du Seigneur de telle sorte que nous obtenions le pardon. Par Jésus… ***— Amen.***

Lecture

du livre du prophète Isaïe (49, 1-6)

« Je fais de toi la lumière des nations, pour que mon salut parvienne jusqu'aux extrémités de la terre »

Écoutez-moi, îles lointaines ! Peuples éloignés, soyez attentifs ! J'étais encore dans le sein maternel quand le Seigneur m'a appelé ; j'étais encore dans les entrailles de ma mère quand il a prononcé mon nom. Il a fait de ma bouche une épée tranchante, il m'a protégé par l'ombre de sa main ; il a fait de moi une flèche acérée, il m'a caché dans son carquois. Il m'a dit : « Tu es mon serviteur, Israël, en toi je manifesterai ma splendeur. » Et moi, je disais : « Je me suis fatigué pour rien, c'est pour le néant, c'est en pure perte que j'ai usé mes forces. » Et pourtant, mon droit subsistait auprès du Seigneur, ma récompense, auprès de mon Dieu. Maintenant le Seigneur parle, lui qui m'a façonné dès le sein de ma mère pour que je sois son serviteur, que je lui ramène Jacob, que je lui rassemble Israël. Oui, j'ai de la valeur aux yeux du Seigneur, c'est mon Dieu qui est ma force. Et il dit : « C'est trop peu que tu sois mon serviteur pour relever les tribus de Jacob, ramener les rescapés d'Israël : je fais de toi la lumière des nations, pour que mon salut parvienne jusqu'aux extrémités de la terre. »

– Parole du Seigneur.

Psaume 70 (71)

℟ ***Ma bouche annonce ton salut, Seigneur.***

En toi, Seigneur, j'ai mon refuge :
garde-moi d'être humilié pour toujours.
Dans ta justice, défends-moi,
libère-moi,
tends l'oreille vers moi, et sauve-moi. ℟

Sois le rocher qui m'accueille,
toujours accessible ;
tu as résolu de me sauver :
ma forteresse et mon roc, c'est toi ! ℟

Seigneur mon Dieu, tu es mon espérance,
Toi, mon soutien dès avant ma naissance,
tu m'as choisi dès le ventre de ma mère ;
tu seras ma louange toujours ! ℟

Ma bouche annonce tout le jour
tes actes de justice et de salut.
Mon Dieu, tu m'as instruit dès ma jeunesse,
jusqu'à présent,
j'ai proclamé tes merveilles. ℟

Acclamation de l'Évangile

Louange à toi, Seigneur, Roi d'éternelle gloire ! Salut, ô Christ, notre Roi : obéissant au Père ; comme l'agneau vers l'abattoir, tu te laisses conduire à la croix. ***Louange à toi, Seigneur, Roi d'éternelle gloire !***

Évangile de Jésus Christ

selon saint Jean (13, 21-33. 36-38)

« L'un de vous me livrera... Le coq ne chantera pas avant que tu m'aies renié trois fois »

En ce temps-là, au cours du repas que Jésus prenait avec ses disciples, il fut bouleversé en son esprit, et il rendit ce témoignage : « Amen, amen, je vous le dis : l'un de vous me livrera. » Les disciples se regardaient les uns les autres avec embarras, ne sachant pas de qui Jésus parlait. Il y avait à table, appuyé contre Jésus, l'un de ses disciples, celui que Jésus aimait. Simon-Pierre lui fait signe de demander à Jésus de qui il veut parler. Le disciple se penche donc sur la poitrine de Jésus et lui dit : « Seigneur, qui est-ce ? » Jésus lui répond : « C'est celui à qui je donnerai la bouchée que je vais tremper dans le plat. » Il trempe la bouchée, et la donne à Judas, fils de Simon l'Iscariote. Et, quand Judas eut pris la bouchée, Satan entra en lui. Jésus lui dit alors : « Ce que tu fais, fais-le vite. » Mais aucun des convives ne comprit pourquoi il lui avait dit cela. Comme Judas tenait la bourse commune, certains pensèrent que Jésus voulait lui dire d'acheter ce qu'il fallait pour la fête, ou de donner quelque chose aux pauvres. Judas prit donc la bouchée, et sortit aussitôt.

Or il faisait nuit. Quand il fut sorti, Jésus déclara : « Maintenant le Fils de l'homme est glorifié, et Dieu est glorifié en lui. Si Dieu est glorifié en lui, Dieu aussi le glorifiera ; et il le glorifiera bientôt. Petits enfants, c'est pour peu de temps encore que je suis avec vous. Vous me chercherez, et, comme je l'ai dit aux Juifs : "Là où je vais, vous ne pouvez pas aller", je vous le dis maintenant à vous aussi. » Simon-Pierre lui dit : « Seigneur, où vas-tu ? » Jésus lui répondit : « Là où je vais, tu ne peux pas me suivre maintenant ; tu me suivras plus tard. » Pierre lui dit : « Seigneur, pourquoi ne puis-je pas te suivre à présent ? Je donnerai ma vie pour toi ! » Jésus réplique : « Tu donneras ta vie pour moi ? Amen, amen, je te le dis : le coq ne chantera pas avant que tu m'aies renié trois fois. »

Prière sur les offrandes

Regarde avec bienveillance, Seigneur, le sacrifice offert par ta famille ; toi qui nous fais déjà participer à tes dons sacrés, accorde-nous de les obtenir en plénitude. Par le Christ, notre Seigneur. **— *Amen.***

2e préface de la Passion, p. 344.

Antienne de la communion

Dieu n'a pas épargné
son propre Fils,
mais il l'a livré
pour nous tous.
(Rm 8, 32)

Prière après la communion

Tu nous as rassasiés, Seigneur, par ce don qui nous sauve, et nous implorons ta miséricorde ; tu as voulu nous fortifier en cette vie par ce même sacrement : qu'il nous rende participants de la vie éternelle. Par le Christ, notre Seigneur. **— *Amen.***

Prière sur le peuple

Le prêtre peut dire la prière suivante :

Par ta miséricorde, Seigneur Dieu, purifie le peuple qui t'appartient de tout ce qui l'entraîne au vieillissement, et rends-le capable de renouveau dans la sainteté. Par le Christ, notre Seigneur. — ***Amen***

INVITATION

Et si j'envoyais un rameau de la célébration de dimanche dernier à quelqu'un ?

COMMENTAIRE

Pour une bouchée de pain Jean 13, 21-33. 36-38

Dans l'évangile de Jean, Jésus ne donne pas la bouchée à Judas pour que Satan entre en lui. Bien plutôt, il continue à faire confiance à ses disciples et à les nourrir. Judas est libre face au mal, comme nous le sommes aussi. Mais vient parfois un temps où des décisions deviennent irréversibles. Satan est le mal irréversible. Ce mal avec son fruit de mort, Jésus va le terrasser sur la Croix. Le mystère de Judas face au Christ victorieux reste entier. ■

Nicolas Tarralle, *prêtre assomptionniste*

MERCREDI 5 AVRIL 2023

SEMAINE SAINTE COULEUR LITURGIQUE : VIOLET

Mercredi de la Semaine sainte

Antienne d'ouverture

Au nom de Jésus, que tout genou fléchisse
au ciel, sur terre et aux enfers.
Parce qu'il s'est fait obéissant jusqu'à la mort,
et la mort de la croix, Jésus Christ est Seigneur,
à la gloire de Dieu le Père. (cf. Ph 2, 10.8.11)

Prière

Seigneur Dieu, tu as voulu que ton Fils soit soumis pour nous au supplice de la croix afin de nous arracher au pouvoir de l'Ennemi ; donne à ceux qui te servent de recevoir la grâce de la résurrection. Par Jésus… ***— Amen.***

Lecture

du livre du prophète Isaïe (50, 4-9a)

« Je n'ai pas caché ma face devant les outrages »

Le Seigneur mon Dieu m'a donné le langage des disciples, pour que je puisse, d'une parole, soutenir celui qui est épuisé. Chaque matin, il éveille, il éveille mon oreille pour qu'en disciple, j'écoute. Le Seigneur mon Dieu m'a ouvert l'oreille, et moi, je ne me suis pas révolté, je ne me suis pas dérobé. J'ai présenté mon dos à ceux qui me frappaient, et mes joues

à ceux qui m'arrachaient la barbe. Je n'ai pas caché ma face devant les outrages et les crachats. Le Seigneur mon Dieu vient à mon secours; c'est pourquoi je ne suis pas atteint par les outrages, c'est pourquoi j'ai rendu ma face dure comme pierre : je sais que je ne serai pas confondu. Il est proche, Celui qui me justifie. Quelqu'un veut-il plaider contre moi ? Comparaissons ensemble ! Quelqu'un veut-il m'attaquer en justice ? Qu'il s'avance vers moi ! Voilà le Seigneur mon Dieu, il prend ma défense ; qui donc me condamnera ?

– Parole du Seigneur.

2-8

Psaume 68 (69)

℟ ***Dans ton grand amour, Dieu, réponds-moi ; c'est l'heure de ta grâce.***

C'est pour toi que j'endure l'insulte,
que la honte me couvre le visage :
je suis un étranger pour mes frères,
un inconnu pour les fils de ma mère.
L'amour de ta maison m'a perdu ;
on t'insulte, et l'insulte retombe sur moi. ℟

L'insulte m'a broyé le cœur,
le mal est incurable ;
j'espérais un secours, mais en vain,
des consolateurs, je n'en ai pas trouvé.

À mon pain, ils ont mêlé du poison ;
quand j'avais soif,
ils m'ont donné du vinaigre. ℟

Mais je louerai le nom de Dieu
par un cantique,
je vais le magnifier, lui rendre grâce.
Les pauvres l'ont vu, ils sont en fête :
« Vie et joie, à vous qui cherchez Dieu ! »
Car le Seigneur écoute les humbles,
il n'oublie pas les siens emprisonnés. ℟

Acclamation de l'Évangile

Louange à toi, Seigneur, Roi d'éternelle gloire ! Salut, ô Christ, notre Roi : toi seul as pris en pitié nos égarements. ***Louange à toi, Seigneur, Roi d'éternelle gloire !***

OU

Louange à toi, Seigneur, Roi d'éternelle gloire ! Salut, ô Christ, notre Roi : obéissant au Père, comme l'agneau vers l'abattoir tu te laisses conduire à la croix.
Louange à toi, Seigneur, Roi d'éternelle gloire !

Évangile de Jésus Christ

selon saint Matthieu (26, 14-25)

« Le Fils de l'homme s'en va, comme il est écrit ; mais malheureux celui par qui il est livré ! »

En ce temps-là, l'un des Douze, nommé Judas Iscariote, se rendit chez les grands prêtres et leur dit : « Que voulez-vous me donner, si je vous le livre ? » Ils lui remirent trente pièces d'argent. Et depuis, Judas cherchait une occasion favorable pour le livrer.
Le premier jour de la fête des pains sans levain, les disciples s'approchèrent et dirent à Jésus : « Où veux-tu que nous te fassions les préparatifs pour manger la Pâque ? » Il leur dit : « Allez à la ville, chez untel, et dites-lui : "Le Maître te fait dire : Mon temps est proche ; c'est chez toi que je veux célébrer la Pâque avec mes disciples." » Les disciples firent ce que Jésus leur avait prescrit et ils préparèrent la Pâque.
Le soir venu, Jésus se trouvait à table avec les Douze. Pendant le repas, il déclara : « Amen, je vous le dis : l'un de vous va me livrer. » Profondément

attristés, ils se mirent à lui demander, chacun son tour : « Serait-ce moi, Seigneur ? » Prenant la parole, il dit : « Celui qui s'est servi au plat en même temps que moi, celui-là va me livrer. Le Fils de l'homme s'en va, comme il est écrit à son sujet ; mais malheureux celui par qui le Fils de l'homme est livré ! Il vaudrait mieux pour lui qu'il ne soit pas né, cet homme-là ! » Judas, celui qui le livrait, prit la parole : « Rabbi, serait-ce moi ? » Jésus lui répond : « C'est toi-même qui l'as dit ! »

Prière sur les offrandes

Accueille, Seigneur, le don qui t'est offert et mets en œuvre ta miséricorde : pour qu'en célébrant la passion de ton Fils, nous obtenions de participer à ce mystère en produisant des fruits de sainteté. Par le Christ, notre Seigneur. – ***Amen.***

2e préface de la Passion, p. 344.

Antienne de la communion

Le Fils de l'homme n'est pas venu
pour être servi, mais pour servir,
et donner sa vie en rançon
pour la multitude.
(Mt 20, 28)

Prière après la communion

Dieu tout-puissant, accorde-nous de croire, au plus profond de nous-mêmes, que tu nous as donné la vie éternelle par la mort de ton Fils, subie dans le cours du temps et annoncée par les saints mystères. Par le Christ, notre Seigneur. – ***Amen.***

Prière sur le peuple

Le prêtre peut dire la prière suivante :

Seigneur, nous t'en prions : donne à tes fidèles de recueillir sans cesse les fruits des sacrements de Pâques et d'attendre les biens futurs avec un grand désir, afin qu'ils demeurent attachés aux mystères qui les ont fait renaître et parviennent ainsi à la vie nouvelle. Par le Christ, notre Seigneur. — ***Amen***

INVITATION

Pendant la Semaine sainte, je peux faire un don :
à quelqu'un que je sais dans le besoin, à une association caritative...

COMMENTAIRE

Reniement de Judas

Matthieu 26, 14-25

Dans l'évangile de Matthieu, la trahison de Judas est racontée à hauteur d'homme. Depuis les coulisses du marchandage jusqu'au dialogue avec Jésus, le Fils de l'homme est « livré ». La succession des événements laisse alors surgir le mystère d'une liberté « malheureuse ». Malheur à celui qui, livrant à la mort, se renie lui-même comme vivant ! Non pas une malédiction mais une antirésurrection. Seul Jésus Christ en délivre. ■

Nicolas Tarralle, prêtre assomptionniste

MESSE CHRISMALE

COULEUR LITURGIQUE : BLANC

*L'évêque, entouré des prêtres de son diocèse,
manifeste la prière et l'unité de son presbyterium avec lui.*

*Au cours de cette messe,
le saint chrême qui sera utilisé cette année est consacré.
Il servira à l'accueil des nouveaux baptisés,
au sacrement de la confirmation
et à l'ordination des nouveaux prêtres.*

*L'évêque bénit l'huile des malades,
qui manifestera la proximité de l'Église et la présence de Dieu
auprès des personnes qui recevront le sacrement des malades.*

*L'évêque bénit enfin l'huile des catéchumènes
destinée à soutenir ceux qui recevront le baptême.*

*Cette messe est célébrée normalement le Jeudi saint au matin,
mais elle peut être anticipée un autre jour
au début de la Semaine sainte.*

RITES INITIAUX

Antienne d'ouverture

Jésus Christ a fait de nous un royaume et des prêtres pour Dieu son Père : à lui, la gloire et la souveraineté pour les siècles des siècles. Amen. (Ap 1, 6)

Suggestion de préparation pénitentielle *(ou p. 336)*

Frères et sœurs, en cette messe chrismale, préparons-nous à célébrer le mystère de l'eucharistie en reconnaissant que nous sommes pécheurs.

Prends pitié de nous, Seigneur, toi qui consoles du deuil et de la tristesse, toi qui offres à ton peuple l'huile de la joie et de l'espérance. — ***Nous avons péché contre toi.***

Toi qui proclames aux captifs leur délivrance, et aux prisonniers leur libération, montre-nous, ta miséricorde, ô Christ, consacré par l'onction. — ***Et donne-nous ton salut.***

Que Dieu tout-puissant nous fasse miséricorde ; qu'il nous pardonne nos péchés et nous conduise à la vie éternelle. — ***Amen.***

Kyrie, eleison. — ***Kyrie, eleison.***
Christe, eleison. — ***Christe, eleison.***
Kyrie, eleison. — ***Kyrie, eleison.***

Gloire à Dieu *(p. 339)*

Prière

Seigneur Dieu, tu as donné l'onction de l'Esprit Saint à ton Fils unique et l'as établi Christ et Seigneur; nous t'en prions : puisque tu nous fais participer à sa consécration, accorde-nous d'être dans le monde les témoins de la rédemption. Par Jésus… **— *Amen.***

LITURGIE DE LA PAROLE

Lecture du livre du prophète Isaïe (61, 1-3a. 6a. 8b-9)

Le Seigneur m'a consacré par l'onction, il m'a envoyé annoncer la bonne nouvelle aux humbles, et leur donner l'huile de joie

L'esprit du Seigneur Dieu est sur moi parce que le Seigneur m'a consacré par l'onction. Il m'a envoyé annoncer la bonne nouvelle aux humbles, guérir ceux qui ont le cœur brisé, proclamer aux captifs leur délivrance, aux prisonniers leur libération, proclamer une année de bienfaits accordée par le Seigneur, et un jour de vengeance pour notre Dieu, consoler tous ceux qui sont en deuil, ceux qui sont en deuil dans Sion, mettre le diadème sur leur tête au lieu de la cendre, l'huile de joie au lieu du deuil, un habit de fête au lieu d'un esprit abattu. Vous serez appelés « Prêtres du Seigneur »; on vous dira « Servants de notre Dieu ». Loyalement, je vous donnerai la récompense, je conclurai avec vous une alliance éternelle. Vos descendants seront connus parmi les nations, et votre postérité, au milieu des peuples. Qui les verra pourra reconnaître la descendance bénie du Seigneur. – Parole du Seigneur.

Psaume 88 (89)

℟ *Ton amour, Seigneur, sans fin je le chante !*

T.: AELF; M.: B. Delattre; Bayard Liturgie.

Autrefois, tu as parlé à tes amis,
dans une vision, tu leur as dit :
« J'ai trouvé David, mon serviteur,
je l'ai sacré avec mon huile sainte. ℟

« Ma main sera pour toujours avec lui,
mon bras fortifiera son courage.
Mon amour et ma fidélité sont avec lui,
mon nom accroît sa vigueur. ℟

« Il me dira : "Tu es mon Père,
mon Dieu, mon roc et mon salut !"
Sans fin je lui garderai mon amour,
mon alliance avec lui sera fidèle. » ℟

Lecture de l'Apocalypse de saint Jean (1, 5-8)

« Il a fait de nous un royaume et des prêtres pour son Dieu et Père »

Que la grâce et la paix vous soient données de la part de Jésus Christ, le témoin fidèle, le premier-né des morts, le prince des rois de la terre. À lui qui nous aime, qui nous a délivrés de nos péchés par son sang, qui a fait de nous un royaume et des prêtres pour son Dieu et Père, à lui, la gloire et la souveraineté pour les siècles des siècles. Amen. Voici qu'il vient avec les nuées, tout œil le verra, ils le verront, ceux qui l'ont transpercé ; et sur lui se lamenteront toutes les tribus de la terre. Oui ! Amen ! Moi, je suis l'Alpha et l'Oméga, dit le Seigneur Dieu, Celui qui est, qui était et qui vient, le Souverain de l'univers. – Parole du Seigneur.

Acclamation de l'Évangile

Gloire et louange à toi, Seigneur Jésus. L'Esprit du Seigneur est sur moi : il m'a envoyé porter la Bonne Nouvelle aux pauvres. ***Gloire et louange à toi, Seigneur Jésus.***

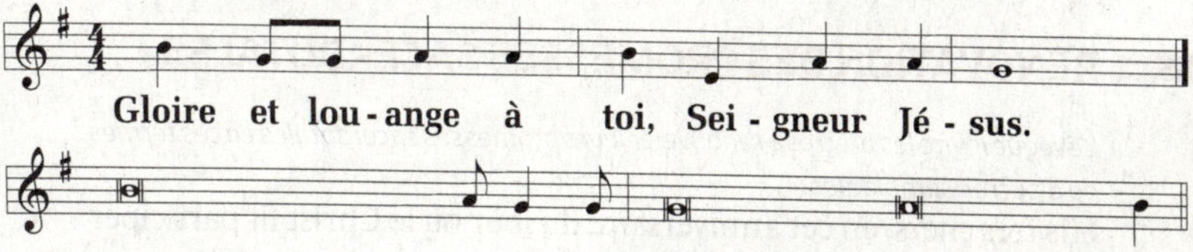

X 10 ; M. : L. Deiss ; SM.

Évangile de Jésus Christ selon saint Luc (4, 16-21)

« L'Esprit du Seigneur est sur moi; il m'a consacré par l'onction »

En ce temps-là, Jésus vint à Nazareth, où il avait été élevé. Selon son habitude, il entra dans la synagogue le jour du sabbat, et il se leva pour faire la lecture. On lui remit le livre du prophète Isaïe. Il ouvrit le livre et trouva le passage où il est écrit : *L'Esprit du Seigneur est sur moi parce que le Seigneur m'a consacré par l'onction. Il m'a envoyé porter la Bonne Nouvelle aux pauvres, annoncer aux captifs leur libération, et aux aveugles qu'ils retrouveront la vue, remettre en liberté les opprimés, annoncer une année favorable accordée par le Seigneur.*
Jésus referma le livre, le rendit au servant et s'assit. Tous, dans la synagogue, avaient les yeux fixés sur lui. Alors il se mit à leur dire : « Aujourd'hui s'accomplit ce passage de l'Écriture que vous venez d'entendre. »

Homélie

RÉNOVATION DES PROMESSES SACERDOTALES

L'évêque invite les prêtres à renouveler leurs promesses sacerdotales en ces termes ou d'autres semblables :

Fils très chers, en cet anniversaire du jour où le Christ fit participer ses Apôtres et chacun d'entre nous à son sacerdoce, voulez-vous,

devant votre évêque et le peuple saint de Dieu, renouveler les engagements que vous avez pris autrefois ?
Les prêtres : ***— Oui, je le veux.***
Voulez-vous vivre toujours plus unis au Seigneur Jésus et chercher à lui ressembler, en renonçant à vous-mêmes, en étant fidèles aux engagements attachés à la charge ministérielle que vous avez reçue avec joie, par amour du Christ et pour le service de son Église, au jour de votre ordination sacerdotale ?
— Oui, je le veux.
Voulez-vous être les fidèles intendants des mystères de Dieu par la sainte eucharistie et les autres célébrations liturgiques, et assurer fidèlement la charge sainte de l'enseignement, à la suite du Christ, notre Tête et notre Pasteur, avec désintéressement et souci des âmes ?
— Oui, je le veux.
Tourné vers le peuple, l'évêque poursuit : Et vous, frères et sœurs bien-aimés, priez pour vos prêtres : que le Seigneur répande sur eux ses dons en abondance, afin qu'ils soient les fidèles ministres du Christ, le Souverain Prêtre, et vous conduisent à lui, la source du salut.
L'assemblée : ***— Ô Christ, écoute-nous ; ô Christ, exauce-nous.***
Priez aussi pour moi, votre évêque : que je sois fidèle à la charge apostolique qui m'a été confiée, malgré ma faiblesse ; que je reflète parmi vous une image vivante et toujours plus parfaite du Christ Prêtre, Bon Pasteur, Maître et Serviteur de tous.
— Ô Christ, écoute-nous ; ô Christ, exauce-nous.

Que le Seigneur nous garde les uns et les autres dans son amour ; que lui-même nous conduise, pasteurs et brebis, jusqu'à la vie éternelle.

Tous : ***— Amen.***

On ne dit pas la profession de foi.

Suggestion de prière universelle

Le prêtre :

« Le Seigneur m'a envoyé guérir ceux qui ont le cœur brisé. » Avec le Christ venu guérir le cœur de tous les hommes, tournons-nous vers le Père de tendresse. Confions-lui tous les habitants du monde.

℟ ***Dieu de tendresse, souviens-toi de nous.***

Y 55 SM.

Le diacre ou un lecteur :

Merci, ô Père de tendresse, pour l'huile des malades, réconfort et espoir de ceux qui ont mal dans leur corps ou dans leur cœur. Pour tous ceux qui souffrent de maladie, d'addiction, de désespoir, nous te prions, Seigneur. ℟

Merci, ô Père de Jésus Christ, pour le saint chrême qui recouvre le front des baptisés, des confirmés, et les mains des ordonnés. Pour tous ceux qui se préparent aux sacrements de l'initiation chrétienne, nous te prions, Seigneur. ℟

Merci, ô Père, pour l'huile des catéchumènes qui accompagne le chemin des futurs baptisés. Pour celles et ceux qui seront baptisés la nuit et le jour de Pâques, nous te prions, Seigneur. ℟

Merci, ô Père, pour nos pasteurs, qui renouvellent leurs promesses sacerdotales en cette eucharistie. Pour ceux qui peinent à vivre leur mission, nous te prions, Seigneur. ℟

(Ces intentions seront adaptées ou modifiées selon les circonstances.)

Le prêtre:

Père de tendresse, nous déposons à tes pieds toutes nos prières. Daigne nous exaucer, par le Christ, notre Seigneur. ***– Amen.***

BÉNÉDICTION DES HUILES

L'huile des malades

Entouré des prêtres, l'évêque bénit d'abord l'huile des malades:

Dieu notre Père, de qui vient tout réconfort, par ton Fils, tu as voulu guérir toutes nos faiblesses et nos maladies, sois attentif à la prière de notre foi : envoie du ciel ton Esprit Saint Consolateur sur cette huile que ta création nous procure pour rendre vigueur à nos corps. Qu'elle devienne par ta bénédiction ✠ l'Huile sainte que nous recevons de toi, pour soulager le corps, l'âme et l'esprit des malades qui en recevront l'onction, pour chasser toute douleur, toute maladie, toute souffrance physique et morale. Que cette huile devienne ainsi l'instrument dont tu te sers pour nous donner ta grâce, au nom de Jésus Christ, notre Seigneur qui règne avec toi pour les siècles des siècles. – ***Amen.***

L'huile des catéchumènes

L'évêque bénit ensuite l'huile des catéchumènes :

Dieu tout-puissant, tu es la force de ton peuple, tu veilles sur lui, et tu as créé l'huile, symbole de vigueur ; daigne bénir ✠ cette huile, accorde ta force aux catéchumènes qui en seront marqués : recevant de toi intelligence et énergie, ils comprendront plus profondément la Bonne Nouvelle et s'engageront de grand cœur dans les luttes de la vie chrétienne ; rendus capables de devenir tes fils, ils seront heureux de naître à nouveau et de vivre dans ton Église. Par Jésus, le Christ, notre Seigneur. – ***Amen.***

Consécration du chrême

L'évêque (après avoir versé le parfum dans l'huile destinée au chrême, si le mélange n'a pas été fait auparavant) invite le peuple à la prière :

Prions, frères bien-aimés, Dieu le Père tout-puissant qu'il bénisse cette huile parfumée, qu'il la sanctifie, afin que ceux qui en recevront l'onction en soient pénétrés au plus profond d'eux-mêmes et rendus capables d'obtenir le salut.

L'évêque, s'il le juge opportun, souffle sur l'orifice du vase contenant le chrême. Puis il dit cette prière ou une autre :

Dieu qui as institué les sacrements et qui donnes la vie, nous rendons grâce à ton incomparable bonté : tu avais déjà, dans l'ancienne alliance, laissé entrevoir le mystère de l'huile sainte, et, lorsqu'est venue la plénitude des temps, tu lui as donné tout son éclat dans le Christ que tu as présenté comme ton Fils unique lors de son baptême dans le Jourdain. Tu révélais ainsi en Jésus de Nazareth le prophète envoyé pour annoncer la Bonne Nouvelle aux pauvres, le souverain prêtre qui rachèterait les hommes dans son sang, le pasteur qui les conduirait aux sources de la vie.

En effet, lorsque ton Fils, notre Seigneur, eut sauvé le genre humain dans le mystère de sa Pâque, il remplit ton Église de l'Esprit Saint avec la merveilleuse abondance de ses dons, afin qu'elle puisse achever dans le monde l'œuvre du salut. Depuis, par le mystère du saint chrême, tu accordes aux hommes les richesses de ta grâce : ainsi, tes enfants, après être renés dans l'eau du baptême, sont fortifiés par l'onction de l'Esprit, et, rendus semblables au Christ, ils participent à sa fonction prophétique, sacerdotale et royale.

Tous les concélébrants étendent la main droite vers le chrême jusqu'à la fin de la prière, sans rien dire.

Aussi nous t'en supplions, Seigneur : par la puissance de ta grâce, que ce mélange d'huile et de parfum devienne pour nous le sacrement de ta bénédiction ✠; répands largement les dons du

Saint-Esprit sur nos frères que cette onction va imprégner; fais resplendir ta sainteté sur les personnes et les objets marqués de cette huile sainte; mais surtout, par les sacrements où cette huile sera employée, fais progresser encore ton Église jusqu'à ce qu'elle atteigne cette plénitude où toi-même, dans l'éternelle lumière, tu seras totalement présent à tous les êtres avec le Christ, dans l'Esprit Saint, pour les siècles des siècles.
– Amen.

LITURGIE EUCHARISTIQUE

Prière sur les offrandes

Dans ta bienveillance, Seigneur, fais que la puissance de ce sacrifice purifie tout ce qui vieillit en nous : qu'elle fasse grandir la vie nouvelle et nous apporte le salut. Par le Christ, notre Seigneur. **– Amen.**

Prière eucharistique *(Préface de la messe chrismale)*

Vraiment, il est juste et bon, pour ta gloire et notre salut, de t'offrir notre action de grâce, toujours et en tout lieu, Seigneur, Père très saint, Dieu éternel et tout-puissant. Par l'onction de l'Esprit Saint, tu as établi ton Fils unique grand prêtre de l'Alliance nouvelle et éternelle; et, dans ton admirable providence, tu as voulu que son unique sacerdoce demeure à jamais dans l'Église. C'est lui, le Christ, qui donne au peuple racheté la dignité du

sacerdoce royal ; et, dans son amour fraternel, il choisit aussi des hommes qui, en recevant l'imposition des mains, auront part à son ministère. En son nom, ils renouvellent le sacrifice rédempteur, ils dressent pour tes fils la table du banquet pascal ; par la charité, ils montrent la voie à ton peuple saint, par la parole, ils le nourrissent, et par les sacrements, ils le fortifient. En livrant leur vie pour toi et pour le salut de leurs frères, ils s'efforceront d'être conformes à l'image du Christ, et te donneront avec constance la preuve de leur foi et de leur amour. C'est pourquoi, avec les anges et tous les saints, nous te louons, Seigneur, et nous exultons de joie en proclamant :
Saint ! Saint ! Saint...

Antienne de la communion
L'amour du Seigneur, sans fin je le chante ;
ta fidélité, je l'annonce d'âge en âge. (Ps 88, 2)

Prière après la communion
Nous t'en supplions, Dieu tout-puissant : donne à ceux que tu as fortifiés par tes sacrements d'être au milieu du monde la bonne odeur du Christ. Lui qui... **— *Amen.***

RITE DE CONCLUSION

Bénédiction et envoi

JEUDI 6 AVRIL 2023

JEUDI SAINT

MESSE DU SOIR EN MÉMOIRE DE LA CÈNE DU SEIGNEUR

ANNÉE A – COULEUR LITURGIQUE : BLANC

« Vous devez vous laver les pieds les uns aux autres. » Jean 13, 14

« C'est un exemple que je vous ai donné ! » Voici quelques jours, nous avons assisté à l'entrée triomphale du Seigneur à Jérusalem. Aujourd'hui, nous le voyons laver les pieds des disciples. Lui qui peut prétendre aux plus grands honneurs s'incline, il se fait esclave, serviteur des disciples, serviteur de chacun d'entre nous. Laissons-nous subjuguer par son geste d'humilité.

RITE D'OUVERTURE

Chant d'entrée *(Suggestions p. 367)*
OU ***Antienne d'ouverture***
Que notre seule fierté soit la croix de notre Seigneur Jésus Christ.
En lui, nous avons le salut, la vie et la résurrection,
par lui, nous sommes sauvés et délivrés. (cf. Ga 6, 14)

Suggestion de préparation pénitentielle *(ou p. 336)*
Frères et sœurs, Jésus se fait le serviteur de tous. Et il nous invite à faire de même. Avec confiance, préparons-nous à célébrer le mystère de l'eucharistie, en reconnaissant que nous avons péché.

Seigneur Jésus, toi qui laves les pieds de tes disciples, tu nous invites à suivre ton exemple. Kyrie, eleison.
— Kyrie, eleison.

Ô Christ, toi qui te fais le serviteur des hommes et des femmes de notre temps, tu nous ouvres le chemin du service. Christe, eleison.
— Christe, eleison.

Seigneur, toi qui es notre Maître et Seigneur, tu nous révèles le visage d'un Dieu au service de ses enfants. Kyrie, eleison.
— Kyrie, eleison.

Que Dieu tout-puissant nous fasse miséricorde ; qu'il nous pardonne nos péchés et nous conduise à la vie éternelle. ***— Amen.***

Gloire à Dieu *(p. 339)*

Prière

Seigneur Dieu, tu nous appelles à célébrer la très sainte Cène où ton Fils unique, avant de se livrer lui-même à la mort, a remis pour toujours à son Église le sacrifice nouveau, le repas qui est le sacrement de son amour ; donne-nous de puiser à ce grand mystère la charité et la vie en plénitude. Par Jésus Christ… **— Amen.**

LITURGIE DE LA PAROLE

Lecture du livre de l'Exode (12, 1-8. 11-14)

Prescriptions concernant le repas pascal

En ces jours-là, dans le pays d'Égypte, le Seigneur dit à Moïse et à son frère Aaron : « Ce mois-ci sera pour vous le premier des mois, il marquera pour vous le commencement de l'année. Parlez ainsi à toute la communauté d'Israël : le dix de ce mois, que l'on prenne un agneau par famille, un agneau par maison. Si la maisonnée est trop peu nombreuse pour un agneau, elle le prendra avec son voisin le plus proche, selon le nombre des personnes. Vous choisirez l'agneau d'après ce que chacun peut manger. Ce sera une bête sans défaut, un mâle, de l'année. Vous prendrez un agneau ou un chevreau. Vous le garderez jusqu'au quatorzième jour du mois. Dans toute l'assemblée de la communauté d'Israël, on l'immolera au coucher du soleil. On prendra du sang, que l'on mettra sur les deux montants et sur le linteau des

maisons où on le mangera. On mangera sa chair cette nuit-là, on la mangera rôtie au feu, avec des pains sans levain et des herbes amères. Vous mangerez ainsi : la ceinture aux reins, les sandales aux pieds, le bâton à la main. Vous mangerez en toute hâte : c'est la Pâque du Seigneur. Je traverserai le pays d'Égypte, cette nuit-là ; je frapperai tout premier-né au pays d'Égypte, depuis les hommes jusqu'au bétail. Contre tous les dieux de l'Égypte j'exercerai mes jugements : Je suis le Seigneur. Le sang sera pour vous un signe, sur les maisons où vous serez. Je verrai le sang, et je passerai : vous ne serez pas atteints par le fléau dont je frapperai le pays d'Égypte. Ce jour-là sera pour vous un mémorial. Vous en ferez pour le Seigneur une fête de pèlerinage. C'est un décret perpétuel : d'âge en âge vous la fêterez. »
– Parole du Seigneur.

Psaume 115 (116B)

"La coupe de bénédiction est communion au sang du Christ."

Psaume 115 (116B)

℟ ***La coupe de bénédiction est communion au sang du Christ.***

T. : AELF; M. : M. Wackenheim; Éd. : ADF.

Comment rendrai-je au Seigneur
tout le bien qu'il m'a fait ?
J'élèverai la coupe du salut,
j'invoquerai le nom du Seigneur. ℟

Il en coûte au Seigneur
de voir mourir les siens !
Ne suis-je pas, Seigneur, ton serviteur,
moi, dont tu brisas les chaînes ? ℟

Retrouvez ce psaume sur le CD "Les psaumes de l'année A"

Je t'offrirai le sacrifice d'action de grâce,
j'invoquerai le nom du Seigneur.
Je tiendrai mes promesses au Seigneur,
oui, devant tout son peuple. ℟

Lecture de la première lettre de saint Paul apôtre aux Corinthiens (11, 23-26)

« Chaque fois que vous mangez ce pain et que vous buvez cette coupe, vous proclamez la mort du Seigneur »

Frères, moi, Paul, j'ai moi-même reçu ce qui vient du Seigneur, et je vous l'ai transmis : la nuit où il était livré, le Seigneur Jésus prit du pain, puis, ayant rendu grâce, il le rompit, et dit : « Ceci est mon corps, qui est pour vous. Faites cela en mémoire de moi. » Après le repas, il fit de même avec la coupe, en disant : « Cette coupe est la nouvelle Alliance en mon sang. Chaque fois que vous en boirez, faites cela en mémoire de moi. »
Ainsi donc, chaque fois que vous mangez ce pain et que vous buvez cette coupe, vous proclamez la mort du Seigneur, jusqu'à ce qu'il vienne.
– Parole du Seigneur.

Acclamation de l'Évangile

Gloire et louange à toi, Seigneur Jésus ! Je vous donne un commandement nouveau, dit le Seigneur : « Aimez-vous les uns les autres comme je vous ai aimés. » ***Gloire et louange à toi, Seigneur Jésus !***

U 77-01 ; T. : AELF ; M. : P. Robert ; ADF-Musique.

Évangile de Jésus Christ selon saint Jean (13, 1-15)

« Il les aima jusqu'au bout »

Avant la fête de la Pâque, sachant que l'heure était venue pour lui de passer de ce monde à son Père, Jésus, ayant aimé les siens qui étaient dans le monde, les aima jusqu'au bout.
Au cours du repas, alors que le diable a déjà mis dans le cœur de Judas, fils de Simon l'Iscariote, l'intention de le livrer, Jésus,

sachant que le Père a tout remis entre ses mains, qu'il est sorti de Dieu et qu'il s'en va vers Dieu, se lève de table, dépose son vêtement, et prend un linge qu'il se noue à la ceinture ; puis il verse de l'eau dans un bassin. Alors il se mit à laver les pieds des disciples et à les essuyer avec le linge qu'il avait à la ceinture. Il arrive donc à Simon-Pierre, qui lui dit : « C'est toi, Seigneur, qui me laves les pieds ? » Jésus lui répondit : « Ce que je veux faire, tu ne le sais pas maintenant ; plus tard tu comprendras. » Pierre lui dit : « Tu ne me laveras pas les pieds ; non, jamais ! » Jésus lui répondit : « Si je ne te lave pas, tu n'auras pas de part avec moi. » Simon-Pierre lui dit : « Alors, Seigneur, pas seulement les pieds, mais aussi les mains et la tête ! » Jésus lui dit : « Quand on vient de prendre un bain, on n'a pas besoin de se laver, sinon les pieds : on est pur tout entier. Vous-mêmes, vous êtes purs, mais non pas tous. » Il savait bien qui allait le livrer ; et c'est pourquoi il disait : « Vous n'êtes pas tous purs. » Quand il leur eut lavé les pieds, il reprit son vêtement, se remit à table et leur dit : « Comprenez-vous ce que je viens de faire pour vous ? Vous m'appelez "Maître" et "Seigneur", et vous avez raison, car vraiment je le suis. Si donc moi, le Seigneur et le Maître, je vous ai lavé les pieds, vous aussi, vous devez vous laver les pieds les uns aux autres. C'est un exemple que je vous ai donné afin que vous fassiez, vous aussi, comme j'ai fait pour vous. »

Homélie

LAVEMENT DES PIEDS

Avant de reprendre le geste du Christ partageant le pain et le vin, nous sommes invités à reprendre un autre signe de son amour « jusqu'au bout ». À la manière de Jésus, le président d'assemblée va laver les pieds de douze personnes. Pendant ce rite, entrons dans les sentiments du Christ Serviteur, dans ceux des Apôtres aussi : c'est aux pieds de chacun et chacune de nous que Jésus s'est abaissé. Pendant ce temps, on chante les antiennes suivantes ou d'autres chants qui conviennent.

Antienne

À ceci, tous reconnaîtront que vous êtes mes disciples :
si vous avez de l'amour les uns pour les autres.
(Jn 13, 35)

OU

Je vous donne un commandement nouveau :
c'est de vous aimer les uns les autres,
comme je vous ai aimés, dit le Seigneur. (Jn 13, 34)

Suggestion de prière universelle

Le prêtre :

« C'est un exemple que je vous ai donné. » Encouragés par l'invitation du Christ à devenir serviteurs à notre tour, prions-le pour tous les habitants de la terre.

℟ ***Toi qui nous aimes, écoute-nous, Seigneur.***

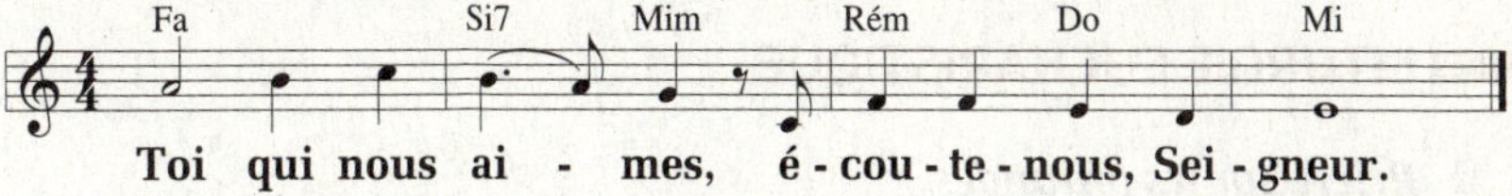

Y 55-4 SM; T. : M. Scouarnec; M. : J. Akepsimas.

Le diacre ou un lecteur :

« Vous aussi, vous devez vous laver les pieds les uns aux autres. » Pour les évêques, les prêtres, les diacres et pour tous les ministres de l'eucharistie, afin qu'ils vivent leur mission dans un esprit de service et de joie. Ensemble, prions. ℟

« Si je ne te lave pas, tu n'auras pas de part avec moi. » Pour l'Église répandue aux quatre coins de la terre, afin qu'elle ne cesse de grandir sur un chemin de conversion et de pardon. Ensemble, prions. ℟

« Jésus aima les siens jusqu'au bout. » Pour les victimes d'abus sexuels et spirituels au sein de l'Église, afin qu'ils trouvent sur leur chemin des témoins de l'amour inconditionnel du Christ à leur égard. Ensemble, prions. ℟

« Il se mit à laver les pieds des disciples. » Pour notre assemblée réunie en ce soir, afin que la solidarité et le souci du service nous anime de jour en jour. Ensemble, prions. ℟

(Ces intentions seront adaptées ou modifiées selon les circonstances.)

Le prêtre :

Seigneur Jésus Christ, toi qui t'es fait le serviteur de tous, tu nous as aimés jusqu'au bout. Daigne exaucer nos prières, toi qui vis et règnes pour les siècles des siècles. ***— Amen.***

LITURGIE EUCHARISTIQUE

Prière sur les offrandes

Accorde-nous, Seigneur, nous t'en prions, de participer dignement à ces mystères, car chaque fois qu'est célébré ce sacrifice en mémorial, c'est l'œuvre de notre rédemption qui s'accomplit. Par le Christ, notre Seigneur. **— *Amen.***

Prière eucharistique

(1re préface de l'eucharistie)

Vraiment, il est juste et bon, pour ta gloire et notre salut, de t'offrir notre action de grâce, toujours et en tout lieu, Seigneur, Père très saint, Dieu éternel et tout-puissant, par le Christ, notre Seigneur. Il est le Prêtre éternel et véritable, qui institua le sacrement destiné à perpétuer son sacrifice ; il s'est d'abord offert à toi en victime pour notre salut et nous a prescrit de faire cette offrande en mémoire de lui. Quand nous recevons sa chair immolée pour nous, nous sommes fortifiés ; quand nous buvons le sang qu'il a versé pour nous, nous sommes purifiés. C'est pourquoi, avec les anges et les archanges, avec les puissances d'en haut et tous les esprits bienheureux, nous chantons l'hymne de ta gloire et sans fin nous proclamons : ***Saint ! Saint ! Saint...***

Chant de communion *(Suggestions p. 367)*

OU

Antienne de la communion

« Ceci est mon corps, livré pour vous, dit le Seigneur.
Faites cela en mémoire de moi. Cette coupe est la nouvelle Alliance en mon sang. Chaque fois que vous en boirez,
faites cela en mémoire de moi. » (1 Co 11, 24. 25)

La communion achevée, la réserve eucharistique pour la communion du lendemain reste sur l'autel, et on conclut la messe par la prière après la communion.

Prière après la communion

Nous avons repris des forces, Dieu tout-puissant, en célébrant aujourd'hui la Cène de ton Fils ; accorde-nous d'être rassasiés au banquet de l'éternité. Par le Christ, notre Seigneur. — ***Amen.***

TRANSFERT DU SAINT-SACREMENT

À la fin de la célébration, le Saint-Sacrement est retiré de l'église jusqu'à la veillée pascale. Pendant que le président d'assemblée le transporte dans un lieu approprié (chapelle ou autel secondaire), nous vénérons le Christ en chantant (suggestions de chants p. 367).

VEILLÉE EUCHARISTIQUE

Ensuite, on dépouille l'autel et on enlève ou on voile les croix de l'église. On peut voir dans ce dépouillement de l'autel le signe du Christ qui, dans sa passion et sa mort, est dépouillé de tout. Celles et ceux qui le peuvent sont invités à poursuivre l'adoration devant le Saint-Sacrement avant de se retirer.

COMMENTAIRE DU JEUDI SAINT

Jonathan Guilbault,
directeur éditorial de *Prions en Église* Canada

La porte du trésor

Je devais avoir 11 ans. Ma grand-mère m'avait « convoqué » chez elle, et j'étais mécontent de perdre une partie de mon dimanche à devoir faire ce crochet. Elle m'accueillit en déboutonnant mon manteau. Agacé, j'ai réagi : « Je ne suis plus un enfant ! » Avec le sourire, ma grand-mère me répondit : « Bien sûr que non ! Mais tu es mon invité, et je vais prendre bien soin de toi ! » Être reçu comme un invité, comme un adulte, comme un égal m'a immédiatement désarmé.

Cette scène me revient dans le cœur chaque Jeudi saint. Quand Jésus, le Maître, s'agenouille pour laver les pieds de ses disciples, il fait preuve d'un sens subtil de l'hospitalité : il prend les moyens pour que des étrangers deviennent des gens de la maison – de la maison du Père.

Des étrangers, les disciples ? Dans un sens spirituel, oui : ils restent encore étrangers à ce que Jésus leur dit. Jésus, à la fin de ce dernier repas avec ceux qui devront bientôt témoigner du sens de sa vie et de sa mort, comprend qu'il doit poser un geste éloquent. Pour les faire entrer un peu plus avant dans le Royaume.
L'hospitalité n'est donc pas seulement l'art de bien recevoir. C'est aussi savoir désamorcer ce qui empêche la rencontre d'advenir. Nous n'avons pas seulement la responsabilité de nous ouvrir aux autres. Nous avons aussi celle de rendre accessible ce qui constitue notre trésor : nos rêves, nos valeurs, nos idées. Notre foi.

Qu'est-ce que j'aime faire pour que les personnes que je reçois se sentent bien disposées ?

Dans ma vie de prière, est-ce que je laisse vraiment Dieu entrer « chez moi » ? ■

VENDREDI 7 AVRIL 2023

VENDREDI SAINT – LA PASSION DU SEIGNEUR

ANNÉE A – COULEUR LITURGIQUE : ROUGE

« Et lui-même, portant sa croix, sortit en direction du lieu dit Le Crâne. » Jean 19, 17

© Marion Duval

« Il s'est dépouillé lui-même jusqu'à la mort. » Aujourd'hui, nous voilà sans voix. Nos sentiments sont mélangés, entre révolte et admiration : comment ? Dieu, l'innocent, est mis à mort ? Une inaltérable reconnaissance monte de nos cœurs. Car Dieu a accueilli la Croix par amour, par compassion pour l'humanité déchirée. Avec courage, suivons-le sur le chemin de sa Passion.

Prière
Souviens-toi, Seigneur, de ta miséricorde, sanctifie ceux qui veulent te servir et protège-les toujours, car c'est pour eux que ton Fils Jésus Christ a institué par son sang répandu le sacrement pascal. Lui qui…
– Amen.
OU
Seigneur Dieu, par la passion du Christ, ton Fils, notre Seigneur, tu as détruit la mort héritée du premier péché, elle qui tenait l'humanité sous sa loi ; accorde-nous de ressembler à ton Fils : du fait de notre nature, nous sommes à l'image de l'homme pétri d'argile ; de même, que ta grâce nous sanctifie pour que nous soyons à l'image de celui qui vient du ciel. Par le Christ, notre Seigneur. **– Amen.**

LITURGIE DE LA PAROLE

Lecture

du livre du prophète Isaïe (52, 13 – 53, 12)

« C'est à cause de nos fautes qu'il a été broyé »

Mon serviteur réussira, dit le Seigneur ; il montera, il s'élèvera, il sera exalté ! La multitude avait été consternée en le voyant, car il était si défiguré qu'il ne ressemblait plus à un homme ; il n'avait plus l'apparence d'un fils d'homme. Il étonnera de même une multitude de nations ; devant lui les rois resteront bouche bée, car ils verront ce que, jamais, on ne leur avait dit, ils découvriront

ce dont ils n'avaient jamais entendu parler. Qui aurait cru ce que nous avons entendu ? Le bras puissant du Seigneur, à qui s'est-il révélé ? Devant lui, le serviteur a poussé comme une plante chétive, une racine dans une terre aride ; il était sans apparence ni beauté qui attire nos regards, son aspect n'avait rien pour nous plaire. Méprisé, abandonné des hommes, homme de douleurs, familier de la souffrance, il était pareil à celui devant qui on se voile la face ; et nous l'avons méprisé, compté pour rien. En fait, c'étaient nos souffrances qu'il portait, nos douleurs dont il était chargé. Et nous, nous pensions qu'il était frappé, meurtri par Dieu, humilié. Or, c'est à cause de nos révoltes qu'il a été transpercé, à cause de nos fautes qu'il a été broyé. Le châtiment qui nous donne la paix a pesé sur lui : par ses blessures, nous sommes guéris. Nous étions tous errants comme des brebis, chacun suivait son propre chemin. Mais le Seigneur a fait retomber sur lui nos fautes à nous tous.
Maltraité, il s'humilie, il n'ouvre pas la bouche : comme un agneau conduit à l'abattoir, comme une brebis muette devant les tondeurs, il n'ouvre pas la bouche. Arrêté, puis jugé, il a été supprimé. Qui donc s'est inquiété de son sort ? Il a été retranché de la terre des vivants, frappé à mort pour les révoltes de son peuple. On a placé sa tombe avec les méchants, son tombeau avec les riches ; et pourtant il n'avait pas commis de violence, on ne trouvait pas de tromperie dans sa bouche. Broyé par la souffrance,

il a plu au Seigneur. S'il remet sa vie en sacrifice de réparation, il verra une descendance, il prolongera ses jours : par lui, ce qui plaît au Seigneur réussira.
Par suite de ses tourments, il verra la lumière, la connaissance le comblera. Le juste, mon serviteur, justifiera les multitudes, il se chargera de leurs fautes. C'est pourquoi, parmi les grands, je lui donnerai sa part, avec les puissants il partagera le butin, car il s'est dépouillé lui-même jusqu'à la mort, et il a été compté avec les pécheurs, alors qu'il portait le péché des multitudes et qu'il intercédait pour les pécheurs.
– Parole du Seigneur.

Psaume 30 (31)

"Ô Père, en tes mains je remets mon esprit."

Psaume 30 (31)

℟ ***Ô Père, en tes mains je remets mon esprit.***

T. : AELF; M. : T. Ospital; Éd. : ADF.

En toi, Seigneur, j'ai mon refuge ;
garde-moi d'être humilié pour toujours.
En tes mains je remets mon esprit ;
tu me rachètes, Seigneur, Dieu de vérité. ℟

Je suis la risée de mes adversaires
et même de mes voisins ;
je fais peur à mes amis,
s'ils me voient dans la rue, ils me fuient. ℟

On m'ignore comme un mort oublié,
comme une chose qu'on jette.
J'entends les calomnies de la foule :
ils s'accordent pour m'ôter la vie. ℟

Retrouvez ce psaume sur le CD "Les psaumes de l'année A"

Moi, je suis sûr de toi, Seigneur,
je dis : « Tu es mon Dieu ! »
Mes jours sont dans ta main : délivre-moi
des mains hostiles qui s'acharnent. ℟

Sur ton serviteur, que s'illumine ta face ;
sauve-moi par ton amour.
Soyez forts, prenez courage,
vous tous qui espérez le Seigneur ! ℟

Lecture de la lettre aux Hébreux (4, 14-16 ; 5, 7-9)

Il apprit l'obéissance et il est devenu
pour tous ceux qui lui obéissent la cause du salut éternel

Frères, en Jésus, le Fils de Dieu, nous avons le grand prêtre par excellence, celui qui a traversé les cieux ; tenons donc ferme l'affirmation de notre foi. En effet, nous n'avons pas un grand prêtre incapable de compatir à nos faiblesses, mais un grand prêtre éprouvé en toutes choses, à notre ressemblance, excepté le péché. Avançons-nous donc avec assurance vers le Trône de la grâce, pour obtenir miséricorde et recevoir, en temps voulu, la grâce de son secours.
Le Christ, pendant les jours de sa vie dans la chair, offrit, avec un grand cri et dans les larmes, des prières et des supplications à Dieu qui pouvait le sauver de la mort, et il fut exaucé en raison de son

grand respect. Bien qu'il soit le Fils, il apprit par ses souffrances l'obéissance et, conduit à sa perfection, il est devenu pour tous ceux qui lui obéissent la cause du salut éternel.
– Parole du Seigneur.

Acclamation de l'Évangile

Le Christ s'est anéanti, prenant la condition de serviteur. Pour nous, le Christ est devenu obéissant, jusqu'à la mort, et la mort de la croix. C'est pourquoi Dieu l'a exalté : il l'a doté du Nom qui est au-dessus de tout nom. ***Le Christ s'est anéanti, prenant la condition de serviteur.***

U77-01; T. : AELF; M. : P. Robert, Bayard liturgie.

La lecture de la Passion se fait sans salutation au début.

Pour lire l'évangile de la Passion à plusieurs voix :

✠ Jésus ; Ⓛ lecteur ; Ⓓ disciples et amis ; Ⓕ foule ; Ⓐ autres personnages.

La Passion de notre Seigneur Jésus Christ

selon saint Jean (18, 1 – 19, 42)

Passion de notre Seigneur Jésus Christ

Ⓛ En ce temps-là, après le repas, Jésus sortit avec ses disciples et traversa le torrent du Cédron ; il y avait là un jardin, dans lequel il entra avec ses disciples. Judas, qui le livrait, connaissait l'endroit, lui aussi, car Jésus et ses disciples s'y étaient souvent réunis. Judas, avec un détachement de soldats ainsi que des gardes envoyés par les grands prêtres et les pharisiens, arrive à cet endroit. Ils avaient des lanternes, des torches et des armes. Alors Jésus, sachant tout ce qui allait lui arriver, s'avança et leur dit : ✠ « Qui cherchez-vous ? » Ⓛ Ils lui répondirent : Ⓕ « Jésus le Nazaréen. » Ⓛ Il leur dit : ✠ « C'est moi, je le suis. » Ⓛ Judas, qui le livrait, se tenait avec eux. Quand Jésus leur répondit : « C'est moi, je le suis », ils reculèrent, et ils tombèrent à terre. Il leur demanda de nouveau : ✠ « Qui cherchez-vous ? » Ⓛ Ils dirent : Ⓕ « Jésus le Nazaréen. » Ⓛ Jésus répondit : ✠ « Je vous l'ai dit : c'est moi, je le suis. Si c'est bien moi que vous cherchez, ceux-là, laissez-les partir. » Ⓛ Ainsi s'accomplissait la parole qu'il avait dite : « Je n'ai perdu aucun de ceux que tu m'as donnés. » Or Simon-Pierre avait une épée ; il la tira, frappa le

serviteur du grand prêtre et lui coupa l'oreille droite. Le nom de ce serviteur était Malcus. Jésus dit à Pierre : ✠ « Remets ton épée au fourreau. La coupe que m'a donnée le Père, vais-je refuser de la boire ? » Ⓛ Alors la troupe, le commandant et les gardes juifs se saisirent de Jésus et le ligotèrent. Ils l'emmenèrent d'abord chez Hanne, beau-père de Caïphe, qui était grand prêtre cette année-là. Caïphe était celui qui avait donné aux Juifs ce conseil : « Il vaut mieux qu'un seul homme meure pour le peuple. »
Or Simon-Pierre, ainsi qu'un autre disciple, suivait Jésus. Comme ce disciple était connu du grand prêtre, il entra avec Jésus dans le palais du grand prêtre. Pierre se tenait près de la porte, dehors. Alors l'autre disciple – celui qui était connu du grand prêtre – sortit, dit un mot à la servante qui gardait la porte, et fit entrer Pierre. Cette jeune servante dit alors à Pierre : Ⓐ « N'es-tu pas, toi aussi, l'un des disciples de cet homme ? » Ⓛ Il répondit : Ⓓ « Non, je ne le suis pas ! » Ⓛ Les serviteurs et les gardes se tenaient là ; comme il faisait froid, ils avaient fait un feu de braise pour se réchauffer. Pierre était avec eux, en train de se chauffer. Le grand prêtre interrogea Jésus sur ses disciples et sur son enseignement. Jésus lui répondit : ✠ « Moi, j'ai parlé au monde ouvertement. J'ai toujours enseigné à la synagogue et dans le Temple, là où tous les Juifs se réunissent, et je n'ai jamais parlé en cachette. Pourquoi m'interroges-tu ? Ce que je leur ai dit, demande-le à ceux qui m'ont entendu. Eux savent ce que j'ai dit. » Ⓛ À ces mots, un des gardes, qui était à côté de Jésus,

lui donna une gifle en disant : Ⓐ « C'est ainsi que tu réponds au grand prêtre ! » Ⓛ Jésus lui répliqua : ✝ « Si j'ai mal parlé, montre ce que j'ai dit de mal. Mais si j'ai bien parlé, pourquoi me frappes-tu ? » Ⓛ Hanne l'envoya, toujours ligoté, au grand prêtre Caïphe.
Simon-Pierre était donc en train de se chauffer. On lui dit : Ⓐ « N'es-tu pas, toi aussi, l'un de ses disciples ? » Ⓛ Pierre le nia et dit : Ⓓ « Non, je ne le suis pas ! » Ⓛ Un des serviteurs du grand prêtre, parent de celui à qui Pierre avait coupé l'oreille, insista : Ⓐ « Est-ce que moi, je ne t'ai pas vu dans le jardin avec lui ? » Ⓛ Encore une fois, Pierre le nia. Et aussitôt un coq chanta.
Alors on emmène Jésus de chez Caïphe au Prétoire. C'était le matin. Ceux qui l'avaient amené n'entrèrent pas dans le Prétoire, pour éviter une souillure et pouvoir manger l'agneau pascal. Pilate sortit donc à leur rencontre et demanda : Ⓐ « Quelle accusation portez-vous contre cet homme ? » Ⓛ Ils lui répondirent : Ⓕ « S'il n'était pas un malfaiteur, nous ne t'aurions pas livré cet homme. » Ⓛ Pilate leur dit : Ⓐ « Prenez-le vous-mêmes et jugez-le suivant votre loi. » Ⓛ Les Juifs lui dirent : Ⓕ « Nous n'avons pas le droit de mettre quelqu'un à mort. » Ⓛ Ainsi s'accomplissait la parole que Jésus avait dite pour signifier de quel genre de mort il allait mourir. Alors Pilate rentra dans le Prétoire ; il appela Jésus et lui dit : Ⓐ « Es-tu le roi des Juifs ? » Ⓛ Jésus lui demanda : ✝ « Dis-tu cela de toi-même, ou bien d'autres te l'ont dit à mon sujet ? » Ⓛ Pilate répondit : Ⓐ « Est-ce que je suis juif, moi ? Ta nation et les grands prêtres t'ont livré à moi : qu'as-tu

donc fait ? » Ⓛ Jésus déclara : ✠ « Ma royauté n'est pas de ce monde ; si ma royauté était de ce monde, j'aurais des gardes qui se seraient battus pour que je ne sois pas livré aux Juifs. En fait, ma royauté n'est pas d'ici. » Ⓛ Pilate lui dit : Ⓐ « Alors, tu es roi ? » Ⓛ Jésus répondit : ✠ « C'est toi-même qui dis que je suis roi. Moi, je suis né, je suis venu dans le monde pour ceci : rendre témoignage à la vérité. Quiconque appartient à la vérité écoute ma voix. » Ⓛ Pilate lui dit : Ⓐ « Qu'est-ce que la vérité ? » Ⓛ Ayant dit cela, il sortit de nouveau à la rencontre des Juifs, et il leur déclara : Ⓐ « Moi, je ne trouve en lui aucun motif de condamnation. Mais, chez vous, c'est la coutume que je vous relâche quelqu'un pour la Pâque : voulez-vous donc que je vous relâche le roi des Juifs ? » Ⓛ Alors ils répliquèrent en criant : Ⓕ « Pas lui ! Mais Barabbas ! » Ⓛ Or ce Barabbas était un bandit.

Alors Pilate fit saisir Jésus pour qu'il soit flagellé. Les soldats tressèrent avec des épines une couronne qu'ils lui posèrent sur la tête ; puis ils le revêtirent d'un manteau pourpre. Ils s'avançaient vers lui et ils disaient : Ⓕ « Salut à toi, roi des Juifs ! » Ⓛ Et ils le giflaient.

Pilate, de nouveau, sortit dehors et leur dit : Ⓐ « Voyez, je vous l'amène dehors pour que vous sachiez que je ne trouve en lui aucun motif de condamnation. » Ⓛ Jésus donc sortit dehors, portant la couronne d'épines et le manteau pourpre. Et Pilate leur déclara : Ⓐ « Voici l'homme. » Ⓛ Quand ils le virent, les grands prêtres et les gardes se mirent à crier : Ⓕ « Crucifie-le ! Crucifie-le ! » Ⓛ Pilate leur dit : Ⓐ « Prenez-le vous-mêmes, et crucifiez-le ; moi, je ne trouve en lui aucun motif de condamnation. » Ⓛ Ils lui répondirent : Ⓕ « Nous avons une Loi, et suivant la Loi il doit mourir, parce qu'il s'est fait Fils de Dieu. » Ⓛ Quand Pilate entendit ces paroles, il redoubla de crainte. Il rentra dans le Prétoire, et dit à Jésus : Ⓐ « D'où es-tu ? » Ⓛ Jésus ne lui fit aucune réponse. Pilate lui dit alors : Ⓐ « Tu refuses de me parler, à moi ? Ne sais-tu pas que j'ai pouvoir de te relâcher, et pouvoir de te crucifier ? » Ⓛ Jésus répondit : ✝ « Tu n'aurais aucun pouvoir sur moi si tu ne l'avais reçu d'en haut ; c'est pourquoi celui qui m'a livré à toi porte un péché plus grand. » Ⓛ Dès lors, Pilate cherchait à le relâcher ; mais des Juifs se mirent à crier : Ⓕ « Si tu le relâches, tu n'es pas un ami de l'empereur. Quiconque se fait roi s'oppose à l'empereur. » Ⓛ En entendant ces paroles, Pilate amena Jésus au-dehors ; il le fit asseoir sur une estrade au lieu dit le Dallage – en hébreu : Gabbatha. C'était le jour de la Préparation de la Pâque, vers la sixième heure, environ midi. Pilate dit aux Juifs : Ⓐ « Voici votre roi. » Ⓛ Alors ils crièrent : Ⓕ « À mort ! À mort ! Crucifie-le ! » Ⓛ Pilate leur dit : Ⓐ « Vais-je crucifier votre roi ? » Ⓛ Les grands prêtres répondirent : Ⓕ « Nous n'avons pas d'autre roi que l'empereur. » Ⓛ Alors, il leur livra Jésus pour qu'il soit crucifié.

Ils se saisirent de Jésus. Et lui-même, portant sa croix, sortit en direction du lieu dit Le Crâne (ou Calvaire), qui se dit en hébreu Golgotha. C'est là qu'ils le crucifièrent, et deux autres avec lui, un de chaque côté, et Jésus au milieu. Pilate avait rédigé un écriteau qu'il fit placer sur la croix ; il était écrit : « Jésus le Nazaréen, roi des Juifs ».

Beaucoup de Juifs lurent cet écriteau, parce que l'endroit où l'on avait crucifié Jésus était proche de la ville, et que c'était écrit en hébreu, en latin et en grec. Alors les grands prêtres des Juifs dirent à Pilate : Ⓕ « N'écris pas : "Roi des Juifs" ; mais : "Cet homme a dit : Je suis le roi des Juifs." » Ⓛ Pilate répondit : Ⓐ « Ce que j'ai écrit, je l'ai écrit. » Ⓛ Quand les soldats eurent crucifié Jésus, ils prirent ses habits ; ils en firent quatre parts, une pour chaque soldat. Ils prirent aussi la tunique ; c'était une tunique sans couture, tissée tout d'une pièce de haut en bas. Alors ils se dirent entre eux : Ⓐ « Ne la déchirons pas, désignons par le sort celui qui l'aura. » Ⓛ Ainsi s'accomplissait la parole de l'Écriture : *Ils se sont partagé mes habits ; ils ont tiré au sort mon vêtement.* C'est bien ce que firent les soldats.
Or, près de la croix de Jésus se tenaient sa mère et la sœur de sa mère, Marie, femme de Cléophas, et Marie Madeleine. Jésus, voyant sa mère, et près d'elle le disciple qu'il aimait, dit à sa mère : ✠ « Femme, voici ton fils. » Ⓛ Puis il dit au disciple : ✠ « Voici ta mère. » Ⓛ Et à partir de cette heure-là, le disciple la prit chez lui. Après cela, sachant que tout, désormais, était achevé pour que l'Écriture s'accomplisse jusqu'au bout, Jésus dit : ✠ « J'ai soif. » Ⓛ Il y avait là un récipient plein d'une boisson vinaigrée. On fixa donc une éponge remplie de ce vinaigre à une branche d'hysope, et on l'approcha de sa bouche. Quand il eut pris le vinaigre, Jésus dit : ✠ « Tout est accompli. » Ⓛ Puis, inclinant la tête, il remit l'esprit.

(Ici on fléchit le genou, et on s'arrête un instant.)

Comme c'était le jour de la Préparation (c'est-à-dire le vendredi), il ne fallait pas laisser les corps en croix durant le sabbat, d'autant plus que ce sabbat était le grand jour de la Pâque. Aussi les Juifs demandèrent à Pilate qu'on enlève les corps après leur avoir brisé les jambes. Les soldats allèrent donc briser les jambes du premier, puis de l'autre homme crucifié avec Jésus. Quand ils arrivèrent à Jésus, voyant qu'il était déjà mort, ils ne lui brisèrent pas les jambes, mais un des soldats avec sa lance lui perça le côté; et aussitôt, il en sortit du sang et de l'eau. Celui qui a vu rend témoignage, et son témoignage est véridique; et celui-là sait qu'il dit vrai afin que vous aussi, vous croyiez. Cela, en effet, arriva pour que s'accomplisse l'Écriture : *Aucun de ses os ne sera brisé.* Un autre passage de l'Écriture dit encore : *Ils lèveront les yeux vers celui qu'ils ont transpercé.*

Après cela, Joseph d'Arimathie, qui était disciple de Jésus, mais en secret par crainte des Juifs, demanda à Pilate de pouvoir enlever le corps de Jésus. Et Pilate le permit. Joseph vint donc enlever le corps de Jésus. Nicodème – celui qui, au début, était venu trouver Jésus pendant la nuit – vint lui aussi; il apportait un mélange de myrrhe et d'aloès pesant environ cent livres. Ils prirent donc le corps de Jésus, qu'ils lièrent de linges, en employant les aromates selon la coutume juive d'ensevelir les morts.

À l'endroit où Jésus avait été crucifié, il y avait un jardin et, dans ce jardin, un tombeau neuf dans lequel on n'avait encore déposé personne. À cause de la Préparation de la Pâque juive, et comme ce tombeau était proche, c'est là qu'ils déposèrent Jésus.

Homélie

Prière universelle

Le prêtre :

À travers la Passion et la mort de son Fils, Dieu nous a longuement parlé. Il nous a dit son immense amour, son pardon total, sa tendresse fidèle. À nous maintenant de prendre la parole. Prenons le temps de lui dire nos pauvretés et notre confiance filiale. Faisons place à l'humanité entière dans notre prière.

1. Pour la sainte Église

Le diacre (ou un lecteur) : Prions, frères et sœurs bien-aimés, pour la sainte Église de Dieu : que notre Dieu et Seigneur lui donne la paix, la rassemble dans l'unité et la garde par toute la terre ; qu'il nous accorde une vie calme et paisible, pour glorifier Dieu le Père tout-puissant.

Prière en silence. Puis le prêtre dit ou chante l'oraison :

Dieu éternel et tout-puissant, dans le Christ, tu as révélé ta gloire à tous les peuples ; protège l'œuvre de ta miséricorde, afin que ton Église répandue par tout l'univers demeure inébranlable dans la foi pour proclamer ton nom. Par le Christ, notre Seigneur. – ***Amen.***

2. Pour le pape

Le diacre :

Prions pour notre saint Père le pape N., choisi par Dieu notre Seigneur dans le collège des évêques : qu'il le garde sain et sauf au service de son Église pour gouverner le peuple saint de Dieu.

Prière en silence. Puis le prêtre dit ou chante l'oraison :

Dieu éternel et tout-puissant dont la sagesse organise toutes choses, écoute en ta bonté notre prière : protège avec amour l'évêque de Rome que tu nous as choisi, afin que, sous la conduite de ce pasteur suprême, le peuple chrétien que tu gouvernes progresse toujours dans la foi. Par le Christ, notre Seigneur.

— Amen.

3. Pour le clergé et le peuple fidèle

Le diacre :

Prions pour notre évêque N., pour tous les évêques, les prêtres, les diacres de l'Église et pour l'ensemble du peuple des fidèles.

Prière en silence. Puis le prêtre dit ou chante l'oraison :

Dieu éternel et tout-puissant dont l'Esprit sanctifie et gouverne le corps entier de l'Église, exauce les prières que nous t'adressons pour tes ministres : afin que, par le don de ta grâce, tout ton peuple te serve avec fidélité. Par le Christ, notre Seigneur.

— Amen.

4. Pour les catéchumènes

Le diacre: Prions pour les (nos) catéchumènes : que Dieu notre Seigneur ouvre leur cœur à sa parole et les accueille dans sa miséricorde ; après avoir reçu le pardon de tous leurs péchés par le bain de la naissance nouvelle, qu'ils soient reconnus comme appartenant au Christ Jésus notre Seigneur.

Prière en silence. Puis le prêtre dit ou chante l'oraison :

Dieu éternel et tout-puissant, toi qui assures la fécondité de ton Église en lui donnant toujours de nouveaux enfants, augmente en nos catéchumènes la foi et l'intelligence de la foi : qu'ils renaissent à la source du baptême et prennent place parmi tes enfants d'adoption. Par le Christ, notre Seigneur. ***– Amen.***

5. Pour l'unité des chrétiens

Le diacre: Prions pour tous nos frères et sœurs qui croient au Christ et cherchent à faire la vérité : que le Seigneur notre Dieu les rassemble et les garde dans son unique Église.

Prière en silence. Puis le prêtre dit ou chante l'oraison :

Dieu éternel et tout-puissant, toi qui rassembles ce qui est dispersé et qui gardes ce que tu as rassemblé, jette un regard de paix sur le troupeau conduit par ton Fils : accorde à ceux qu'un même baptême a consacrés d'être unis dans la plénitude de la foi et de demeurer en communion par le lien de la charité. Par le Christ, notre Seigneur.
– Amen.

6. Pour le peuple juif

Le diacre : Prions pour les juifs, à qui le Seigneur notre Dieu a parlé en premier : qu'il leur donne de progresser dans l'amour de son nom et dans la fidélité à son alliance.

Prière en silence. Puis le prêtre dit ou chante l'oraison :

Dieu éternel et tout-puissant, toi qui as confié tes promesses à Abraham et à sa descendance, écoute avec bonté les prières de ton Église : donne au peuple que tu as choisi en premier de parvenir à la plénitude de la rédemption. Par le Christ, notre Seigneur.

— Amen.

7. Pour les autres croyants

Le diacre : Prions pour ceux qui ne croient pas au Christ : demandons qu'à la lumière de l'Esprit Saint, ils puissent s'engager, eux aussi, sur le chemin du salut.

Prière en silence. Puis le prêtre dit ou chante l'oraison :

Dieu éternel et tout-puissant, donne à ceux qui ne reconnaissent pas le Christ de marcher en ta présence d'un cœur sincère, afin de découvrir la vérité ; et donne-nous de progresser sans cesse dans l'amour mutuel, attentifs à percevoir plus pleinement le mystère de ta vie, pour être dans le monde des témoins plus parfaits de ton amour. Par le Christ, notre Seigneur.

— Amen.

8. Pour celles et ceux qui ne connaissent pas Dieu

Le diacre : Prions pour ceux qui ne connaissent pas Dieu : demandons qu'en recherchant d'un cœur sincère ce qui est droit ils puissent parvenir jusqu'à Dieu lui-même.

Prière en silence. Puis le prêtre dit ou chante l'oraison :

Dieu éternel et tout-puissant, tu as créé l'être humain pour qu'il te cherche dans un désir inlassable et que son cœur s'apaise en te trouvant ; nous t'en prions, fais que tous, au milieu des difficultés qui leur font obstacle, discernent les signes de ta tendresse et perçoivent le témoignage des œuvres bonnes de ceux qui croient en toi, afin d'avoir le bonheur de te reconnaître, toi, le seul vrai Dieu et notre Père. Par le Christ, notre Seigneur. — ***Amen.***

9. Pour les responsables des pouvoirs publics

Le diacre : Prions pour les chefs d'État et tous les responsables des affaires publiques : que le Seigneur notre Dieu dirige leur esprit et leur cœur selon sa volonté pour la paix véritable et la liberté de tous.

Prière en silence. Puis le prêtre dit ou chante l'oraison :

Dieu éternel et tout-puissant, le cœur humain et les droits des peuples sont dans ta main ; regarde avec bienveillance ceux qui exercent le pouvoir sur nous ; que par ta grâce s'affermissent partout sur la terre la sécurité et la paix, la prospérité des nations et la liberté religieuse. Par le Christ, notre Seigneur. — ***Amen.***

10. Pour nos frères et sœurs dans l'épreuve

Le diacre: Frères et sœurs bien-aimés, prions Dieu le Père tout-puissant, pour qu'il purifie le monde de toute erreur, chasse les maladies et repousse la famine, ouvre les prisons et brise les chaînes, protège ceux qui voyagent, ramène chez eux les exilés, donne la force aux malades, et, aux mourants, accorde le salut.

Prière en silence. Puis le prêtre dit ou chante l'oraison :

Dieu éternel et tout-puissant, consolation des affligés, force de ceux qui peinent, entends les prières de ceux qui crient vers toi, quelles que soient leurs souffrances : que tous aient la joie de trouver dans leurs détresses le secours de ta miséricorde. Par le Christ, notre Seigneur.

— Amen.

ADORATION DE LA SAINTE CROIX

À l'époque du Christ, la croix évoquait l'horreur et l'humiliation. On l'appelait « le supplice honteux » et il était défendu de crucifier un citoyen romain. La mort sur la croix était réservée aux esclaves et aux bandits d'origine étrangère. Mais en faisant de sa mort un geste d'amour « jusqu'au bout », Jésus en a fait l'instrument de notre salut.

Présentation de la sainte Croix

Le prêtre, le diacre ou un autre ministre présente la Croix en chantant à trois reprises: Voici le bois de la Croix, qui a porté le salut du monde.

— Venez, adorons !

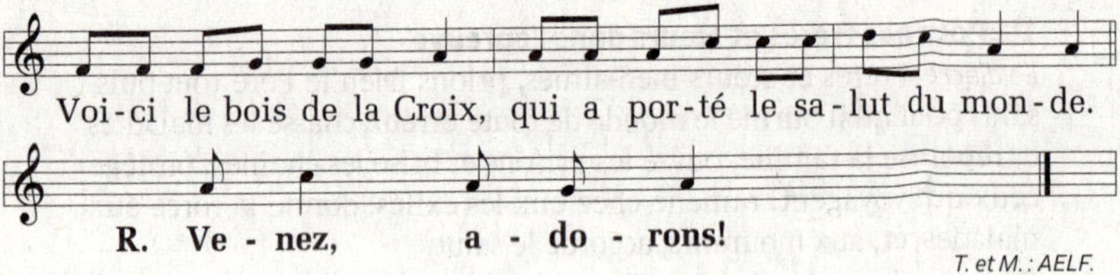

T. et M. : AELF.

Ceux qui le peuvent s'agenouillent et adorent en silence pendant quelques instants.

Adoration de la sainte Croix

SAINTE COMMUNION

On communie au corps du Christ consacré la veille.

Notre Père

Comme nous l'avons appris du Sauveur, et selon son commandement, nous osons dire :

OU

Unis dans le même Esprit, nous pouvons dire avec confiance la prière que nous avons reçue du Sauveur :

Notre Père qui es aux cieux, que ton nom soit sanctifié,
que ton règne vienne, que ta volonté soit faite
sur la terre comme au ciel.

Donne-nous aujourd'hui notre pain de ce jour.
Pardonne-nous nos offenses,
comme nous pardonnons aussi à ceux qui nous ont offensés.
Et ne nous laisse pas entrer en tentation, mais délivre-nous du Mal.
Délivre-nous de tout mal, Seigneur, et donne la paix à notre temps : soutenus par ta miséricorde, nous serons libérés de tout péché, à l'abri de toute épreuve, nous qui attendons que se réalise cette bienheureuse espérance : l'avènement de Jésus Christ, notre Sauveur.
Car c'est à toi qu'appartiennent le règne,
la puissance et la gloire pour les siècles des siècles !

Montrant aux fidèles le pain eucharistique, le prêtre invite à la communion en ces termes :
Voici l'Agneau de Dieu, voici celui qui enlève les péchés du monde.
Heureux les invités au repas des noces de l'Agneau !
— Seigneur, je ne suis pas digne de te recevoir ;
mais dis seulement une parole et je serai guéri.

Prière après la communion

Dieu éternel et tout-puissant, tu nous as renouvelés par la mort et la résurrection bienheureuse de ton Christ ; entretiens en nous l'œuvre de ta miséricorde : que notre communion à ce mystère consacre à ton service notre vie tout entière. Par le Christ, notre Seigneur.
— Amen.

RITE DE CONCLUSION

Prière sur le peuple

Que ta bénédiction, nous t'en prions, Seigneur, descende en abondance sur ton peuple qui a célébré la mort de ton Fils dans l'espérance de sa propre résurrection : accorde-lui pardon et réconfort, augmente sa foi, assure son éternelle rédemption. Par le Christ, notre Seigneur.

– Amen.

COMMENTAIRE DU VENDREDI SAINT

Karem Bustica, rédactrice en chef de *Prions en Église*

La puissance du Roi

Jésus est mort. En ce jour, il ne reste que le silence de la prière pour nous consoler. En contemplant cette Croix et celui qui y est suspendu, nous espérons reconnaître, dans la foi, son royaume. Parce que Jésus est Roi.

Le récit de la Passion selon saint Jean, que nous écoutons aujourd'hui, surprend par le long échange entre Jésus et Pilate. « Es-tu le roi des Juifs ? » L'évangéliste raconte cet épisode mettant en scène un Pilate inquiet et indécis qui, à plusieurs reprises, entre dans le prétoire et en sort. Tout au long de l'échange, Jésus, lui, se montre d'une acceptation et d'une éloquence remarquables. « Alors, es-tu roi ? » À travers les hésitations du haut fonctionnaire, saint Jean dévoile sa profonde conviction : Jésus est Roi, et sa mission est de nous révéler le Père.

•••

••• Désormais, la puissance du véritable disciple est de reconnaître et proclamer que le Seigneur est roi. Quelle est cette puissance ? Le dépouillement de la liturgie de ce vendredi l'évoque avec finesse. C'est la force du silence, l'intensité de l'écoute des Écritures, l'énergie d'une communauté réunie pour la vénération et la prière. C'est la Croix qui a porté le salut du monde, bois nu témoin de la victoire de la vie sur la mort. C'est la longue prière universelle, une suite d'intercessions dans lesquelles nul n'est oublié. Jésus est mort, tout s'accomplit, comme il était écrit.

Qu'évoque pour moi la liturgie du Vendredi saint ?
D'après moi, à quoi ressemble le règne de Jésus ? ■

Thibault Van Den Driessche, journaliste

Les pierres crieront-elles ?

Avec Marie, Symon de Cyrène, Véronique et les femmes de Jérusalem, accompagnons le Christ sur le chemin du calvaire. Confions le monde à sa prière.

1 Jésus est condamné à mort

Hier, palmes à la main, la foule t'acclamait. Aujourd'hui, poings levés, elle exige ta mort. Tu n'as cessé de remettre les égarés sur le chemin de la vie. Pourquoi t'envoie-t-on à la fosse ? Tes paroles de vie fascinent, mais t'attirent l'inimitié. Pardon, Seigneur, de rêver un christianisme confortable où, lovés dans un fauteuil, nous serions à l'abri des cris du monde. Pardon de préférer, quelquefois, la médiocrité à la sainteté.

2 Jésus est chargé de sa croix

À la suite de ton père adoptif, Joseph le charpentier, tu chérissais le bois, son odeur, ses lignes, tandis que tu le taillais, le ponçais, lui donnais les plus belles formes. Ironie du sort, une grossière poutre sera l'instrument de ton supplice. Comme nos péchés, qui chargent tes épaules. Pardon, Seigneur. Change-nous en madriers robustes, en voliges résistantes, en chevrons fiables, précieux pour l'édification de ton Église.

3 Jésus tombe une première fois

Épuisé, affamé, accablé par le poids du dédain et des sarcasmes, tu aurais pu rester cloué à terre, au milieu des femmes et des hommes terrassés par les humiliations, par l'injustice, par la misère. Soutenu par une invincible espérance, tu te relèves, entraînant avec toi ceux qui se noient dans leur désespoir. Jésus, quand nous sommes accablés, que ta vaillance nous revigore.

4 Jésus rencontre sa mère

Trente ans plus tôt, immense était ta joie, Marie, alors que tu gambadais dans la campagne, à la rencontre d'Élisabeth. Ton sein abritait celui dont le « règne n'aura pas de fin » (Lc 1, 33). Aujourd'hui, te voilà impuissante à le protéger, solidaire de bien des mères désemparées pour leurs enfants en péril. Désarmée et néanmoins resplendissante. Noble dans ce désastre. Avec toutes les fibres de ton être, tu pressens que tu le reverras bientôt.

5 Simon de Cyrène porte la Croix derrière Jésus

Simon de Cyrène, pensais-tu rentrer tôt des champs, pour la joie de ta femme et de tes enfants ? Te voilà réquisitionné. Le condamné a besoin d'aide. Soulager un supplicié te procure-t-il sérénité ? Ressens-tu la gratitude et l'innocence de l'homme de douleurs ? La charité n'attend pas. Elle nous presse. Seigneur, ne nous permets pas de résister aux cris des malades, des écorchés vifs.

6 Véronique essuie le visage de Jésus

Tous ne t'ont pas abandonné. Spontanément, bravant les soldats, Véronique essuie d'un linge ton sang, ta sueur, tes larmes, et adoucit ton martyre. Toi, la générosité incarnée, le dégoût naturel pour l'homme avili ne l'arrête pas. Toi aussi, quelques semaines plus tôt, sans reculer, tu secourais les lépreux, laissés-pour-compte de Palestine. Donne-nous, Seigneur, de chercher ton visage et de te consoler dans les parias allongés à nos portes.

7 Jésus tombe une deuxième fois

Malgré l'aide de Simon de Cyrène, tu gis à nouveau, à même le sol. Resteras-tu immobile et prostré, dans l'attente d'un miracle ? C'eût été fuir ta mission : tracer un sillon d'espérance pour nous tous. Douloureusement, tu te relèves. Pour nous, paralysés à bien des reprises. Dépression et angoisse nous terrassent. Les addictions nous engluent. À ta suite, donne-nous, Seigneur, d'avancer boiteux au lieu de demeurer enlisés.

8 Jésus rencontre les femmes de Jérusalem

Quelle tragédie ! En te croisant, des femmes de Jérusalem pleurent de désolation. Comme nous tous. Tes paroles étaient un baume sur nos plaies, tes miracles le présage d'un monde meilleur. « Versez des larmes, murmures-tu, des larmes néanmoins différentes. Torrents versés en souvenir de vos péchés.

Vos yeux ruisselants vous mèneront à la joie, joie de vous retrouver un jour avec moi, dans le jardin de la vie. »

9 Jésus tombe une troisième fois

Un coq chante. Simon le passionné, épris de sainteté, prêt à te suivre jusqu'aux confins, t'a renié. À trois reprises. À chacune de ses chutes, tu échoues dans la terre rocailleuse souillée de sang… aux côtés de Pierre l'inconsolable, forgé au creuset de l'humilité. À l'oreille, tu lui chuchotes : « Je sais que tu m'aimes. Allons. Debout. Comme un enfant, sois prompt à te relever. Jamais ma main ne te lâchera. Crois seulement. Espère toujours. »

10 Jésus est dépouillé de ses vêtements

Des soldats jouent aux dés les lambeaux qui voilent ton intimité. Te voilà nu, la dignité dérobée. Comme au jour de ton premier cri. Au berceau, les uns croulent sous les barboteuses. Les autres se voient ravir leur unique chemise. Comme toi, gravissant le Golgotha. Pourtant, ta peau lacérée abrite une dignité imprenable, notre dignité commune, qui nous permet de traverser la vie, tête haute : nous sommes enfants de Dieu, fils et filles de Roi.

11 Jésus est cloué sur la Croix

Les hommes se jouent-ils de toi ? Ils t'ont laissé charrier une poutre trop lourde. Ils t'ont raillé quand tu avalais la poussière du sol. Maintenant, muni de son marteau, le bourreau cloue tes membres. Lorsque nous ignorons ton visage de mendiant nauséabond, d'alcoolique débraillé ou de fou repoussant, ne lui ressemblons-nous pas ? Cependant, tes bras demeurent assidûment étendus, en une attitude de pardon ininterrompue.

12 Jésus meurt sur la Croix

Tu ne joues pas la comédie. Ta soif est extrême, ton corps est une plaie vive, ton sentiment d'abandon est incommensurable : « Mon Dieu, mon Dieu, pourquoi m'as-tu abandonné ? » Ton cri rejoint celui de Job, astreint à se gratter dans la cendre. Ou de Rachel, qui pleure ses enfants disparus. Motivée par l'amour, ta souffrance d'homme-Dieu fait écho à celle du cancéreux en phase terminale, du prisonnier condamné à perpétuité, de l'enfant battu, violé, inconsolable.

13 Jésus, détaché de la Croix, est remis à sa mère

La dépouille de ton fils gît sur tes genoux, Marie. Tes bras l'entourent en un geste de protection. Quelles pensées te traversent l'esprit ? Te rappelles-tu ta joie à bercer le nourrisson ? Te remémores-tu la beauté de sa vie, son extrême fécondité ? Tout ça pour en arriver là… Dans la douleur que les mots ne peuvent décrire, tu restes digne. Ton fils, ton chéri dont tu étreins le cadavre, est vraiment le Fils de Dieu !

14 Jésus est déposé au tombeau

Tout est accompli. De la crèche à la Croix, il n'y a qu'un pas. Nourrisson, Joseph t'avait déposé dans une mangeoire garnie de paille. Aujourd'hui, un autre Joseph, venu d'Arimathie, t'offre son tombeau, neuf. Les bandelettes enveloppent ton corps. Myrrhe et aloès exhalent leur parfum. La pierre referme le sépulcre. La Bonne Nouvelle est emmurée, étouffée, censurée. Tout est fini. Vraiment ? Pour venger pareille injustice, les pierres crieront-elles ?

« Obscure est la nuit du tombeau, et pourtant l'éclat des plaies sacrées traverse l'épaisseur de la pierre, la soulève et la met de côté comme une plume ; de l'obscurité du tombeau se lève le corps ressuscité du Fils de l'homme, éblouissant de lumière, rayonnant de clarté. » **(Extrait d'une poésie d'Edith Stein)**

Photos : chemin de croix de la chapelle des pères assomptionnistes d'Albertville (73). © Benoît Gschwind.

SAMEDI 8 AVRIL 2023
SAMEDI SAINT

« Ils ont fait descendre aux enfers le soleil de tous les soleils :
La porte est sur lui verrouillée… Qui pourrait dormir ? »

Hymne de l'Office des Lectures

Lors de ton entrée à Jérusalem, beaucoup étendaient leurs manteaux et t'acclamaient : « Béni soit celui qui vient, le Roi, au nom du Seigneur. » Quelques pharisiens voulaient te faire taire. Mais on ne muselle pas la Bonne Nouvelle : « Si eux se taisent, les pierres crieront » (Lc 19, 40). Restons en éveil. Tout n'est pas fini. En ce grand samedi où l'attente creuse nos cœurs, notre joie se mêle à nos larmes. Bientôt, l'éclat de tes plaies sacrées traversera l'épaisseur de la pierre.

DANS LA NUIT DU 8 AU 9 AVRIL 2023

VEILLÉE PASCALE

ANNÉE A – COULEUR LITURGIQUE : BLANC

« L'ange prit la parole et dit aux femmes : "Vous, soyez sans crainte !" » Matthieu 28, 5

« Que la terre, elle aussi, soit heureuse, irradiée de tant de feux ! » Ce soir, nos cœurs sont parés de joie et d'allégresse. Peu à peu, au sein de l'obscurité, la lumière va briller. Celle du feu, celle du cierge pascal, celle de tous nos cierges allumés. Oui, ce soir, la lumière du Ressuscité resplendit de mille feux. Exultons de bonheur, crions notre joie. Oui, Jésus est vivant à jamais !

OFFICE DE LA LUMIÈRE

À l'endroit qui convient, un feu a été préparé. Lorsque le peuple est rassemblé, le prêtre s'y rend avec le diacre et les autres ministres, dont l'un porte le cierge pascal. Le prêtre salue l'assemblée et lui explique brièvement le sens de la veillée par les paroles suivantes, ou en des termes semblables :

Frères et sœurs bien-aimés, en cette nuit très sainte où notre Seigneur Jésus Christ est passé de la mort à la vie, l'Église invite tous ses enfants disséminés de par le monde à se réunir pour veiller et prier.

Nous allons donc commémorer la Pâque du Seigneur en écoutant sa parole et en célébrant ses mystères ; ainsi nous aurons l'espérance d'avoir part à son triomphe sur la mort et de vivre avec lui en Dieu.

Puis le prêtre bénit le feu :

Seigneur Dieu, par ton Fils tu as apporté à tes fidèles le feu de ta splendeur ; sanctifie ce feu ✠ nouveau ; accorde-nous, durant ces fêtes pascales, d'être enflammés d'un si grand désir du ciel que nous puissions parvenir, avec un cœur pur, aux fêtes de l'éternelle lumière. Par le Christ, notre Seigneur. — ***Amen.***

Le prêtre peut à ce moment souligner les symboles inscrits sur le cierge pascal : la croix, les lettres grecques alpha et oméga, et les quatre chiffres du millésime de l'année en cours.

Il prononce en même temps les paroles suivantes :

Le Christ, hier et aujourd'hui, commencement et fin de toutes choses, Alpha et Oméga ; à lui, le temps et l'éternité, à lui, la gloire et la puissance pour les siècles sans fin. Amen.

Le prêtre allume alors le cierge pascal au feu nouveau, en disant :

Que la lumière du Christ, ressuscitant dans la gloire, dissipe les ténèbres de notre cœur et de notre esprit. Amen.

La procession commence. Dans l'église obscurcie, seule brille la clarté du cierge pascal. Le diacre (à défaut, le prêtre) chante cette acclamation :

T. et M. : AELF.

On répète trois fois sur un ton de plus en plus élevé. Les fidèles allument leur cierge au cierge pascal ou bien s'en communiquent la flamme.

Annonce de Pâques

L'annonce de la Pâque est chantée par le diacre ou, à défaut, par un prêtre ou par un chantre. Tous se tiennent debout, portant leur cierge allumé.

Forme longue

Des acclamations du peuple peuvent être insérées dans le cours de ce chant.
Exultez dans le ciel, multitude des anges ! Exultez, célébrez les mystères divins ! Résonne, trompette du salut, pour la victoire d'un si grand Roi ! Que la terre, elle aussi, soit heureuse, irradiée de tant de feux : illuminée de la splendeur du Roi éternel, qu'elle voie s'en aller l'obscurité qui recouvrait le monde entier ! Réjouis-toi, Église notre mère, parée d'une lumière si éclatante ! Que retentisse dans ce lieu saint l'acclamation de tous les peuples !
Si l'annonce est chantée par un laïc, il omet les paroles entre parenthèses jusqu'à « Et avec votre esprit ». (Et vous, mes frères et sœurs bien-aimés, qui vous tenez ici dans l'admirable clarté de cette lumière sainte, invoquez avec moi, je vous prie, la miséricorde de Dieu tout-puissant. Il m'a choisi dans mon indignité pour être à son service : qu'il répande la clarté de sa lumière, pour que je puisse chanter la louange du cierge pascal.)
(Le Seigneur soit avec vous. — ***Et avec votre esprit.)***
Élevons notre cœur. — ***Nous le tournons vers le Seigneur.***
Rendons grâce au Seigneur notre Dieu. — ***Cela est juste et bon.***
Vraiment, il est juste et bon de chanter à pleine voix, dans tout l'élan du cœur et de l'esprit, le Père tout-puissant, Dieu invisible, et son

Fils unique, Jésus Christ, notre Seigneur. C'est lui qui a remis pour nous au Père éternel le prix de la dette encourue par Adam ; c'est lui qui répandit son sang par amour pour effacer la condamnation du premier péché.

Car voici la fête de la Pâque dans laquelle est mis à mort l'Agneau véritable dont le sang consacre les portes des croyants. Voici la nuit où tu as tiré d'Égypte les enfants d'Israël, nos pères, et leur as fait passer la mer Rouge à pied sec. Voici la nuit où le feu d'une colonne lumineuse a dissipé les ténèbres du péché. Voici la nuit qui arrache au monde corrompu, aveuglé par le mal, ceux qui, aujourd'hui et dans tout l'univers, ont mis leur foi dans le Christ : nuit qui les rend à la grâce et leur ouvre la communion des saints. Voici la nuit où le Christ, brisant les liens de la mort, s'est relevé, victorieux, du séjour des morts.

À quoi nous servirait-il de naître sans le bonheur d'être sauvés ? Ô merveilleuse condescendance de ta tendresse envers nous ! Inestimable choix de ton amour : pour racheter l'esclave, tu as livré le Fils ! Il fallait le péché d'Adam que la mort du Christ abolit. Ô bienheureuse faute qui nous valut pareil Rédempteur !

Ô nuit de vrai bonheur, qui seule mérita de connaître le temps et l'heure où le Christ a surgi du séjour des morts ! Voici la nuit dont il est écrit : « La nuit resplendira comme le jour ; la nuit même est lumière pour ma joie. » Car le pouvoir sanctifiant de cette nuit chasse les crimes et lave les fautes, rend l'innocence aux coupables et l'allégresse aux affligés, dissipe la haine, dispose à la concorde et soumet toute puissance. Dans la grâce de cette nuit, accueille, Père très saint, en sacrifice du soir (la flamme montant de) cette colonne de cire (œuvre des abeilles) que la sainte Église t'offre par nos mains. Mais déjà nous savons ce que proclame cette colonne qui brûle avec éclat en l'honneur de Dieu : quand on en transmet la flamme, sa clarté ne diminue pas. (Car elle se nourrit de la cire produite par l'abeille, comme par une mère, pour former la substance de ce précieux luminaire.)

Ô nuit de vrai bonheur, nuit où le ciel s'unit à la terre, où l'homme rencontre Dieu. Aussi nous t'en prions, Seigneur : permets que ce cierge consacré en l'honneur de ton nom brûle sans déclin pour dissiper les ténèbres de cette nuit. Qu'il te soit d'un parfum agréable et joigne sa clarté à celle des étoiles. Qu'il brûle encore quand se lèvera l'astre du matin, cet astre sans pareil qui ne connaît pas de couchant, le Christ, ton Fils, revenu du séjour des morts, qui répand sur le genre humain sa lumière et sa paix, lui qui vit et règne pour les siècles des siècles.
— Amen.

LITURGIE DE LA PAROLE

La Bible fait le récit des grands gestes de l'amour de Dieu. Le prêtre nous invite à écouter ces témoignages en disant, par exemple :

Frères et sœurs bien-aimés, nous voici entrés dans la vigile solennelle : écoutons maintenant d'un cœur paisible la parole de Dieu. Méditons, et voyons comment, dans les temps passés, Dieu a sauvé son peuple, et comment dans ces temps qui sont les derniers, il nous a envoyé son Fils comme Rédempteur.
Demandons à notre Dieu de conduire jusqu'à son plein achèvement cette œuvre de salut inaugurée dans le mystère de Pâques.

Lectures

Lecture

du livre de la Genèse (1, 1 – 2, 2)

(Lecture brève : 1, 1. 26-31a)

« Dieu vit tout ce qu'il avait fait : cela était très bon »

Au commencement, Dieu créa le ciel et la terre.

La suite de la lecture brève reprend p. 133

La terre était informe et vide, les ténèbres étaient au-dessus de l'abîme et le souffle de Dieu planait au-dessus des eaux.
Dieu dit : « Que la lumière soit. » Et la lumière fut. Dieu vit que la lumière était bonne, et Dieu sépara la lumière des ténèbres. Dieu appela la lumière « jour », il appela les ténèbres « nuit ». Il y eut un soir, il y eut un matin : premier jour.
Et Dieu dit : « Qu'il y ait un firmament au milieu des eaux, et qu'il sépare les eaux. » Dieu fit le firmament, il sépara les eaux qui sont au-dessous du firmament et les eaux qui sont au-dessus. Et ce fut ainsi. Dieu appela le firmament « ciel ». Il y eut un soir, il y eut un matin : deuxième jour.
Et Dieu dit : « Les eaux qui sont au-dessous du ciel, qu'elles se rassemblent en un seul lieu, et que paraisse la terre ferme. » Et ce fut ainsi. Dieu appela la terre ferme « terre », et il appela la masse des eaux « mer ». Et Dieu vit que cela était bon.
Dieu dit : « Que la terre produise l'herbe, la plante qui porte sa semence, et que, sur la terre, l'arbre à fruit donne, selon son espèce, le fruit qui porte sa semence. » Et ce fut ainsi. La terre

produisit l'herbe, la plante qui porte sa semence, selon son espèce, et l'arbre qui donne, selon son espèce, le fruit qui porte sa semence. Et Dieu vit que cela était bon. Il y eut un soir, il y eut un matin : troisième jour.
Et Dieu dit : « Qu'il y ait des luminaires au firmament du ciel, pour séparer le jour de la nuit ; qu'ils servent de signes pour marquer les fêtes, les jours et les années ; et qu'ils soient, au firmament du ciel, des luminaires pour éclairer la terre. » Et ce fut ainsi. Dieu fit les deux grands luminaires : le plus grand pour commander au jour, le plus petit pour commander à la nuit ; il fit aussi les étoiles. Dieu les plaça au firmament du ciel pour éclairer la terre, pour commander au jour et à la nuit, pour séparer la lumière des ténèbres. Et Dieu vit que cela était bon. Il y eut un soir, il y eut un matin : quatrième jour.
Et Dieu dit : « Que les eaux foisonnent d'une profusion d'êtres vivants, et que les oiseaux volent au-dessus de la terre, sous le firmament du ciel. » Dieu créa, selon leur espèce, les grands monstres marins, tous les êtres vivants qui vont et viennent et foisonnent dans les eaux, et aussi, selon leur espèce, tous les oiseaux qui volent. Et Dieu vit que cela était bon. Dieu les bénit par ces paroles : « Soyez féconds et multipliez-vous, remplissez les mers, que les oiseaux se multiplient sur la terre. » Il y eut un soir, il y eut un matin : cinquième jour.
Et Dieu dit : « Que la terre produise des êtres vivants selon leur espèce, bestiaux, bestioles et bêtes sauvages selon leur espèce. »

Et ce fut ainsi. Dieu fit les bêtes sauvages selon leur espèce, les bestiaux selon leur espèce, et toutes les bestioles de la terre selon leur espèce. Et Dieu vit que cela était bon.

Reprise de la lecture brève

Dieu dit : « Faisons l'homme à notre image, selon notre ressemblance. Qu'il soit le maître des poissons de la mer, des oiseaux du ciel, des bestiaux, de toutes les bêtes sauvages, et de toutes les bestioles qui vont et viennent sur la terre. » Dieu créa l'homme à son image, à l'image de Dieu il le créa, il les créa homme et femme. Dieu les bénit et leur dit : « Soyez féconds et multipliez-vous, remplissez la terre et soumettez-la. Soyez les maîtres des poissons de la mer, des oiseaux du ciel, et de tous les animaux qui vont et viennent sur la terre. » Dieu dit encore : « Je vous donne toute plante qui porte sa semence sur toute la surface de la terre, et tout arbre dont le fruit porte sa semence : telle sera votre nourriture. À tous les animaux de la terre, à tous les oiseaux du ciel, à tout ce qui va et vient sur la terre et qui a souffle de vie, je donne comme nourriture toute herbe verte. » Et ce fut ainsi. Et Dieu vit tout ce qu'il avait fait ; et voici : cela était très bon. Il y eut un soir, il y eut un matin : sixième jour.

Fin de la lecture brève

Ainsi furent achevés le ciel et la terre, et tout leur déploiement. Le septième jour, Dieu avait achevé l'œuvre qu'il avait faite. Il se reposa, le septième jour, de toute l'œuvre qu'il avait faite.
– Parole du Seigneur.

Psaume 103 (104)

℟ ***Ô Seigneur, envoie ton Esprit qui renouvelle la face de la terre !***

T. : AELF ; M. : J.-P. Lécot ; Éd. : ADF.

Bénis le Seigneur, ô mon âme ;
Seigneur mon Dieu, tu es si grand !
Revêtu de magnificence,
tu as pour manteau la lumière ! ℟

Tu as donné son assise à la terre :
qu'elle reste inébranlable au cours des temps.
Tu l'as vêtue de l'abîme des mers :
les eaux couvraient même les montagnes. ℟

Dans les ravins tu fais jaillir des sources
et l'eau chemine aux creux des montagnes.
Les oiseaux séjournent près d'elle :
dans le feuillage on entend leurs cris. ℟

De tes demeures tu abreuves les montagnes,
et la terre se rassasie du fruit de tes œuvres ;
tu fais pousser les prairies pour les troupeaux,
et les champs pour l'homme qui travaille. ℟

Quelle profusion dans tes œuvres, Seigneur !
Tout cela, ta sagesse l'a fait ;
la terre s'emplit de tes biens.
Bénis le Seigneur, ô mon âme ! ℟

On peut aussi prendre le psaume 32 (33).

Prière

Dieu éternel et tout-puissant, toi qui es admirable dans la réalisation de toutes tes œuvres, donne à ceux que tu as rachetés de comprendre que le sacrifice du Christ, notre Pâque, à la plénitude des temps, est une œuvre plus merveilleuse encore que la création au commencement du monde. Lui qui… ***— Amen.***

OU

Seigneur Dieu, tu as créé l'être humain d'une manière admirable et tu l'as racheté d'une manière plus admirable encore ; nous t'en prions, donne-nous de résister aux attraits du péché par un esprit de sagesse, et de parvenir ainsi aux joies éternelles. Par le Christ, notre Seigneur.
— Amen.

Lecture du livre de la Genèse (22, 1-18)

(Lecture brève : 22, 1-2. 9a. 10-13. 15-18)

Sacrifice et délivrance d'Isaac, le fils bien-aimé

En ces jours-là, Dieu mit Abraham à l'épreuve. Il lui dit : « Abraham ! » Celui-ci répondit : « Me voici ! » Dieu dit : « Prends ton fils, ton unique, celui que tu aimes, Isaac, va au pays de Moriah, et là tu l'offriras en holocauste sur la montagne que je t'indiquerai. »

Interruption de la lecture brève ———

Abraham se leva de bon matin, sella son âne, et prit avec lui deux de ses serviteurs et son fils Isaac. Il fendit le bois pour l'holocauste, et se mit en route vers l'endroit que Dieu lui avait indiqué. Le troisième jour, Abraham, levant les yeux, vit l'endroit de loin. Abraham dit à ses serviteurs : « Restez ici avec l'âne. Moi et le garçon, nous irons jusque là-bas pour adorer, puis nous reviendrons vers vous. » Abraham prit le bois pour l'holocauste et le chargea sur son fils Isaac ; il prit le feu et le couteau, et tous deux s'en allèrent ensemble.

Isaac dit à son père Abraham : « Mon père ! – Eh bien, mon fils ? » Isaac reprit : « Voilà le feu et le bois, mais où est l'agneau pour l'holocauste ? » Abraham répondit : « Dieu saura bien trouver l'agneau pour l'holocauste, mon fils. » Et ils s'en allaient tous les deux ensemble.
Ils arrivèrent à l'endroit que Dieu avait indiqué. Abraham y bâtit l'autel et disposa le bois, puis il lia son fils Isaac et le mit sur l'autel, par-dessus le bois ;

Reprise de la lecture brève

(Lecture brève : Quand ils furent arrivés à l'endroit que Dieu avait indiqué,*)* Abraham étendit la main et saisit le couteau pour immoler son fils. Mais l'ange du Seigneur l'appela du haut du ciel et dit : « Abraham ! Abraham ! » Il répondit : « Me voici ! » L'ange lui dit : « Ne porte pas la main sur le garçon ! Ne lui fais aucun mal ! Je sais maintenant que tu crains Dieu : tu ne m'as pas refusé ton fils, ton unique. » Abraham leva les yeux et vit un bélier retenu par les cornes dans un buisson. Il alla prendre le bélier et l'offrit en holocauste à la place de son fils.

Interruption de la lecture brève

Abraham donna à ce lieu le nom de « Le-Seigneur-voit ». On l'appelle aujourd'hui : « Sur-le-mont-le-Seigneur-est-vu. »

Reprise de la lecture brève

Du ciel, l'ange du Seigneur appela une seconde fois Abraham. Il déclara : « Je le jure par moi-même, oracle du Seigneur : parce que

tu as fait cela, parce que tu ne m'as pas refusé ton fils, ton unique, je te comblerai de bénédictions, je rendrai ta descendance aussi nombreuse que les étoiles du ciel et que le sable au bord de la mer, et ta descendance occupera les places fortes de ses ennemis. Puisque tu as écouté ma voix, toutes les nations de la terre s'adresseront l'une à l'autre la bénédiction par le nom de ta descendance. »
– Parole du Seigneur.

Psaume 15 (16)

℟ ***Garde-moi, mon Dieu : j'ai fait de toi mon refuge.***

VERSETS 1 & 2

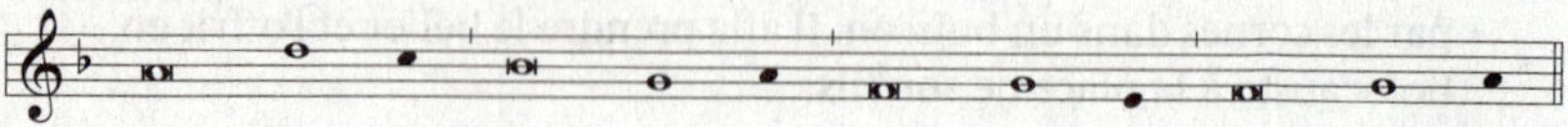

T. : AELF; M. : T. Ospital; Éd. : ADF.

Seigneur, mon partage et ma coupe :
de toi dépend mon sort.
Je garde le Seigneur devant moi sans relâche ;
il est à ma droite : je suis inébranlable. ℟

Retrouvez
ce psaume sur le CD
"Les psaumes
de l'année A"

Mon cœur exulte, mon âme est en fête,
ma chair elle-même repose en confiance :
tu ne peux m'abandonner à la mort
ni laisser ton ami voir la corruption. ℟

Tu m'apprends le chemin de la vie :
devant ta face, débordement de joie !
À ta droite, éternité de délices ! ℟

Prière

Dieu très-haut, Père des croyants, en répandant la grâce de l'adoption, tu multiplies sur toute la terre les fils de ta promesse ; par le mystère pascal, tu établis ton serviteur Abraham père de toutes les nations, comme tu en as fait le serment ; accorde aux peuples qui t'appartiennent la grâce d'entrer dignement dans cet appel. Par le Christ, notre Seigneur. — ***Amen.***

Lecture du livre de l'Exode (14, 15 – 15, 1a)

« Les fils d'Israël avaient marché à pied sec au milieu de la mer »

En ces jours-là, le Seigneur dit à Moïse : « Pourquoi crier vers moi ? Ordonne aux fils d'Israël de se mettre en route ! Toi, lève ton bâton, étends le bras sur la mer, fends-la en deux, et que les fils d'Israël entrent au milieu de la mer à pied sec. Et moi, je ferai en sorte que les Égyptiens s'obstinent : ils y entreront derrière eux ; je me glorifierai aux dépens de Pharaon et de toute son armée,

de ses chars et de ses guerriers. Les Égyptiens sauront que je suis le Seigneur, quand je me serai glorifié aux dépens de Pharaon, de ses chars et de ses guerriers. »
L'ange de Dieu, qui marchait en avant d'Israël, se déplaça et marcha à l'arrière. La colonne de nuée se déplaça depuis l'avant-garde et vint se tenir à l'arrière, entre le camp des Égyptiens et le camp d'Israël. Cette nuée était à la fois ténèbres et lumière dans la nuit, si bien que, de toute la nuit, ils ne purent se rencontrer.
Moïse étendit le bras sur la mer. Le Seigneur chassa la mer toute la nuit par un fort vent d'est; il mit la mer à sec, et les eaux se fendirent. Les fils d'Israël entrèrent au milieu de la mer à pied sec, les eaux formant une muraille à leur droite et à leur gauche. Les Égyptiens les poursuivirent; tous les chevaux de Pharaon, ses chars et ses guerriers entrèrent derrière eux jusqu'au milieu de la mer.
Aux dernières heures de la nuit, le Seigneur observa, depuis la colonne de feu et de nuée, l'armée des Égyptiens, et il la frappa de panique. Il faussa les roues de leurs chars, et ils eurent beaucoup de peine à les conduire. Les Égyptiens s'écrièrent : « Fuyons devant Israël, car c'est le Seigneur qui combat pour eux contre nous ! » Le Seigneur dit à Moïse : « Étends le bras sur la mer : que les eaux reviennent sur les Égyptiens, leurs chars et leurs guerriers ! »
Moïse étendit le bras sur la mer. Au point du jour, la mer reprit sa place; dans leur fuite, les Égyptiens s'y heurtèrent, et le Seigneur les précipita au milieu de la mer. Les eaux refluèrent et recouvrirent

les chars et les guerriers, toute l'armée de Pharaon qui était entrée dans la mer à la poursuite d'Israël. Il n'en resta pas un seul. Mais les fils d'Israël avaient marché à pied sec au milieu de la mer, les eaux formant une muraille à leur droite et à leur gauche.
Ce jour-là, le Seigneur sauva Israël de la main de l'Égypte, et Israël vit les Égyptiens morts sur le bord de la mer. Israël vit avec quelle main puissante le Seigneur avait agi contre l'Égypte. Le peuple craignit le Seigneur, il mit sa foi dans le Seigneur et dans son serviteur Moïse. Alors Moïse et les fils d'Israël chantèrent ce cantique au Seigneur :

Cantique (Exode 15, 1b. 2. 3-4. 5-6. 17-18)

℟ ***Chantons pour le Seigneur ! Éclatante est sa gloire !***

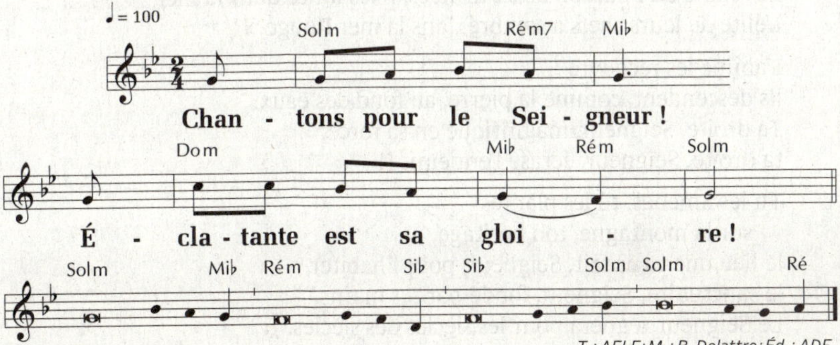

T. : AELF ; M. : B. Delattre ; Éd. : ADF

℟ Chantons pour le Seigneur ! Éclatante est sa gloire !

Je chanterai pour le Seigneur !
Éclatante est sa gloire :
il a jeté dans la mer
cheval et cavalier. ℟

Ma force et mon chant, c'est le Seigneur :
il est pour moi le salut.
Il est mon Dieu, je le célèbre ;
j'exalte le Dieu de mon père. ℟

Retrouvez ce psaume sur le CD "Les psaumes de l'année A"

Le Seigneur est le guerrier des combats :
son nom est « Le Seigneur ».
Les chars du Pharaon et ses armées, il les lance dans la mer.
L'élite de leurs chefs a sombré dans la mer Rouge. ℟

L'abîme les recouvre :
ils descendent, comme la pierre, au fond des eaux.
Ta droite, Seigneur, magnifique en sa force,
ta droite, Seigneur, écrase l'ennemi. ℟

Tu les amènes, tu les plantes
    sur la montagne, ton héritage,
le lieu que tu as fait, Seigneur, pour l'habiter,
le sanctuaire, Seigneur, fondé par tes mains.
Le Seigneur régnera pour les siècles des siècles. ℟

Prière

Maintenant encore, Seigneur Dieu, nous voyons resplendir tes merveilles d'autrefois : alors que jadis, par ta main puissante, tu as délivré un seul peuple de la poursuite de Pharaon, tu assures désormais le salut de toutes les nations en les faisant renaître par les eaux du baptême ; fais que tous, de par le monde, deviennent des fils d'Abraham et accèdent à la dignité des enfants d'Israël. Par le Christ, notre Seigneur. **— *Amen.***

OU

Seigneur Dieu, dans la lumière de la nouvelle Alliance, tu as donné leur sens aux merveilles accomplies autrefois : on reconnaît dans la mer Rouge l'image de la fontaine baptismale, et le peuple délivré de la servitude préfigure les sacrements du peuple chrétien ; fais que toutes les nations, grâce à la foi, participent au privilège d'Israël, et soient régénérées en recevant ton Esprit. Par le Christ, notre Seigneur. **— *Amen.***

Lecture du livre d'Isaïe (54, 5-14)

Dans sa miséricorde éternelle,
le Seigneur, ton rédempteur, a pitié de toi

Parole du Seigneur adressée à Jérusalem : Ton époux, c'est Celui qui t'a faite, son nom est « Le Seigneur de l'univers ». Ton rédempteur, c'est le Saint d'Israël, il s'appelle « Dieu de toute la terre ». Oui, comme une femme abandonnée, accablée,

le Seigneur te rappelle. Est-ce que l'on rejette la femme de sa jeunesse ? – dit ton Dieu. Un court instant, je t'avais abandonnée, mais dans ma grande tendresse, je te ramènerai. Quand ma colère a débordé, un instant, je t'avais caché ma face. Mais dans mon éternelle fidélité, je te montre ma tendresse, – dit le Seigneur, ton rédempteur.
Je ferai comme au temps de Noé, quand j'ai juré que les eaux ne submergeraient plus la terre : de même, je jure de ne plus m'irriter contre toi, et de ne plus te menacer. Même si les montagnes s'écartaient, si les collines s'ébranlaient, ma fidélité ne s'écarterait pas de toi, mon alliance de paix ne serait pas ébranlée, – dit le Seigneur, qui te montre sa tendresse.
Jérusalem, malheureuse, battue par la tempête, inconsolée, voici que je vais sertir tes pierres et poser tes fondations sur des saphirs. Je ferai tes créneaux avec des rubis, tes portes en cristal de roche, et toute ton enceinte avec des pierres précieuses. Tes fils seront tous disciples du Seigneur, et grande sera leur paix. Tu seras établie sur la justice : loin de toi l'oppression, tu n'auras plus à craindre ; loin de toi la terreur, elle ne t'approchera plus.
– Parole du Seigneur.

Psaume 29 (30)

℟ *Je t'exalte, Seigneur : tu m'as relevé.*

T. : AELF; M. : M. Wackenheim; Éd. : ADF.

Quand j'ai crié vers toi, Seigneur,
mon Dieu, tu m'as guéri ;
Seigneur, tu m'as fait remonter de l'abîme
et revivre quand je descendais à la fosse. ℟

Fêtez le Seigneur, vous, ses fidèles,
rendez grâce en rappelant son nom très saint.
Sa colère ne dure qu'un instant,
sa bonté, toute la vie. ℟

Avec le soir, viennent les larmes,
mais au matin, les cris de joie.
Tu as changé mon deuil en une danse,
mes habits funèbres en parure de joie. ℟

Retrouvez ce psaume sur le CD "Les psaumes de l'année A"

℟ ***Je t'exalte, Seigneur : tu m'as relevé.***

Que mon cœur ne se t<u>a</u>ise pas,
qu'il soit en f<u>ê</u>te pour toi,
et que sans fin, Seigne<u>u</u>r, mon Dieu,
je te r<u>e</u>nde grâce ! ℟

Prière

Dieu éternel et tout-puissant, pour l'honneur de ton nom, multiplie la postérité promise à nos pères à cause de leur foi ; augmente, selon ta promesse, le nombre de tes enfants d'adoption, afin que l'Église reconnaisse à quel point s'accomplit déjà ce que les saints patriarches avaient vu d'avance. Par le Christ, notre Seigneur.
– Amen.

Lecture du livre du prophète Isaïe (55, 1-11)

Venez à moi, et vous vivrez ;
je m'engagerai envers vous par une alliance éternelle

Ainsi parle le Seigneur : Vous tous qui avez soif, venez, voici de l'eau ! Même si vous n'avez pas d'argent, venez acheter et consommer, venez acheter du vin et du lait sans argent, sans rien payer. Pourquoi dépenser votre argent pour ce qui ne nourrit pas, vous fatiguer pour ce qui ne rassasie pas ? Écoutez-moi bien, et vous mangerez de bonnes choses, vous vous régalerez de viandes savoureuses ! Prêtez l'oreille ! Venez à moi ! Écoutez, et vous vivrez.

Je m'engagerai envers vous par une alliance éternelle : ce sont les bienfaits garantis à David. Lui, j'en ai fait un témoin pour les peuples, pour les peuples, un guide et un chef. Toi, tu appelleras une nation inconnue de toi ; une nation qui ne te connaît pas accourra vers toi, à cause du Seigneur ton Dieu, à cause du Saint d'Israël, car il fait ta splendeur.
Cherchez le Seigneur tant qu'il se laisse trouver ; invoquez-le tant qu'il est proche. Que le méchant abandonne son chemin, et l'homme perfide, ses pensées ! Qu'il revienne vers le Seigneur qui lui montrera sa miséricorde, vers notre Dieu qui est riche en pardon. Car mes pensées ne sont pas vos pensées, et vos chemins ne sont pas mes chemins, – oracle du Seigneur. Autant le ciel est élevé au-dessus de la terre, autant mes chemins sont élevés au-dessus de vos chemins, et mes pensées, au-dessus de vos pensées.
La pluie et la neige qui descendent des cieux n'y retournent pas sans avoir abreuvé la terre, sans l'avoir fécondée et l'avoir fait germer, donnant la semence au semeur et le pain à celui qui doit manger ; ainsi ma parole, qui sort de ma bouche, ne me reviendra pas sans résultat, sans avoir fait ce qui me plaît, sans avoir accompli sa mission.
– Parole du Seigneur.

Cantique (Isaïe 12, 2, 4bcd, 5-6)

℟ ***Exultant de joie, vous puiserez les eaux aux sources du salut !***

T. : AELF; M. : G. Previdi; Éd. : ADF.

Voici le Dieu qui me sauve :
j'ai confiance, je n'ai plus de crainte.
Ma force et mon chant, c'est le Seigneur ;
il est pour moi le salut. ℟

Rendez grâce au Seigneur,
proclamez son nom,
annoncez parmi les peuples ses hauts faits !
Redites-le : « Sublime est son nom ! » ℟

Retrouvez ce psaume sur le CD "Les psaumes de l'année A"

Jouez pour le Seigneur, il montre sa magnificence,
et toute la terre le sait.
Jubilez, criez de joie, habitants de Sion,
car il est grand au milieu de toi, le Saint d'Israël ! ℟

Prière

Dieu éternel et tout-puissant, unique espoir du monde, toi qui annonçais par la voix des prophètes les mystères qui s'accomplissent en ce temps présent, dans ta bonté, fais grandir les désirs de ton peuple, car, sans ton inspiration, aucun de tes fidèles ne peut progresser en vertu. Par le Christ, notre Seigneur.

– Amen.

Lecture du livre du prophète Baruc (3, 9-15. 32 – 4, 4)

Marche vers la splendeur du Seigneur

Écoute, Israël, les commandements de vie, prête l'oreille pour acquérir la connaissance. Pourquoi donc, Israël, pourquoi es-tu exilé chez tes ennemis, vieillissant sur une terre étrangère, souillé par le contact des cadavres, inscrit parmi les habitants du séjour des morts ? – Parce que tu as abandonné la Source de la Sagesse ! Si tu avais suivi les chemins de Dieu, tu vivrais dans la paix pour toujours. Apprends où se trouvent et la connaissance, et la force, et l'intelligence ; pour savoir en même temps où se trouvent de longues années de vie, la lumière des yeux et la paix. Mais qui donc

a découvert la demeure de la Sagesse, qui a pénétré jusqu'à ses trésors ? Celui qui sait tout en connaît le chemin, il l'a découvert par son intelligence. Il a pour toujours aménagé la terre, et l'a peuplée de troupeaux. Il lance la lumière, et elle prend sa course ; il la rappelle, et elle obéit en tremblant. Les étoiles brillent, joyeuses, à leur poste de veille ; il les appelle, et elles répondent : « Nous voici ! » Elles brillent avec joie pour celui qui les a faites. C'est lui qui est notre Dieu : aucun autre ne lui est comparable. Il a découvert les chemins du savoir, et il les a confiés à Jacob, son serviteur, à Israël, son bien-aimé.

Ainsi, la Sagesse est apparue sur la terre, elle a vécu parmi les hommes. Elle est le livre des préceptes de Dieu, la Loi qui demeure éternellement : tous ceux qui l'observent vivront, ceux qui l'abandonnent mourront. Reviens, Jacob, saisis-la de nouveau ; à sa lumière, marche vers la splendeur : ne laisse pas ta gloire à un autre, tes privilèges à un peuple étranger. Heureux sommes-nous, Israël ! Car ce qui plaît à Dieu, nous le connaissons.

– Parole du Seigneur.

Psaume 18B (19)

℟ ***Seigneur, tu as les paroles de la vie éternelle.***

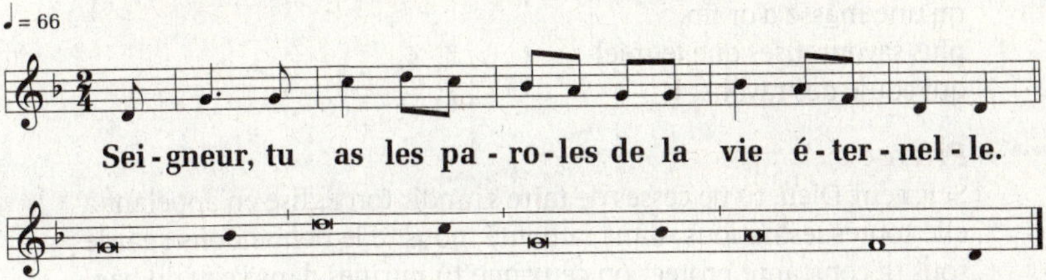

T. : AELF; M. : T. Ospital; Éd. : ADF.

La loi du Seigneur est parfaite,
qui redonne vie ;
la charte du Seigneur est sûre,
qui rend sages les simples. ℟

Les préceptes du Seigneur sont droits,
ils réjouissent le cœur ;
le commandement du Seigneur est limpide,
il clarifie le regard. ℟

La crainte qu'il inspire est pure,
elle est là pour toujours ;
les décisions du Seigneur sont justes
et vraiment équitables : ℟

Retrouvez ce psaume sur le CD "Les psaumes de l'année A"

℟ ***Seigneur, tu as les paroles de la vie éternelle.***

plus désirables que l'or,
qu'une masse d'or fin,
plus savoureuses que le miel
qui coule des rayons. ℟

Prière

Seigneur Dieu, tu ne cesses de faire grandir ton Église en appelant à elle toutes les nations ; dans ta bonté, nous te le demandons : garde sous ta constante protection ceux que tu purifies dans l'eau du baptême. Par le Christ, notre Seigneur.
— Amen.

Lecture du livre du prophète Ézékiel (36, 16-17a. 18-28)

« Je répandrai sur vous une eau pure
et je vous donnerai un cœur nouveau »

La parole du Seigneur me fut adressée : « Fils d'homme, lorsque les gens d'Israël habitaient leur pays, ils le rendaient impur par leur conduite et leurs actes. Alors j'ai déversé sur eux ma fureur, à cause du sang qu'ils avaient versé dans le pays, à cause des idoles immondes qui l'avaient rendu impur. Je les ai dispersés parmi les nations, ils ont été disséminés dans les pays étrangers. Selon leur conduite et leurs actes, je les ai jugés. Dans les nations où ils sont allés, ils ont profané mon saint nom, car on disait : "C'est le peuple

du Seigneur, et ils sont sortis de son pays !" Mais j'ai voulu épargner mon saint nom, que les gens d'Israël avaient profané dans les nations où ils sont allés. Eh bien ! tu diras à la maison d'Israël : Ainsi parle le Seigneur Dieu : Ce n'est pas pour vous que je vais agir, maison d'Israël, mais c'est pour mon saint nom que vous avez profané dans les nations où vous êtes allés. Je sanctifierai mon grand nom, profané parmi les nations, mon nom que vous avez profané au milieu d'elles. Alors les nations sauront que Je suis le Seigneur – oracle du Seigneur Dieu – quand par vous je manifesterai ma sainteté à leurs yeux. Je vous prendrai du milieu des nations, je vous rassemblerai de tous les pays, je vous conduirai dans votre terre. Je répandrai sur vous une eau pure, et vous serez purifiés ; de toutes vos souillures, de toutes vos idoles, je vous purifierai. Je vous donnerai un cœur nouveau, je mettrai en vous un esprit nouveau. J'ôterai de votre chair le cœur de pierre, je vous donnerai un cœur de chair. Je mettrai en vous mon esprit, je ferai que vous marchiez selon mes lois, que vous gardiez mes préceptes et leur soyez fidèles. Vous habiterez le pays que j'ai donné à vos pères : vous, vous serez mon peuple, et moi, je serai votre Dieu. »
– Parole du Seigneur.

S'il y a un baptême, on prend le psaume 50 (51), page suivante, ou le cantique d'Isaïe (Is 12), p. 148. Sinon on prend le psaume 41 (42), p. 155.

Psaume 50 (51)

℟ *Crée en moi un cœur pur, ô mon Dieu.*

T. : AELF ; M. : G. Previdi ; Éd. : ADF.

Crée en moi un cœur pur, ô mon Dieu,
renouvelle et raffermis au fond de moi mon esprit.
Ne me chasse pas loin de ta face.
ne me reprends pas ton esprit saint. ℟

Rends-moi la joie d'être sauvé ;
que l'esprit généreux me soutienne.
Aux pécheurs, j'enseignerai tes chemins :
vers toi, reviendront les égarés. ℟

Retrouvez ce psaume sur le CD "Les psaumes de l'année A"

Si j'offre un sacrifice, tu n'en veux pas,
tu n'acceptes pas d'holocauste.
Le sacrifice qui plaît à Dieu, c'est un esprit brisé :
tu ne repousses pas, ô mon Dieu, un cœur brisé et broyé. ℟

OU, s'il n'y a pas de baptême :

Psaume 41 (42)

℟ ***Comme un cerf altéré cherche l'eau vive,***
ainsi mon âme te cherche, toi, mon Dieu.

T. : AELF; M. : L. Groslambert; Éd. : ADF.

Mon âme a soif de Dieu,
le Dieu vivant ;
quand pourrai-je m'avancer,
paraître face à Dieu ? ℟

Retrouvez ce psaume sur le CD "Les psaumes de l'année A"

℟ ***Comme un cerf altéré cherche l'eau vive,***
ainsi mon âme te cherche, toi, mon Dieu.

Je conduisais vers la maison de mon Dieu
la multitude en fête,
parmi les cris de joie
et les actions de grâce. ℟

Envoie ta lumière et ta vérité :
qu'elles guident mes pas
et me conduisent à ta montagne sainte,
jusqu'en ta demeure. ℟

J'avancerai jusqu'à l'autel de Dieu,
vers Dieu qui est toute ma joie ;
je te rendrai grâce avec ma harpe,
Dieu, mon Dieu ! ℟

Prière

Seigneur Dieu, puissance inaltérable et lumière sans déclin, regarde avec bonté le sacrement que constitue l'Église entière. Comme tu l'as prévu de toute éternité, poursuis dans la paix l'œuvre du salut de l'humanité ; que le monde entier éprouve et reconnaisse la merveille : ce qui était abattu est relevé, ce qui avait vieilli est rénové, et tout retrouve son intégrité première en celui qui est le principe de tout : le Christ. Lui qui… ***— Amen.***

OU

Seigneur Dieu, tu veux nous former à célébrer le mystère pascal en nous faisant écouter l'Ancien et le Nouveau Testament ; ouvre-nous à l'intelligence de ta miséricorde : ainsi la conscience des grâces déjà reçues affermira en nous l'espérance des biens à venir. Par le Christ, notre Seigneur. **– Amen.**

Hymne pascale

Le prêtre entonne le Gloire à Dieu (voir p. 339) que tous chantent debout tandis qu'on sonne les cloches, si les conditions locales le permettent.

Prière

Seigneur Dieu, tu fais resplendir cette nuit très sainte par la gloire de la résurrection du Seigneur ; ravive en ton Église l'esprit qui fait de nous des fils, afin que, renouvelés dans notre corps et notre âme, nous te rendions le culte véritable. Par Jésus… **– Amen.**

Lecture de la lettre de saint Paul apôtre aux Romains (6, 3b-11)

« Ressuscité d'entre les morts, le Christ ne meurt plus »

Frères, nous tous qui par le baptême avons été unis au Christ Jésus, c'est à sa mort que nous avons été unis par le baptême. Si donc, par le baptême qui nous unit à sa mort, nous avons été mis au tombeau avec lui, c'est pour que nous menions une vie nouvelle, nous aussi, comme le Christ qui, par la toute-puissance du Père, est ressuscité d'entre les morts. Car, si nous avons été unis à lui par une mort qui ressemble à la sienne, nous le serons aussi par une résurrection qui ressemblera à la sienne. Nous le savons : l'homme ancien qui est en nous a été fixé à la croix avec lui pour que le corps du péché soit réduit à rien, et qu'ainsi nous ne soyons plus esclaves du péché. Car celui qui est mort est affranchi du péché.

Et si nous sommes passés par la mort avec le Christ, nous croyons que nous vivrons aussi avec lui. Nous le savons en effet : ressuscité d'entre les morts, le Christ ne meurt plus ; la mort n'a plus de pouvoir sur lui. Car lui qui est mort, c'est au péché qu'il est mort une fois pour toutes ; lui qui est vivant, c'est pour Dieu qu'il est vivant. De même, vous aussi, pensez que vous êtes morts au péché, mais vivants pour Dieu en Jésus Christ.

– Parole du Seigneur.

Psaume 117 (118)

℟ ***Alléluia, alléluia, alléluia !***

T. : AELF ; M. : J.-P. Hervy ; Éd. : ADF.

Rendez grâce au Seigneur : Il est bon !
Éternel est son amour !
Oui, que le dise Israël :
Éternel est son amour ! ℟

Le bras du Seigneur se lève,
le bras du Seigneur est fort !
Non, je ne mourrai pas, je vivrai
pour annoncer les actions du Seigneur. ℟

La pierre qu'ont rejetée les bâtisseurs
est devenue la pierre d'angle :
c'est là l'œuvre du Seigneur,
la merveille devant nos yeux. ℟

Retrouvez
ce psaume sur le CD
"Les psaumes
de l'année A"

Évangile de Jésus Christ selon saint Matthieu (28, 1-10)

« Il est ressuscité et il vous précède en Galilée »

Après le sabbat, à l'heure où commençait à poindre le premier jour de la semaine, Marie Madeleine et l'autre Marie vinrent pour regarder le sépulcre. Et voilà qu'il y eut un grand tremblement de terre ; l'ange du Seigneur descendit du ciel, vint rouler la pierre et s'assit dessus. Il avait l'aspect de l'éclair, et son vêtement était blanc comme neige. Les gardes, dans la crainte qu'ils éprouvèrent, se mirent à trembler et devinrent comme morts. L'ange prit la parole et dit aux femmes : « Vous, soyez sans crainte ! Je sais que vous cherchez Jésus le Crucifié. Il n'est pas ici, car il est ressuscité, comme il l'avait dit. Venez voir l'endroit où il reposait. Puis, vite, allez dire à ses disciples : "Il est ressuscité d'entre les morts, et voici qu'il vous précède en Galilée ; là, vous le verrez." Voilà ce que j'avais à vous dire. » Vite, elles quittèrent le tombeau, remplies à la fois de crainte et d'une grande joie, et elles coururent porter la nouvelle à ses disciples.

Et voici que Jésus vint à leur rencontre et leur dit : « Je vous salue. » Elles s'approchèrent, lui saisirent les pieds et se prosternèrent devant lui. Alors Jésus leur dit : « Soyez sans crainte, allez annoncer à mes frères qu'ils doivent se rendre en Galilée : c'est là qu'ils me verront. »

Homélie

LITURGIE BAPTISMALE

En cette veillée pascale, nous bénissons de nouveau l'eau qui donne vie et dont nous serons aspergés en rappel de notre baptême. Le prêtre explique le sens du baptême, cette nouvelle naissance dans le Christ, en disant par exemple :

Frères et sœurs bien-aimés, en priant tous ensemble pour ceux d'entre nous qui vont être baptisés, soutenons leur espérance. Tandis qu'ils s'approchent de la fontaine baptismale où ils vont naître à la vie nouvelle, demandons au Père tout-puissant de les entourer de toute sa miséricorde.

Quand il n'y a pas de baptême, le prêtre adapte son exhortation aux circonstances. Il pourra dire :

Frères et sœurs bien-aimés, supplions Dieu, le Père tout-puissant, de sanctifier par sa grâce cette fontaine baptismale, et de compter au nombre de ses enfants d'adoption dans le Christ ceux qui renaîtront par le baptême.

Litanies des saints

S'il n'y a pas de baptême, on peut omettre les litanies et passer immédiatement à la bénédiction de l'eau *(p. 166).*

Seigneur, prends pitié. — ***Seigneur, prends pitié.***
Ô Christ, prends pitié. — ***Ô Christ, prends pitié.***
Seigneur, prends pitié. — ***Seigneur, prends pitié.***
Sainte Marie, Mère de Dieu, ℟ — ***priez pour nous.***
Saint Michel, ℟

Saints Anges de Dieu, ℟
Saint Jean Baptiste, ℟
Saint Joseph, ℟
Saint Pierre et saint Paul, ℟
Saint André, ℟
Saint Jean, ℟
Sainte Marie Madeleine, ℟
Saint Étienne, ℟
Saint Ignace d'Antioche, ℟
Saint Laurent, ℟
Sainte Perpétue et sainte Félicité, ℟
Sainte Agnès, ℟
Saint Grégoire, ℟
Saint Augustin, ℟
Saint Athanase, ℟
Saint Basile, ℟
Saint Martin, ℟
Saint Benoît, ℟
Saint François et saint Dominique, ℟
Saint François Xavier, ℟
Saint Jean-Marie Vianney, ℟
Sainte Catherine de Sienne, ℟
Sainte Thérèse de Jésus, ℟
Vous tous, saints et saintes de Dieu, ℟ – ***priez pour nous.***

Montre-toi favorable, ℟ **— *délivre-nous, Seigneur.***
De tout mal, ℟
De tout péché, ℟
De la mort éternelle, ℟
Par ton incarnation, ℟
Par ta mort et ta résurrection, ℟
Par le don de l'Esprit Saint, ℟
Nous qui sommes pécheurs, **— *de grâce, écoute-nous.***

S'il y a des baptêmes :
Pour qu'il te plaise d'accorder à ceux que tu as choisis la vie nouvelle par la grâce du baptême, **— *de grâce, écoute-nous.***

S'il n'y a pas de baptême :
Pour qu'il te plaise de sanctifier par ta grâce cette eau d'où renaîtront pour toi de nouveaux enfants, **— *de grâce, écoute-nous.***
On continue :
Jésus, Fils du Dieu vivant, **— *de grâce, écoute-nous.***
Ô Christ, écoute-nous, **— *Ô Christ, écoute-nous***
Ô Christ, exauce-nous, **— *Ô Christ, exauce-nous.***

À la fin des litanies, le prêtre dit :
Dieu éternel et tout-puissant, viens agir dans les sacrements qui révèlent ta grande tendresse ; envoie ton Esprit d'adoption pour

recréer des peuples nouveaux qui naissent pour toi de la fontaine baptismale : rends efficaces par ta puissance les gestes de notre humble ministère. Par le Christ, notre Seigneur. **— *Amen.***

Bénédiction de l'eau baptismale

S'il n'y a pas de baptême et si l'on ne doit pas non plus bénir de l'eau baptismale pour les baptêmes à venir pendant le temps pascal, on passe à la bénédiction de l'eau (p. 166). Le prêtre bénit l'eau baptismale en disant la prière suivante :

Seigneur Dieu, par ta puissance invisible, tu accomplis des merveilles dans tes sacrements et, de bien des manières, tu as préparé l'eau, ta créature, à devenir un signe de la grâce baptismale.

Aux origines du monde, ton Esprit planait sur les eaux pour qu'elles reçoivent déjà la force qui sanctifie.

Par les flots du déluge, tu annonçais le baptême qui fait revivre, puisque, dans un seul et même mystère, l'eau marquait la fin du péché et le commencement de la sainteté.

Aux enfants d'Abraham, tu as donné de traverser la mer Rouge à pied sec pour que cette multitude, libérée de l'esclavage de Pharaon, préfigure le peuple des baptisés.

Ton Fils bien-aimé, baptisé par Jean dans les eaux du Jourdain, a reçu l'onction du Saint-Esprit ; suspendu à la croix, il laissa couler de son côté ouvert du sang et de l'eau ; et quand il fut ressuscité, il donna cet ordre à ses disciples : « Allez ! Enseignez toutes les nations : baptisez-les au nom du Père, et du Fils, et du Saint-Esprit. »

Maintenant, Seigneur Dieu, regarde le visage de ton Église et fais jaillir en elle la source du baptême. Que cette eau reçoive de l'Esprit Saint la grâce de ton Fils unique, afin que, par le sacrement du baptême, l'homme, créé à ton image, soit lavé de toutes les souillures de sa condition ancienne et renaisse de l'eau et de l'Esprit Saint pour la vie nouvelle d'enfant de Dieu.

Le prêtre peut aussi, s'il le désire, plonger le cierge pascal dans l'eau en disant (une ou trois fois) : Nous t'en prions, Seigneur : par ton Fils, que la puissance de l'Esprit Saint descende dans l'eau qui remplit cette fontaine
Il peut maintenir le cierge dans l'eau. afin que, par le baptême, tous ceux qui seront ensevelis dans la mort avec le Christ ressuscitent avec lui pour la vie. Lui qui vit et règne avec toi dans l'unité du Saint-Esprit, Dieu, pour les siècles des siècles. ***— Amen.***
Il retire alors le cierge de l'eau, tandis que l'on chante :
℟ ***Fontaines du Seigneur, bénissez le Seigneur !***
À lui, haute gloire, louange éternelle !

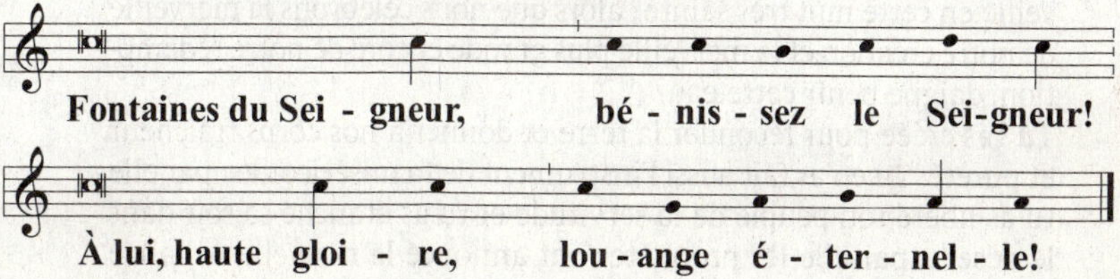

T. : et M. : AELF.

Baptême et confirmation

La bénédiction de l'eau baptismale achevée, chacun des catéchumènes adultes, ou les parents et les parrains pour les enfants, font la renonciation au démon puis la profession de foi. Le baptême est ensuite célébré selon le rituel du baptême des adultes, celui des enfants d'âge scolaire ou celui des petits enfants. La confirmation des nouveaux baptisés peut être célébrée maintenant ou ultérieurement.

Bénédiction de l'eau

S'il n'y a pas de baptême, le prêtre bénit l'eau dont il aspergera le peuple à la fin de la rénovation de la profession de foi baptismale, en disant :

Frères et sœurs bien-aimés, supplions humblement Dieu notre Seigneur de bénir cette eau qu'il a créée ; nous allons en être aspergés en souvenir de notre baptême ; que Dieu lui-même nous renouvelle afin que nous demeurions fidèles à l'Esprit que nous avons reçu.

(Silence.)

Seigneur notre Dieu, sois favorable aux prières de ton peuple qui veille en cette nuit très sainte ; alors que nous célébrons la merveille de notre création et la merveille plus grande encore de notre rédemption, daigne bénir cette eau.

Tu l'as créée pour féconder la terre et donner à nos corps fraîcheur et pureté. Tu en as fait aussi l'instrument de ta miséricorde : par elle tu as libéré ton peuple de la servitude et tu as étanché sa soif dans le désert ; par elle les prophètes ont annoncé la nouvelle Alliance que tu voulais sceller avec les hommes ; par elle enfin, eau sanctifiée

quand le Christ fut baptisé au Jourdain, tu as renouvelé notre nature pécheresse dans le bain de la nouvelle naissance.
Que cette eau, maintenant, nous rappelle notre baptême, et nous fasse participer à la joie de nos frères et sœurs, les baptisés de Pâques.
Par le Christ, notre Seigneur.
— Amen.

Renouvellement des promesses du baptême

La célébration du baptême (et de la confirmation) achevée, ou immédiatement après la bénédiction de l'eau s'il n'y a pas eu de baptême, tout le peuple renouvelle sa profession de foi baptismale. Tous, debout, tiennent leur cierge qui a été allumé à partir du cierge pascal. Le prêtre s'adresse aux fidèles en ces termes ou d'autres semblables :

Frères et sœurs bien-aimés, par le mystère pascal nous avons été mis au tombeau avec le Christ dans le baptême, afin que nous menions avec lui une vie nouvelle. C'est pourquoi, après avoir terminé l'entraînement du Carême, renouvelons les promesses faites au moment de notre baptême, quand nous avons renoncé à Satan et à ses œuvres, et promis de servir Dieu dans la sainte Église catholique. Ainsi donc :

Le prêtre propose au choix l'une des deux formulations de la renonciation à Satan qui suivent :

Renoncez-vous à Satan ?
— J'y renonce.

Renoncez-vous à toutes ses œuvres, c'est-à-dire au péché ?
– J'y renonce.
Renoncez-vous à toutes ses séductions, qui conduisent au péché ?
– J'y renonce.

Ou bien :
Pour vivre dans la liberté des enfants de Dieu,
renoncez-vous au péché ?
– J'y renonce.
Pour échapper au pouvoir du péché,
renoncez-vous à ce qui conduit au mal ?
– J'y renonce.
Pour suivre Jésus Christ, renoncez-vous à Satan,
auteur et instigateur du péché ?
– J'y renonce.
Le cas échéant, cette seconde formule peut être adaptée par les Conférences épiscopales, selon les nécessités locales.

Ensuite, le prêtre poursuit :
Croyez-vous en Dieu le Père tout-puissant,
créateur du ciel et de la terre ?
– Je crois.
Croyez-vous en Jésus Christ, son Fils unique, notre Seigneur, qui est né de la Vierge Marie, a souffert la passion, a été enseveli, est

ressuscité d'entre les morts, et qui est assis à la droite du Père ?

— Je crois.

Croyez-vous en l'Esprit Saint, à la sainte Église catholique, à la communion des saints, au pardon des péchés, à la résurrection de la chair, et à la vie éternelle ?

— Je crois.

Le prêtre conclut : Que Dieu tout-puissant, Père de notre Seigneur Jésus Christ, qui nous a fait renaître par l'eau et l'Esprit Saint, et qui nous a accordé le pardon des péchés, nous garde encore par sa grâce dans le Christ Jésus notre Seigneur pour la vie éternelle.

— Amen.

Le prêtre asperge le peuple d'eau bénite. Pendant ce temps, on chante l'antienne « J'ai vu l'eau vive » ou un autre chant baptismal. On ne dit pas le Credo.

Suggestion de prière universelle

Le prêtre :

Alléluia, Christ est vivant ! De son sein jaillit une espérance pour tous les peuples. Avec foi, présentons à Dieu son Père, la prière de tous les hommes.

℟ ***Par Jésus Christ ressuscité, exauce-nous, Seigneur.***

M. : M. Wackenheim ; Bayard Liturgie.

Le diacre ou un lecteur :

Béni sois-tu notre Père, pour les chrétiens et les chrétiennes qui, de par le monde, annoncent la lumineuse Parole faite chair en ton Fils. Soutiens-les dans leur mission. Joyeux, nous te prions. ℟

Béni sois-tu notre Père, pour celles et ceux qui témoignent de la résurrection de ton Fils à travers la solidarité, le service et l'accueil des personnes les plus précaires. Accompagne leur élan de compassion. Reconnaissants, nous te prions. ℟

Béni sois-tu notre Père, pour les catéchumènes qui ont reçu l'eau du baptême en cette nuit très sainte. Guide leur chemin à la suite de Jésus, maître d'humilité et de douceur. Dans l'allégresse, nous te prions. ℟

Béni sois-tu notre Père, pour notre assemblée heureuse de se retrouver en cette nuit pour célébrer la résurrection de ton Fils. Réconforte celles et ceux qui portent de trop lourds fardeaux. Remplis de ferveur, nous te prions. ℟

(Ces intentions seront adaptées ou modifiées selon les circonstances.)

Le prêtre :

Dieu notre Père, en cette nuit très sainte où nous nous réjouissons de la victoire de la vie, viens exaucer toutes nos prières, par le Christ, notre Seigneur. – ***Amen.***

LITURGIE EUCHARISTIQUE

Prière sur les offrandes

Accueille, nous t'en supplions, Seigneur, les prières de ton peuple qui t'offre ce sacrifice ; fais que les mystères inaugurés dans la célébration pascale nous procurent, avec l'aide de ta grâce, la guérison éternelle. Par le Christ, notre Seigneur. – ***Amen.***

Prière eucharistique

(1re préface de Pâques)

Vraiment, il est juste et bon, pour ta gloire et notre salut, de te louer, Seigneur, en tout temps, mais plus encore de te glorifier en cette nuit où le Christ, notre Pâque, a été immolé. Car il est l'Agneau véritable qui a enlevé les péchés du monde : en mourant, il a détruit notre mort ; en ressuscitant, il nous a rendu la vie. C'est pourquoi la joie pascale rayonne par tout l'univers, la terre entière exulte, les puissances d'en haut et les anges dans le ciel chantent sans fin l'hymne de ta gloire : ***Saint ! Saint ! Saint...***

Chant de communion *(Suggestions p. 367)*
OU
Antienne de la communion
Le Christ, notre agneau pascal, a été immolé.
Célébrons la fête en partageant un pain non fermenté,
signe de droiture et de vérité, alléluia.
(cf. 1 Co 5, 7-8)

Prière après la communion
Répands en nous, Seigneur, ton Esprit de charité, afin que soient unis par ta tendresse ceux que tu as nourris des sacrements de Pâques. Par le Christ, notre Seigneur.
— Amen.

RITE DE CONCLUSION

Bénédiction solennelle

Que Dieu tout-puissant vous bénisse, en ce jour où nous célébrons la solennité de Pâques et, dans sa bonté, qu'il vous protège des assauts du péché.

— Amen.

Il vous régénère pour la vie éternelle par la résurrection de son Fils unique : qu'il vous comble de la vie sans fin.

— Amen.

Ils sont finis, les jours de la passion du Seigneur : vous qui célébrez avec allégresse la fête de Pâques, venez, avec son aide, prendre part en exultant aux fêtes qui s'accomplissent dans la joie de l'éternité.

— Amen.

Et que la bénédiction de Dieu tout-puissant, le Père, et le Fils, ✠ et le Saint-Esprit, descende sur vous et y demeure toujours.

— Amen.

Envoi

Le diacre ou le prêtre dit :

Allez, dans la paix du Christ, alléluia, alléluia.

— Nous rendons grâce à Dieu, alléluia, alléluia.

COMMENTAIRE DE LA VEILLÉE PASCALE

Tommy Scholtes,
prêtre jésuite, *Prions en Église* Belgique

Feu nouveau, vie nouvelle

Nous avons tout célébré, le Carême, les Rameaux, Jeudi et Vendredi saints… et nous sommes dans l'attente. Le Christ est mort ! Pourtant la terre gronde. Le Christ descend aux enfers pour y reprendre la main, et prendre celle d'Adam, celle d'Ève, celle de toute la Création appelée à renaître, à vivre par lui, avec lui et en lui. Cette attente, nous la célébrons par le feu qui jaillit de branches mortes, de rameaux fanés. Les portes de l'enfer éclatent. Le Christ jaillit du tombeau et il vainc la mort. Contemplons une icône de la descente aux enfers qui évoque cette vie nouvelle à laquelle nous sommes tous appelés.
Oui, le feu nouveau que nous bénissons allume une nouvelle lumière d'un beau et grand cierge pascal. Lumière que nous

partageons avec toutes les personnes présentes alors que nous entendons le récit de la Création dans la Genèse. Ou encore le récit des « ossements desséchés » qui, dans le livre d'Ézékiel, reprennent vie (Ez 37, 1-10).

C'est notre vie, qui reprend un souffle nouveau, alors que nos péchés sont pardonnés grâce à la victoire du Christ sur la mort par son amour donné en sacrifice.

Et le grand cierge pascal sera trempé dans l'eau baptismale bénite cette nuit-là. Image de toute notre vie qui renaît. Nous serons aspergés de cette eau vivifiante. Si nous nous laissons faire, nous revivons par sa grâce.

Entraînés dans cette vie nouvelle, nous ne serons plus tentés de regarder vers les tombeaux mais vers celui qui nous appelle à vivre à nouveau, donnant ainsi une force nouvelle à notre espérance.

Qu'est ce qui, dans ma vie, peut renaître par la grâce de Pâques ?

Quel espace puis-je donner au Seigneur pour qu'il me libère complètement de ce qui m'empêche de vivre de lui ? ■

DIMANCHE 9 AVRIL 2023

DIMANCHE DE PÂQUES

ANNÉE A – COULEUR LITURGIQUE : BLANC

« J'ai vu le sépulcre du Christ vivant, j'ai vu la gloire du Ressuscité. »
Aujourd'hui, une grande joie descend sur le monde. Car le Christ est ressuscité, il est vivant, il a vaincu la mort ! Quittons nos morosités, nos inquiétudes, nos défaitismes. Accueillons la lumière de celui qui vient nous relever, nous rendre vivants pour toujours. Alléluia ! Le Christ nous entraîne avec lui dans la ronde de l'amour et de la vie en plénitude !

RITES INITIAUX

Chant d'entrée *(Suggestions p. 367)*

OU

Antienne d'ouverture

Le Christ est vraiment ressuscité, alléluia.
À lui, la gloire et la souveraineté
pour les siècles des siècles,
alléluia, alléluia.
(Lc 24, 34 ; cf. Ap 1, 6)

OU

Je suis ressuscité, et je suis avec toi, alléluia.
Ta main s'est posée sur moi, alléluia,
ta sagesse s'est montrée admirable,
alléluia, alléluia.
(cf. Ps 138, 18. 5-6)

Suggestion de préparation pénitentielle *(ou p. 336)*

Frères et sœurs, en ce dimanche nous fêtons la résurrection du Christ. Avec une foi renouvelée, préparons-nous à célébrer le mystère de l'eucharistie en reconnaissant notre péché.

Prends pitié de nous, Seigneur, toi la pierre rejetée, tu es devenu pierre d'angle, toi dont l'amour est éternel.
– Nous avons péché contre toi.

Montre-nous, ta miséricorde, ô Christ, toi qui fais passer tous les hommes de la mort à la vie.
— Et donne-nous ton salut.

Que Dieu tout-puissant nous fasse miséricorde ; qu'il nous pardonne nos péchés et nous conduise à la vie éternelle. ***— Amen.***

Kyrie, eleison. ***— Kyrie, eleison.***
Christe, eleison. ***— Christe, eleison.***
Kyrie, eleison. ***— Kyrie, eleison.***

Gloire à Dieu *(p. 339)*

Prière

Aujourd'hui, Seigneur Dieu, par ton Fils unique, vainqueur de la mort, tu nous as ouvert les portes de l'éternité ; tandis que nous fêtons solennellement la résurrection du Seigneur, nous t'en prions : accorde-nous d'être renouvelés par ton Esprit pour que nous ressuscitions dans la lumière de la vie. Par Jésus…
— Amen.

LITURGIE DE LA PAROLE

Lecture du livre des Actes des Apôtres (10, 34a. 37-43)

« Nous avons mangé et bu avec lui après sa résurrection d'entre les morts »

En ces jours-là, quand Pierre arriva à Césarée chez un centurion de l'armée romaine, il prit la parole et dit : « Vous savez ce qui s'est passé à travers tout le pays des Juifs, depuis les commencements en Galilée, après le baptême proclamé par Jean : Jésus de Nazareth, Dieu lui a donné l'onction d'Esprit Saint et de puissance. Là où il passait, il faisait le bien et guérissait tous ceux qui étaient sous le pouvoir du diable, car Dieu était avec lui. Et nous, nous sommes témoins de tout ce qu'il a fait dans le pays des Juifs et à Jérusalem. Celui qu'ils ont supprimé en le suspendant au bois du supplice, Dieu l'a ressuscité le troisième jour. Il lui a donné de se manifester, non pas à tout le peuple, mais à des témoins que Dieu avait choisis d'avance, à nous qui avons mangé et bu avec lui après sa résurrection d'entre les morts. Dieu nous a chargés d'annoncer au peuple et de témoigner que lui-même l'a établi Juge des vivants et des morts. C'est à Jésus que tous les prophètes rendent ce témoignage : Quiconque croit en lui reçoit par son nom le pardon de ses péchés. »

– Parole du Seigneur.

Psaume 117 (118)

℟ ***Voici le jour que fit le Seigneur,***
qu'il soit pour nous jour de fête et de joie !

T. : AELF; M. : T. Ospital; Éd. : ADF.

Rendez grâce au Seigneur : Il est bon !
Éternel est son amour !
Oui, que le dise Israël :
Éternel est son amour ! ℟

Le bras du Seigneur se lève,
le bras du Seigneur est fort !
Non, je ne mourrai pas, je vivrai
pour annoncer les actions du Seigneur. ℟

Retrouvez
ce psaume sur le CD
"Les psaumes
de l'année A"

La pierre qu'ont rejetée les bâtisseurs
est devenue la pierre d'angle :
c'est là l'œuvre du Seigneur,
la merveille devant nos yeux. ℟

Lecture de la première lettre de saint Paul apôtre
aux Corinthiens (5, 6b-8)

« Purifiez-vous des vieux ferments,
et vous serez une Pâque nouvelle »

Frères, ne savez-vous pas qu'un peu de levain suffit pour que fermente toute la pâte ? Purifiez-vous donc des vieux ferments, et vous serez une pâte nouvelle, vous qui êtes le pain de la Pâque, celui qui n'a pas fermenté. Car notre agneau pascal a été immolé : c'est le Christ.
Ainsi, célébrons la Fête, non pas avec de vieux ferments, non pas avec ceux de la perversité et du vice, mais avec du pain non fermenté, celui de la droiture et de la vérité.
– Parole du Seigneur.

On peut aussi lire Colossiens 3, 1-4.

Séquence
À la Victime pascale,
chrétiens, offrez le sacrifice de louange.

L'Agneau a racheté les brebis ;
le Christ innocent a réconcilié
l'homme pécheur avec le Père.

La mort et la vie s'affrontèrent
en un duel prodigieux.
Le Maître de la vie mourut ; vivant, il règne.

« Dis-nous, Marie Madeleine,
qu'as-tu vu en chemin ? »

« J'ai vu le sépulcre du Christ vivant,
j'ai vu la gloire du Ressuscité.
J'ai vu les anges ses témoins,
le suaire et les vêtements.

Le Christ, mon espérance, est ressuscité !
Il vous précédera en Galilée. »

Nous le savons : le Christ
est vraiment ressuscité des morts.

Roi victorieux,
prends-nous tous en pitié ! Amen.

Acclamation de l'Évangile

Alléluia. Alléluia. Notre Pâque immolée, c'est le Christ ! Célébrons la Fête dans le Seigneur ! ***Alléluia.***

IU 56-65 ; M. : P. Robert ; Bayard Liturgie.

Évangile de Jésus Christ selon saint Jean (20, 1-9)

« Il fallait que Jésus ressuscite d'entre les morts »

Le premier jour de la semaine, Marie Madeleine se rend au tombeau de grand matin ; c'était encore les ténèbres. Elle s'aperçoit que la pierre a été enlevée du tombeau. Elle court donc trouver Simon-Pierre et l'autre disciple, celui que Jésus aimait, et elle leur dit : « On a enlevé le Seigneur de son tombeau, et nous ne savons pas où on l'a déposé. »

Pierre partit donc avec l'autre disciple pour se rendre au tombeau. Ils couraient tous les deux ensemble, mais l'autre disciple courut plus vite que Pierre et arriva le premier au tombeau. En se penchant, il s'aperçoit que les linges sont posés à plat ; cependant il n'entre pas. Simon-Pierre, qui le suivait, arrive à son tour. Il entre dans le tombeau ; il aperçoit les linges, posés à plat, ainsi que le suaire qui avait entouré la tête de Jésus, non pas posé avec les linges, mais roulé à part à sa place. C'est alors qu'entra l'autre disciple, lui qui était arrivé le premier au tombeau. Il vit, et il crut. Jusque-là, en effet, les disciples n'avaient pas compris que, selon l'Écriture, il fallait que Jésus ressuscite d'entre les morts.

On peut aussi lire l'évangile de la veillée pascale (Matthieu 28, 1-10, p. 160).
Pour la messe du soir de Pâques, on peut aussi lire Luc 24, 13-35.

Homélie

Renouvellement de la profession de foi baptismale

Après l'homélie, le prêtre peut inviter les fidèles à renouveler leurs promesses de baptême selon la formule utilisée durant la veillée pascale (p. 167). On peut aussi dire l'un des deux symboles de foi (pp. 340 et 342). Si le rite de l'eau bénite n'a pas eu lieu au début de la messe, le prêtre passe ensuite parmi l'assemblée pour l'asperger avec l'eau qui a été bénie durant la veillée. Pendant ce temps, on peut chanter un chant baptismal.

Suggestion de prière universelle

Le prêtre :

Alléluia, Christ est vivant ! Il nous entraîne vers la vie. Avec grande foi, tournons-nous vers lui. Présentons-lui les hommes et les femmes de notre temps.

℟ ***Ô Christ ressuscité, exauce-nous.***

Missel noté de l'assemblée 35.32.

Le diacre ou un lecteur :

Alléluia ! Soyons dans la joie ! Ressuscité, le Christ envoie ses disciples témoigner de la Bonne Nouvelle, aux quatre coins de la terre. Prions-le pour notre Église. Qu'elle proclame la victoire de l'amour à temps et à contretemps. Ensemble, prions. ℟

Alléluia ! Tressaillons d'allégresse. En ce week-end pascal, de nombreux catéchumènes ont été baptisés. Confions au Ressuscité ceux de notre paroisse et de notre diocèse. Que leur nouvelle naissance ne cesse de produire du fruit. Ensemble, prions. ℟

Alléluia ! Le Prince de la Paix est revenu d'entre les morts. Il nous appelle à la non-violence et au pardon. Prions-le pour notre monde. Que diminue le recours aux armes de la part des États comme des citoyens. Avec le pape François, ensemble, prions. ℟

Alléluia ! Le Sauveur est vivant pour toujours. Il guérit les cœurs brisés, panse les plaies des blessés de la vie, veille sur les malades. Prions-le pour tous ceux qui souffrent. Que le mystère de Pâques leur apporte joie et consolation. Ensemble, prions. ℟

(Ces intentions seront adaptées ou modifiées selon les circonstances.)

Le prêtre :

Ô Christ Ressuscité, toi qui as ouvert une nouvelle page de l'histoire du monde, écoute la prière de ceux qui t'implorent dans la foi. Daigne nous exaucer, toi qui règnes pour les siècles des siècles.

— Amen.

LITURGIE EUCHARISTIQUE

Prière sur les offrandes

Dans l'exultation de la joie pascale, Seigneur, nous t'offrons ce sacrifice : c'est par lui que ton Église, de manière admirable, naît à la vie nouvelle et reçoit sa nourriture. Par le Christ, notre Seigneur.

— Amen.

Prière eucharistique

(1re préface de Pâques)

Vraiment, il est juste et bon, pour ta gloire et notre salut, de te louer, Seigneur, en tout temps, mais plus encore de te glorifier aujourd'hui où le Christ, notre Pâque, a été immolé. Car il est l'Agneau véritable qui a enlevé les péchés du monde : en mourant, il a détruit notre mort ; en ressuscitant, il nous a rendu la vie. C'est pourquoi la joie pascale rayonne par tout l'univers, la terre entière exulte, les puissances d'en haut et les anges dans le ciel chantent sans fin l'hymne de ta gloire : ***Saint ! Saint ! Saint...***

Chant de communion *(Suggestions p. 367)*

OU

Antienne de la communion

Le Christ, notre agneau pascal, a été immolé.
Célébrons la fête en partageant un pain non fermenté,
signe de droiture et de vérité, alléluia.
(cf. 1 Co 5, 7-8)

Prière après la communion

Seigneur Dieu, ne cesse pas de veiller avec tendresse sur ton Église, afin que, déjà renouvelée par les sacrements de Pâques, elle parvienne à la lumière de la résurrection. Par le Christ, notre Seigneur.
— Amen.

RITE DE CONCLUSION

Bénédiction solennelle

Que Dieu tout-puissant vous bénisse, en ce jour où nous célébrons la solennité de Pâques et, dans sa bonté, qu'il vous protège des assauts du péché.

— *Amen.*

Il vous régénère pour la vie éternelle par la résurrection de son Fils unique : qu'il vous comble de la vie sans fin.

— *Amen.*

Ils sont finis, les jours de la passion du Seigneur : vous qui célébrez avec allégresse la fête de Pâques, venez, avec son aide, prendre part en exultant aux fêtes qui s'accomplissent dans la joie de l'éternité.

— *Amen.*

Et que la bénédiction de Dieu tout-puissant, le Père, et le Fils, ✠ et le Saint-Esprit, descende sur vous et y demeure toujours.

— *Amen.*

Envoi

Le diacre ou le prêtre dit :

Allez, dans la paix du Christ, alléluia, alléluia.

— *Nous rendons grâce à Dieu, alléluia, alléluia.*

COMMENTAIRE DU DIMANCHE DE PÂQUES

Luc Forestier, prêtre de l'Oratoire

La vie nouvelle, nouvelle loi de la mort

C'est la course, ce matin ! Marie Madeleine, qui a le premier rôle dans le quatrième évangile, mais aussi Pierre et Jean sont soudainement très pressés. Chacun perçoit une rupture dans le cours ordinaire de la vie humaine, qui conduit à pleurer les personnes décédant avant nous et à nous préparer à les rejoindre dans l'espérance d'une lumière sans déclin.

Ce matin de Pâques, une déchirure se manifeste, qui remet en cause la loi de la mort. Il est vivant ! Il est même le Vivant puisque Dieu l'a ressuscité d'entre les morts. Prendre conscience de cette rupture dans l'histoire nous pousse à nous mettre en route. Et chaque page du Nouveau Testament veut contribuer à nos déplacements intérieurs et extérieurs. Ainsi, dans les Actes des Apôtres, saint Luc construit une longue séquence autour •••

••• du geste inédit de Pierre entrant pour la première fois chez un païen nommé Corneille, centurion de son état, membre d'une armée d'occupation. Il transgresse ainsi une frontière essentielle, ce qui lui vaudra quelques ennuis ensuite. En effet, à Jérusalem, on lui reprochera d'avoir partagé un repas avec des païens ! Et Pierre devra s'expliquer en affirmant que la vie nouvelle est offerte à tous, Juifs comme païens.

À Césarée, comme partout dans le monde, les disciples sont témoins du Christ ressuscité en relativisant les frontières que les humains dressent, car la joie de la Résurrection les pousse à la rencontre et au service.

Quelle est la vraie rupture que la fête de Pâques m'aide à comprendre, cette année ?
Comment discerner le « déplacement » que la confession de la résurrection du Christ me pousse à esquisser ? ■

Prions en Église **junior**

LIRE L'ÉVANGILE AVEC LES ENFANTS

CE QUE JE DÉCOUVRE

La pierre a été enlevée du tombeau de Jésus. C'est un choc terrible pour Marie Madeleine. Le corps de Jésus n'est plus là. Malgré sa peine, elle prévient Simon-Pierre et l'autre disciple (on pense que c'est Jean). **Jean entre après Simon-Pierre.** Il ne voit rien. Mais il croit ! Il croit tout ce que Jésus a raconté aux Apôtres. Plusieurs fois, Jésus leur avait annoncé qu'il mourrait et qu'il ressusciterait… **Tout ce que Jésus a dit est donc vrai.** Toi aussi, dans la foi, tu ne vois pas Jésus, mais tu crois qu'il est toujours vivant, aujourd'hui.

CE QUE JE VIS

As-tu déjà couru vite pour découvrir quelque chose d'important ?
Qu'est-ce qui te fait croire que Jésus est toujours vivant ?
Chante : « Alléluia ! »

Texte : Cédric Kuntz. Illustrations : Marcelino Truong

MÉDITATION BIBLIQUE

DIMANCHE DE LA RÉSURRECTION

Évangile selon saint Jean 20, 1-9

Le saut de la foi

Tels les disciples désarmés, sidérés face au tombeau vide au matin de Pâques, nous aussi sommes parfois lents à saisir le sens de ce que nous expérimentons. La fête de Pâques est une invitation adressée à tout chrétien à croire ce que sa foi annonce.

Le temps de la préparation

« La pierre qu'ont rejetée les bâtisseurs est devenue la pierre d'angle : c'est là l'œuvre du Seigneur, la merveille devant nos yeux. » (Ps 117, 22-23)

Le temps de l'observation

Après avoir passé des mois voire des années à ses côtés, les disciples ne sont pas prêts pour la résurrection de Jésus. À constater leur hésitation et leur désarroi, ils semblent ne rien avoir anticipé, prévu, deviné de ce qui pouvait se passer. Au matin de Pâques, alors qu'ils se rendent près du tombeau, les événements les prennent au dépourvu. Ils ne comprennent pas ce qu'ils voient, et ce qu'ils vivent ne fait pas d'emblée sens pour eux. Ils n'établissent pas de lien entre la réalité qui s'impose à eux et l'enseignement reçu de la part de Jésus. Ils sont pourtant des témoins directs, des compagnons de route, des amis proches qui ont cru en Jésus et ont reconnu en lui l'homme de Dieu. Pourtant, l'évidence de la Résurrection ne s'imposera à eux que quand ils pénétreront à l'intérieur du tombeau vide, qu'ils constateront la puissance des faits. Alors seulement, ils arriveront à croire ce qu'ils savaient déjà et à en vivre.

Le temps de la méditation

Nous voici, à notre tour, à la place de Marie Madeleine et des deux disciples, un dimanche de Résurrection. Nous savons des choses sur Jésus, sur son histoire et ses enseignements. Mais la fête de Pâques nous invite à faire un pas de plus, celui qui consiste à croire ce que nous savons et que, parfois, nous confessons. Nous est-il possible de prendre ce risque et d'entrer dans une autre dimension du réel, de faire confiance à une autre logique de vie ? Pâques nous place devant un choix. Peut-être le moment est-il venu de croire vraiment que la mort est un chemin qui mène à la vie ? Cette fête est une invitation à ne pas nous contenter des témoignages et du savoir que nous véhiculons. Elle nous met au défi d'accepter une vie qui ne serait pas basée sur le doute et la crainte. Si Jésus a fait confiance le premier, il appelle chacun de ses disciples à le suivre. Pourquoi pas nous ? Pourquoi pas maintenant ?

Le temps de la prière

« Non, je ne mourrai pas,
je vivrai pour annoncer
les actions du Seigneur. »
(Ps 117, 17) ■

Marie-Laure Durand, bibliste

L'ÉVÉNEMENT
DIMANCHE DE LA RÉSURRECTION

La bénédiction « urbi et orbi »

Le dimanche 9 avril à midi, le Saint-Père bénira « la ville et le monde » depuis la place Saint-Pierre de Rome, comme chaque jour de Pâques. Une tradition multiséculaire.

Chaque année, le jour de Pâques, après la messe, le pape prononce la bénédiction « urbi et orbi ». Une expression latine qui signifie « à la ville et au monde ». L'évêque de Rome vient ainsi bénir tous les catholiques de la ville et du monde entier. Cette courte prière est accompagnée d'un message et d'une indulgence plénière. Ainsi en 2022, le pape François a invité la foule à prier particulièrement pour la paix en Ukraine.

La bénédiction prononcée depuis le balcon de la basilique vaticane permet aux personnes présentes sur la place, mais aussi à celles qui la suivent en direct par les moyens de communication, de recevoir l'indulgence plénière. Hélène Pica, 54 ans, bibliothécaire à Nantes, suit l'événement à la télévision tous les ans : « Cela me rend heureuse de penser qu'on est des milliers à recevoir l'indulgence plénière en même temps, grâce à l'unité qui se crée autour du pape. Chaque année, je suis ce moment pour soulager le plus possible les âmes du purgatoire. » Le pape conclut par une bénédiction solennelle en invoquant les saints ainsi que la Vierge Marie. Rendez-vous ce dimanche à midi, avec le Saint-Père en direct de la place Saint-Pierre. ■

Anne-Quitterie Jozeau,
journaliste

Le pape François, 17 avril 2022, place Saint-Pierre, Vatican.

QUAND A LIEU UNE BÉNÉDICTION URBI ET ORBI ?

La bénédiction solennelle urbi et orbi est prononcée par le Saint-Père à l'occasion de grandes fêtes, spécialement à Noël et à Pâques.
Elle peut aussi être donnée dans certaines circonstances exceptionnelles, comme pendant l'épidémie de coronavirus en 2020, ou après un conclave.

LUNDI 10 AVRIL 2023

TEMPS PASCAL COULEUR LITURGIQUE : BLANC

Octave de Pâques

Antienne d'ouverture

Puisque le Seigneur t'a fait entrer dans un pays ruisselant de lait et de miel, que la loi du Seigneur soit toujours dans ta bouche, alléluia. (cf. Ex 13, 5. 9)

OU

Le Seigneur est ressuscité d'entre les morts, comme il l'avait dit : exultons, soyons dans la joie, car il règne pour l'éternité, alléluia.

Gloire à Dieu *(p. 339)*

Prière

Seigneur Dieu, tu fais grandir sans cesse ton Église en lui donnant de nouveaux enfants ; accorde-leur de te servir et d'être fidèles par toute leur vie au sacrement qu'ils ont reçu dans la foi. Par Jésus… ***— Amen.***

Lecture

du livre des Actes des Apôtres (2, 14. 22b-33)

« Ce Jésus, Dieu l'a ressuscité ; nous tous, nous en sommes témoins »

Le jour de la Pentecôte, Pierre, debout avec les onze autres Apôtres, éleva la voix et leur fit cette déclaration : « Vous, Juifs, et vous tous qui résidez à Jérusalem, sachez bien ceci, prêtez l'oreille à mes

paroles. Il s'agit de Jésus le Nazaréen, homme que Dieu a accrédité auprès de vous en accomplissant par lui des miracles, des prodiges et des signes au milieu de vous, comme vous le savez vous-mêmes. Cet homme, livré selon le dessein bien arrêté et la prescience de Dieu, vous l'avez supprimé en le clouant sur le bois par la main des impies. Mais Dieu l'a ressuscité en le délivrant des douleurs de la mort, car il n'était pas possible qu'elle le retienne en son pouvoir. En effet, c'est de lui que parle David dans le psaume : *Je voyais le Seigneur devant moi sans relâche : il est à ma droite, je suis inébranlable. C'est pourquoi mon cœur est en fête, et ma langue exulte de joie ; ma chair elle-même reposera dans l'espérance : tu ne peux m'abandonner au séjour des morts ni laisser ton fidèle voir la corruption. Tu m'as appris des chemins de vie, tu me rempliras d'allégresse par ta présence.* Frères, il est permis de vous dire avec assurance, au sujet du patriarche David, qu'il est mort, qu'il a été enseveli, et que son tombeau est encore aujourd'hui chez nous. Comme il était prophète, il savait que Dieu lui avait juré de faire asseoir sur son trône un homme issu de lui. Il a vu d'avance la résurrection du Christ, dont il a parlé ainsi : *Il n'a pas été abandonné à la mort, et sa chair n'a pas vu la corruption.* Ce Jésus, Dieu l'a ressuscité ; nous tous, nous en sommes témoins. Élevé par la droite de Dieu, il a reçu du Père l'Esprit Saint qui était promis, et il l'a répandu sur nous, ainsi que vous le voyez et l'entendez. »

– Parole du Seigneur.

Psaume 15 (16)

℟ ***Garde-moi, mon Dieu : j'ai fait de toi mon refuge.***
OU
Alléluia !

Garde-moi, mon Dieu :
j'ai fait de toi mon refuge.
J'ai dit au Seigneur : « Tu es mon Dieu !
Seigneur, mon partage et ma coupe :
de toi dépend mon sort. » ℟

Je bénis le Seigneur qui me conseille :
même la nuit mon cœur m'avertit.
Je garde le Seigneur devant moi
sans relâche ;
il est à ma droite : je suis inébranlable. ℟

Mon cœur exulte, mon âme est en fête,
ma chair elle-même repose
en confiance :
tu ne peux m'abandonner à la mort
ni laisser ton ami voir la corruption. ℟

Tu m'apprends le chemin de la vie :
devant ta face, débordement de joie !
À ta droite, éternité de délices ! ℟

Acclamation de l'Évangile

Alléluia. Alléluia. Voici le jour que fit le Seigneur, qu'il soit pour nous jour de fête et de joie ! ***Alléluia.***

Évangile de Jésus Christ

selon saint Matthieu (28, 8-15)

« Allez annoncer à mes frères qu'ils doivent se rendre en Galilée : c'est là qu'ils me verront »

En ce temps-là, quand les femmes eurent entendu les paroles de l'ange, vite, elles quittèrent le tombeau, remplies à la fois de crainte et d'une grande joie, et elles coururent porter la nouvelle à ses disciples. Et voici que Jésus vint à leur rencontre et leur dit : « Je vous salue. » Elles s'approchèrent, lui saisirent les pieds et se prosternèrent devant lui. Alors Jésus leur dit : « Soyez sans crainte, allez annoncer à mes frères qu'ils doivent se rendre en Galilée : c'est là qu'ils me verront. » Tandis qu'elles étaient en chemin, quelques-uns des gardes allèrent en ville annoncer aux grands prêtres tout ce qui s'était passé. Ceux-ci, après s'être réunis avec les anciens et avoir tenu conseil, donnèrent aux soldats une forte somme en disant : « Voici ce que vous direz : "Ses disciples sont venus voler le corps, la nuit pendant que nous dormions." Et si tout cela vient aux oreilles du gouverneur, nous lui expliquerons la chose, et nous vous éviterons tout ennui. » Les soldats prirent l'argent et suivirent les instructions. Et cette explication s'est propagée chez les Juifs jusqu'à aujourd'hui.

Prière sur les offrandes

Accueille avec bonté, nous t'en prions, Seigneur, les présents de ton peuple ; il a été renouvelé en confessant ton nom et en recevant le baptême : accorde-lui de parvenir au bonheur sans fin. Par le Christ, notre Seigneur. **— *Amen.***

1re préface de Pâques, p. 344.

Antienne de la communion

Ressuscité d'entre les morts,
le Christ ne meurt plus; sur lui,
la mort n'a plus de pouvoir, alléluia.
(Rm 6, 9)

Prière après la communion

Que la grâce du mystère pascal, Seigneur, nous t'en prions, surabonde en nos cœurs; puisque tu nous as mis sur le chemin du salut éternel, rends-nous dignes de tes bienfaits. Par le Christ, notre Seigneur. **— *Amen.***

INVITATION

Je peux méditer sur une œuvre d'art qui représente la Résurrection, le *Noli me tangere* de Fra Angelico, par exemple. Que me disent les couleurs, la composition, les gestes des personnages… ?

COMMENTAIRE

Tableau vivant — Matthieu 28, 8-15

Des femmes, affolées de peur et d'espérance, pressent le pas. Le sépulcre est vide, l'ange les rassure mais le Maître reste invisible. Au détour de la route, un homme s'avance vers elles avec des mots simples, ceux de toutes les rencontres : « Je vous salue. » Ces mots familiers viennent de très loin, ils ont traversé le pays de la mort et attestent la victoire du Vivant de Pâques. Cette salutation vient nous arracher à nos tombeaux. ■

***Bénédicte de la Croix,** cistercienne*

MARDI 11 AVRIL 2023

TEMPS PASCAL COULEUR LITURGIQUE : BLANC

Octave de Pâques

Antienne d'ouverture

L'eau de la sagesse les a désaltérés ;
en eux la sagesse s'affermira et ne fléchira pas,
elle les exaltera pour toujours, alléluia. (cf. Si 15, 3-4)

Gloire à Dieu *(p. 339)*

Prière

Seigneur Dieu, tu nous guéris par les célébrations pascales ; poursuis toujours l'œuvre de ta grâce : que ton peuple trouve une liberté parfaite et parvienne à la joie du ciel dont il exulte déjà sur la terre. Par Jésus… ***— Amen.***

Lecture

du livre des Actes des Apôtres (2, 36-41)

« Convertissez-vous, et que chacun de vous soit baptisé au nom de Jésus Christ »

Le jour de la Pentecôte, Pierre disait à la foule : « Que toute la maison d'Israël le sache donc avec certitude : Dieu l'a fait Seigneur et Christ, ce Jésus que vous aviez crucifié. » Les auditeurs furent touchés au cœur ; ils dirent à Pierre et aux autres Apôtres : « Frères, que devons-nous faire ? » Pierre leur répondit : « Convertissez-vous, et que chacun de vous soit

baptisé au nom de Jésus Christ pour le pardon de ses péchés ; vous recevrez alors le don du Saint-Esprit. Car la promesse est pour vous, pour vos enfants et pour tous ceux qui sont loin, aussi nombreux que le Seigneur notre Dieu les appellera. » Par bien d'autres paroles encore, Pierre les adjurait et les exhortait en disant : « Détournez-vous de cette génération tortueuse, et vous serez sauvés. » Alors, ceux qui avaient accueilli la parole de Pierre furent baptisés. Ce jour-là, environ trois mille personnes se joignirent à eux.
– Parole du Seigneur.

Psaume 32 (33)

℟ ***Toute la terre, Seigneur, est remplie de ton amour.***
OU ***Alléluia !***

Oui, elle est droite, la parole du Seigneur ;
il est fidèle en tout ce qu'il fait.
Il aime le bon droit et la justice ;
la terre est remplie de son amour. ℟

Dieu veille sur ceux qui le craignent,
qui mettent leur espoir en son amour,
pour les délivrer de la mort,
les garder en vie aux jours de famine. ℟

Nous attendons notre vie du Seigneur :
il est pour nous un appui, un bouclier.
Que ton amour, Seigneur, soit sur nous
comme notre espoir est en toi ! ℟

Acclamation de l'Évangile

Alléluia. Alléluia. Voici le jour que fit le Seigneur, qu'il soit pour nous jour de fête et de joie ! ***Alléluia.***

Évangile de Jésus Christ

selon saint Jean (20, 11-18)

« "J'ai vu le Seigneur !", et elle raconta ce qu'il lui avait dit »

En ce temps-là, Marie Madeleine se tenait près du tombeau, au-dehors, tout en pleurs. Et en pleurant, elle se pencha vers le tombeau. Elle aperçoit deux anges vêtus de blanc, assis l'un à la tête et l'autre aux pieds, à l'endroit où avait reposé le corps de Jésus. Ils lui demandent : « Femme, pourquoi pleures-tu ? » Elle leur répond : « On a enlevé mon Seigneur, et je ne sais pas où on l'a déposé. » Ayant dit cela, elle se retourna ; elle aperçoit Jésus qui se tenait là, mais elle ne savait pas que c'était Jésus. Jésus lui dit : « Femme, pourquoi pleures-tu ? Qui cherches-tu ? » Le prenant pour le jardinier, elle lui répond : « Si c'est toi qui l'as emporté, dis-moi où tu l'as déposé, et moi, j'irai le prendre. » Jésus lui dit alors : « Marie ! » S'étant retournée, elle lui dit en hébreu : « Rabbouni ! », c'est-à-dire : Maître. Jésus reprend : « Ne me retiens pas, car je ne suis pas encore monté vers le Père. Va trouver mes frères pour leur dire que je monte vers mon Père et votre Père, vers mon Dieu et votre Dieu. » Marie Madeleine s'en va donc annoncer aux disciples : « J'ai vu le Seigneur ! », et elle raconta ce qu'il lui avait dit.

Prière sur les offrandes

Reçois avec bonté les offrandes de ta famille, nous t'en prions, Seigneur, garde-la sous ta protection : qu'elle ne perde aucun des bienfaits déjà reçus, et parvienne aux dons éternels. Par le Christ, notre Seigneur. ***— Amen.***

1re préface de Pâques, p. 344.

Antienne de la communion

Ressuscités avec le Christ, recherchez les réalités d'en haut : c'est là qu'est le Christ, assis à la droite de Dieu ; pensez aux réalités d'en haut, alléluia. (Col 3, 1-2)

Prière après la communion

Écoute notre prière, Dieu tout-puissant : tu as donné à ta famille la grâce incomparable du baptême ; dispose nos cœurs à recevoir le bonheur éternel. Par le Christ, notre Seigneur.
— Amen.

INVITATION

Quel geste de conversion personnelle puis-je poser aujourd'hui ? un temps de prière solitaire ? un geste de solidarité ? un mot à envoyer à quelqu'un que je sais seul ?

COMMENTAIRE

Des racines et des ailes Jean 20, 11-18

Marie Madeleine, « Apôtre des apôtres », la première à contempler le Ressuscité. Femme aux multiples visages, qu'a-t-elle à transmettre ? Rien, si ce n'est une expérience à jamais gravée dans son corps, son cœur de femme : cet homme qui pendait sur le bois de la Croix, le voilà devant elle en chair et en os. Il l'appelle par son nom de cette voix qu'elle est capable de reconnaître entre mille. Son témoignage donne des racines et des ailes à notre foi. ■ *Bénédicte de la Croix, cistercienne*

MERCREDI 12 AVRIL 2023

TEMPS PASCAL COULEUR LITURGIQUE : BLANC

Octave de Pâques

Antienne d'ouverture

Venez, les bénis de mon Père, recevez en héritage le Royaume préparé pour vous depuis la fondation du monde, alléluia. (Mt 25, 34)

Gloire à Dieu (p. 339)

Prière

Seigneur Dieu, tu nous donnes chaque année la joie de fêter la résurrection du Seigneur ; à travers ces fêtes d'ici-bas, accorde-nous, dans ta bonté, de parvenir aux joies éternelles. Par Jésus… – ***Amen.***

Lecture

du livre des Actes des Apôtres (3, 1-10)

« Ce que j'ai, je te le donne : au nom de Jésus, lève-toi et marche »

En ces jours-là, Pierre et Jean montaient au Temple pour la prière de l'après-midi, à la neuvième heure. On y amenait alors un homme, infirme de naissance, que l'on installait chaque jour à la porte du Temple, appelée la « Belle-Porte », pour qu'il demande l'aumône à ceux qui entraient. Voyant Pierre et Jean qui allaient entrer dans le Temple, il leur demanda l'aumône. Alors Pierre, ainsi que Jean, fixa les yeux sur lui,

et il dit : « Regarde-nous ! » L'homme les observait, s'attendant à recevoir quelque chose de leur part. Pierre déclara : « De l'argent et de l'or, je n'en ai pas ; mais ce que j'ai, je te le donne : au nom de Jésus Christ le Nazaréen, lève-toi et marche. » Alors, le prenant par la main droite, il le releva et, à l'instant même, ses pieds et ses chevilles s'affermirent. D'un bond, il fut debout et il marchait. Entrant avec eux dans le Temple, il marchait, bondissait, et louait Dieu. Et tout le peuple le vit marcher et louer Dieu. On le reconnaissait : c'est bien lui qui était assis à la « Belle-Porte » du Temple pour demander l'aumône. Et les gens étaient frappés de stupeur et désorientés devant ce qui lui était arrivé. – Parole du Seigneur.

Psaume 104 (105)

℟ ***Joie pour les cœurs qui cherchent Dieu !***
OU ***Alléluia !***

Rendez grâce au Seigneur, proclam**e**z son nom,
annoncez parmi les pe**u**ples ses hauts faits ;
chantez et jou**e**z pour lui,
redites sans f**i**n ses merveilles. ℟

Glorifiez-vous de son n**o**m très saint :
joie pour les cœ**u**rs qui cherchent Dieu !
Cherchez le Seigne**u**r et sa puissance,
recherchez sans tr**ê**ve sa face. ℟

Vous, la race d'Abrah**a**m son serviteur,
les fils de Jac**o**b, qu'il a choisis.
Le Seigneur, c'est lu**i** notre Dieu :
ses jugements font l**o**i pour l'univers. ℟

Il s'est toujours souven**u** de son alliance,
parole édictée pour m**i**lle générations :
promesse f**a**ite à Abraham,
garantie par serm**e**nt à Isaac. ℟

Acclamation de l'Évangile

Alléluia. Alléluia. Voici le jour que fit le Seigneur, qu'il soit pour nous jour de fête et de joie ! ***Alléluia.***

Évangile de Jésus Christ

selon saint Luc (24, 13-35)

Il se fit reconnaître par eux à la fraction du pain

Le même jour (c'est-à-dire le premier jour de la semaine), deux disciples faisaient route vers un village appelé Emmaüs, à deux heures de marche de Jérusalem, et ils parlaient entre eux de tout ce qui s'était passé. Or, tandis qu'ils s'entretenaient et s'interrogeaient, Jésus lui-même s'approcha, et il marchait avec eux. Mais leurs yeux étaient empêchés de le reconnaître. Jésus leur dit : « De quoi discutez-vous en marchant ? » Alors, ils s'arrêtèrent, tout tristes. L'un des deux, nommé Cléophas, lui répondit : « Tu es bien le seul étranger résidant à Jérusalem qui ignore les événements de ces jours-ci. » Il leur dit : « Quels événements ? » Ils lui répondirent : « Ce qui est arrivé à Jésus de Nazareth, cet homme qui était un prophète puissant par ses actes et ses paroles devant Dieu et devant tout le peuple : comment les grands prêtres et nos chefs l'ont livré, ils l'ont fait condamner à mort et ils l'ont crucifié. Nous, nous espérions que c'était lui qui allait délivrer Israël. Mais avec tout cela, voici déjà le troisième jour qui passe depuis que c'est arrivé. À vrai dire, des femmes de notre groupe nous ont remplis de stupeur. Quand, dès l'aurore, elles sont allées au tombeau, elles n'ont pas trouvé son corps ; elles sont venues nous dire qu'elles avaient même eu une vision : des anges, qui disaient qu'il est vivant. Quelques-uns de nos compagnons sont allés au tombeau, et ils ont trouvé les choses comme les femmes l'avaient dit; mais lui, ils ne l'ont pas vu. » Il leur dit alors : « Esprits sans intelligence ! Comme votre cœur est lent à croire tout ce que les prophètes ont dit ! Ne fallait-il pas que le Christ souffrît cela pour entrer dans sa gloire ? » Et, partant de Moïse et de tous les Prophètes, il leur interpréta, dans toute l'Écriture, ce qui le concernait. Quand ils approchèrent du village où ils se rendaient, Jésus fit semblant d'aller plus loin. Mais ils s'efforcèrent de le retenir : « Reste avec nous, car le soir approche et déjà le jour baisse. » Il entra donc pour rester avec eux. Quand il fut à table avec eux, ayant pris le pain, il prononça la bénédiction et, l'ayant rompu, il le leur donna. Alors leurs yeux s'ouvrirent, et ils le reconnurent, mais il disparut à leurs regards. Ils se dirent l'un à l'autre : « Notre cœur n'était-il pas brûlant en nous, tandis qu'il nous parlait sur la route et nous ouvrait les Écritures ? » À l'instant même, ils se levèrent et retournèrent à Jérusalem. Ils y trouvèrent réunis les onze Apôtres et leurs compagnons, qui leur dirent : « Le Seigneur est réellement ressuscité : il est apparu à Simon-Pierre. » À leur tour, ils racontaient ce qui s'était passé sur la route, et comment le Seigneur s'était fait reconnaître par eux à la fraction du pain.

Prière sur les offrandes

Accueille, nous t'en prions, Seigneur, le sacrifice qui rachète l'humanité, et dans ta bienveillance, réalise en nous le salut de l'esprit et du corps. Par le Christ, notre Seigneur. — ***Amen.***

1re préface de Pâques, p. 344.

Antienne de la communion

Les disciples reconnurent
le Seigneur Jésus
à la fraction du pain, alléluia.
(cf. Lc 24, 35)

Prière après la communion

Après avoir été purifiés de tout ce qui reste en nous de l'homme ancien, nous te prions, Seigneur : que le sacrement de ton Fils, reçu avec ferveur, nous fasse entrer dans la création nouvelle. Par le Christ, notre Seigneur. — ***Amen.***

INVITATION

Je peux me souvenir aujourd'hui d'un moment de ma vie où quelqu'un m'a relevé, comme Pierre a relevé l'infirme de la Belle-Porte.

COMMENTAIRE

L'homme qui marche à nos côtés Luc 24, 13-35

Voilà Jésus à nouveau en chemin, croisant la route de deux disciples désespérés : l'homme en qui ils avaient placé leur confiance a été crucifié et enseveli comme un bandit. La tristesse les accable et un sentiment d'échec alourdit leurs cœurs et leur pas. La Parole et le pain partagés vont les ouvrir à la lumière du Ressuscité. Lorsque nous traînons notre peine, n'oublions jamais l'homme qui marche à nos côtés, le Vivant. ■

***Bénédicte de la Croix**, cistercienne*

JEUDI 13 AVRIL 2023

TEMPS PASCAL COULEUR LITURGIQUE : BLANC

Octave de Pâques

Antienne d'ouverture

D'un seul cœur ils ont chanté ta main victorieuse,
Seigneur : la Sagesse a ouvert la bouche des muets
et délié la langue des tout-petits, alléluia.
(cf. Sg 10, 20-21)

Gloire à Dieu *(p. 339)*

Prière

Seigneur Dieu, tu as uni des peuples divers dans la confession de ton nom ; accorde à ceux qui renaissent à la fontaine baptismale d'avoir au cœur la même foi et dans leurs actes le même amour. Par Jésus… — ***Amen.***

Lecture

du livre des Actes des Apôtres (3, 11-26)

« Vous avez tué le Prince de la vie, lui que Dieu a ressuscité d'entre les morts »

En ces jours-là, l'infirme que Pierre et Jean venaient de guérir ne les lâchait plus. Tout le peuple accourut vers eux au Portique dit de Salomon. Les gens étaient stupéfaits. Voyant cela, Pierre interpella le peuple : « Hommes d'Israël, pourquoi vous étonner ? Pourquoi fixer les yeux sur nous, comme si c'était en vertu de notre puissance personnelle ou de notre piété que nous lui avons donné de marcher ? Le Dieu d'Abraham, d'Isaac et de Jacob, le Dieu de nos pères, a glorifié son serviteur Jésus, alors que vous, vous l'aviez livré, vous l'aviez renié en présence de Pilate qui était décidé à le relâcher. Vous avez renié le Saint et le Juste, et vous avez demandé qu'on vous accorde la grâce d'un meurtrier. Vous avez tué le Prince de la vie, lui que Dieu a ressuscité d'entre les morts, nous en sommes témoins. Tout repose sur la foi dans le nom de Jésus Christ : c'est ce nom lui-même qui vient d'affermir cet homme que vous regardez et connaissez ; oui, la foi qui vient par Jésus l'a rétabli dans son intégrité physique, en votre présence à tous. D'ailleurs, frères, je sais bien que vous avez agi dans l'ignorance, vous et vos chefs. Mais Dieu a ainsi accompli ce qu'il avait d'avance annoncé par la bouche de tous les prophètes : que le Christ, son Messie souffrirait.

« Convertissez-vous et tournez-vous vers Dieu pour que vos péchés soient effacés. Ainsi viendront les temps de la fraîcheur de la part du Seigneur, et il enverra le Christ Jésus qui vous est destiné. Il faut en effet que le ciel l'accueille jusqu'à l'époque où tout sera rétabli, comme Dieu l'avait dit par la bouche des saints, ceux d'autrefois, ses prophètes. Moïse a déclaré : *Le Seigneur votre Dieu suscitera pour vous, du milieu de vos frères, un prophète comme moi : vous l'écouterez en tout ce qu'il vous dira. Quiconque n'écoutera pas ce prophète sera retranché du peuple*. Ensuite, tous les prophètes qui ont parlé depuis Samuel et ses successeurs, aussi nombreux furent-ils, ont annoncé les jours où nous sommes. C'est vous qui êtes

les fils des prophètes et de l'Alliance que Dieu a conclue avec vos pères, quand il disait à Abraham : *En ta descendance seront bénies toutes les familles de la terre.* C'est pour vous d'abord que Dieu a suscité son Serviteur, et il l'a envoyé vous bénir, pourvu que chacun de vous se détourne de sa méchanceté. »
– Parole du Seigneur.

Psaume 8

℟ *Ô Seigneur notre Dieu, qu'il est grand, ton nom, par toute la terre !*
OU
Alléluia !

À voir ton ciel, ouvrage de tes doigts,
la lune et les étoiles que tu fixas,
qu'est-ce que l'homme
pour que tu penses à lui,
le fils d'un homme,
que tu en prennes souci ? ℟

Tu l'as voulu un peu moindre qu'un dieu,
le couronnant de gloire et d'honneur ;
tu l'établis sur les œuvres de tes mains,
tu mets toute chose à ses pieds. ℟

Les troupeaux de bœufs et de brebis,
et même les bêtes sauvages,
les oiseaux du ciel
et les poissons de la mer,
tout ce qui va son chemin
dans les eaux. ℟

Acclamation de l'Évangile

Alléluia. Alléluia. Voici le jour que fit le Seigneur, qu'il soit pour nous jour de fête et de joie ! ***Alléluia.***

Évangile de Jésus Christ

selon saint Luc (24, 35-48)

« Ainsi est-il écrit que le Christ souffrirait, qu'il ressusciterait d'entre les morts le troisième jour »

En ce temps-là, les disciples qui rentraient d'Emmaüs racontaient aux onze Apôtres et à leurs compagnons ce qui s'était passé sur la route, et comment le Seigneur s'était fait reconnaître par eux à la fraction du pain. Comme ils en parlaient encore, lui-même fut présent au milieu d'eux, et leur dit : « La paix soit avec vous ! » Saisis de frayeur et de crainte, ils croyaient voir un esprit. Jésus leur dit : « Pourquoi êtes-vous bouleversés ? Et pourquoi ces pensées qui surgissent dans votre cœur ? Voyez mes mains et mes pieds : c'est bien moi ! Touchez-moi, regardez : un esprit n'a pas de chair ni d'os comme vous constatez que j'en ai. » Après cette parole, il leur montra ses mains et ses pieds. Dans leur joie, ils n'osaient pas encore y croire, et restaient saisis d'étonnement. Jésus leur dit : « Avez-vous ici quelque chose à manger* ? » Ils lui présentèrent une part de poisson grillé qu'il prit et mangea devant eux. Puis il leur déclara : « Voici les paroles que je vous ai dites quand j'étais encore avec vous : "Il faut que s'accomplisse tout ce qui a été écrit à mon sujet dans la loi de Moïse, les Prophètes et les Psaumes." » Alors il ouvrit leur intelligence à la compréhension des

Écritures. Il leur dit : « Ainsi est-il écrit que le Christ souffrirait, qu'il ressusciterait d'entre les morts le troisième jour, et que la conversion serait proclamée en son nom, pour le pardon des péchés, à toutes les nations, en commençant par Jérusalem. À vous d'en être les témoins. »

Prière sur les offrandes

Accueille avec bonté ce sacrifice, nous t'en prions, Seigneur : nous te l'offrons dans l'action de grâce, pour ceux que tu as fait renaître par le baptême ; accorde-nous d'obtenir sans tarder le secours qui vient du ciel. Par le Christ, notre Seigneur.
— ***Amen.*** *1re préface de Pâques, p. 344.*

Antienne de la communion

Peuple racheté par Dieu,
vous tous, annoncez les merveilles
de celui qui vous a appelés
des ténèbres à son admirable
lumière, alléluia.
(cf. 1 P 2, 9)

Prière après la communion

Écoute nos prières, Seigneur : que cet échange très saint où l'homme est racheté nous soutienne durant la vie présente et nous procure les joies éternelles. Par le Christ, notre Seigneur.
— ***Amen.***

INVITATION

Et si je mangeais du poisson grillé, aujourd'hui ?
Je peux le faire en souvenir de la rencontre entre Jésus et les disciples,
en communion avec le Ressuscité et ses amis.

COMMENTAIRE

En chair et en os Luc 24, 35-48

Une salutation de paix suivie d'une demande destinée à confirmer sa présence : « Voyez mes mains et mes pieds : c'est bien moi ! Touchez-moi, regardez. » Alors que Jésus avait évité l'étreinte de Marie Madeleine, il invite ceux qui l'entourent à constater les marques laissées par les clous. L'homme qui se présente est bien le même que le cadavre descendu de la Croix. Impossible alors de douter, hier comme aujourd'hui, de sa résurrection. ■

***Bénédicte de la Croix**, cistercienne*

❊ CLÉ DE LECTURE

« À manger » Luc 24, 41 *(p. 213)*

La finale de Luc offre au lecteur attentif de véritables catéchèses eucharistiques. Un ressuscité en chair et en os ! Luc prendrait-il ici le contrepied de ce que disent Paul et les autres évangélistes : la chair et le sang vont à la corruption, alors que la résurrection est puissance de l'Esprit qui fait entrer la personne tout entière dans une vie nouvelle, échappant aux contraintes du temps et de l'espace ? Ce qui est affirmé ici avec force, c'est la présence du Ressuscité au milieu de ceux qui participent au repas du Seigneur. Lorsque ses disciples se réunissent et accueillent en son nom ceux qui viennent partager le pain avec eux, alors le Seigneur ressuscité se donne véritablement à reconnaître au milieu d'eux, en chacun des frères rassemblés. ■

***Roselyne Dupont-Roc**, bibliste*

VENDREDI 14 AVRIL 2023

TEMPS PASCAL COULEUR LITURGIQUE : BLANC

Octave de Pâques

Antienne d'ouverture

**Le Seigneur a fait sortir son peuple dans l'espérance,
et la mer a englouti leurs ennemis, alléluia.** (cf. Ps 77, 53)

Gloire à Dieu *(p. 339)*

Prière

Dieu éternel et tout-puissant, par le mystère pascal, tu as rétabli l'humanité dans ton alliance ; accorde-nous d'exprimer par nos actes la foi que nos célébrations proclament. Par Jésus… – ***Amen.***

Lecture

du livre des Actes des Apôtres (4, 1-12)

« En nul autre que lui, il n'y a de salut »

En ces jours-là, après la guérison de l'infirme, comme Pierre et Jean parlaient encore au peuple, les prêtres survinrent, avec le commandant du Temple et les sadducéens ; ils étaient excédés de les voir enseigner le peuple et annoncer, en la personne de Jésus, la résurrection d'entre les morts. Ils les firent arrêter et placer sous bonne garde jusqu'au lendemain, puisque c'était déjà le soir. Or, beaucoup de ceux qui avaient

entendu la Parole devinrent croyants ; à ne compter que les hommes, il y en avait environ cinq mille.
Le lendemain se réunirent à Jérusalem les chefs du peuple, les anciens et les scribes. Il y avait là Hanne le grand prêtre, Caïphe, Jean, Alexandre, et tous ceux qui appartenaient aux familles de grands prêtres. Ils firent amener Pierre et Jean au milieu d'eux et les questionnèrent : « Par quelle puissance, par le nom de qui, avez-vous fait cette guérison ? » Alors Pierre, rempli de l'Esprit Saint, leur déclara : « Chefs du peuple et anciens, nous sommes interrogés aujourd'hui pour avoir fait du bien à un infirme, et l'on nous demande comment cet homme a été sauvé. Sachez-le donc, vous tous, ainsi que tout le peuple d'Israël : c'est par le nom de Jésus le Nazaréen, lui que vous avez crucifié mais que Dieu a ressuscité d'entre les morts, c'est par lui que cet homme se trouve là, devant vous, bien portant. Ce Jésus est la pierre méprisée de vous, les bâtisseurs, mais devenue la pierre d'angle. En nul autre que lui, il n'y a de salut, car, sous le ciel, aucun autre nom n'est donné aux hommes, qui puisse nous sauver. »
– Parole du Seigneur.

Psaume 117 (118)

℟ ***La pierre qu'ont rejetée les bâtisseurs est devenue la pierre d'angle.***
OU ***Alléluia !***

Rendez grâce au Seigneur : Il est bon !
Éternel est son amour !
Oui, que le dise Israël :
Éternel est son amour !
Qu'ils le disent, ceux qui craignent le Seigneur :
Éternel est son amour ! ℟

La pierre qu'ont rejetée les bâtisseurs
est devenue la pierre d'angle :
c'est là l'œuvre du Seigneur,
la merveille devant nos yeux.
Voici le jour que fit le Seigneur,
qu'il soit pour nous jour de fête et de joie ! ℟

Donne, Seigneur, donne le salut !
Donne, Seigneur, donne la victoire !
Béni soit au nom du Seigneur celui qui vient !
De la maison du Seigneur,
nous vous bénissons !
Dieu, le Seigneur, nous illumine. ℟

Acclamation de l'Évangile

Alléluia. Alléluia. Voici le jour que fit le Seigneur, qu'il soit pour nous jour de fête et de joie ! ***Alléluia.***

Évangile de Jésus Christ

selon saint Jean (21, 1-14)

« Jésus s'approche ; il prend le pain et le leur donne ; et de même pour le poisson »

En ce temps-là, Jésus se manifesta encore aux disciples sur le bord de la mer de Tibériade, et voici comment. Il y avait là, ensemble, Simon-Pierre, avec Thomas, appelé Didyme (c'est-à-dire Jumeau), Nathanaël, de Cana de Galilée, les fils de Zébédée, et deux autres de ses disciples. Simon-Pierre leur dit : « Je m'en vais à la pêche. » Ils lui répondent : « Nous aussi, nous allons avec toi. » Ils partirent et montèrent dans la barque ; or, cette nuit-là, ils ne prirent rien.

Au lever du jour, Jésus se tenait sur le rivage, mais les disciples ne savaient pas que c'était lui. Jésus leur dit : « Les enfants, auriez-vous quelque

chose à manger ? » Ils lui répondirent : « Non. » Il leur dit : « Jetez le filet à droite de la barque, et vous trouverez. » Ils jetèrent donc le filet, et cette fois ils n'arrivaient pas à le tirer, tellement il y avait de poissons. Alors, le disciple que Jésus aimait dit à Pierre : « C'est le Seigneur ! » Quand Simon-Pierre entendit que c'était le Seigneur, il passa un vêtement, car il n'avait rien sur lui, et il se jeta à l'eau. Les autres disciples arrivèrent en barque, traînant le filet plein de poissons ; la terre n'était qu'à une centaine de mètres.
Une fois descendus à terre, ils aperçoivent, disposé là, un feu de braise avec du poisson posé dessus, et du pain. Jésus leur dit : « Apportez donc de ces poissons que vous venez de prendre. » Simon-Pierre remonta et tira jusqu'à terre le filet plein de gros poissons : il y en avait cent cinquante-trois. Et, malgré cette quantité, le filet ne s'était pas déchiré. Jésus leur dit alors : « Venez manger. » Aucun des disciples n'osait lui demander : « Qui es-tu ? » Ils savaient que c'était le Seigneur. Jésus s'approche ; il prend le pain et le leur donne ; et de même pour le poisson.
C'était la troisième fois que Jésus ressuscité d'entre les morts se manifestait à ses disciples.

Prière sur les offrandes

Accomplis en nous, Seigneur, dans ta bonté l'échange que nous attendons de cette offrande pascale, afin de passer des attachements terrestres au désir du ciel. Par le Christ, notre Seigneur. ***— Amen.***

1re préface de Pâques, p. 344.

Antienne de la communion

Au bord du lac, Jésus invite
ses disciples : « Venez, mangez ! »
Puis il prend le pain
et le leur donne, alléluia.
(cf. Jn 21, 12-13)

Prière après la communion

Nous t'en prions, Seigneur, ne cesse pas de protéger avec tendresse ceux que tu as sauvés : la passion de ton Fils les a rachetés, qu'ils trouvent leur joie dans sa résurrection. Lui qui…
— Amen.

INVITATION

Avec qui est-ce que je chemine dans ma vie de foi ? Et si j'écrivais un mot à cette ou ces personnes pour leur témoigner de ma joie d'avancer avec elles ?

COMMENTAIRE

Grand frère — Jean 21, 1-14

Un feu de braise sur une plage, du pain et du poisson prêts à être partagés. La fraîcheur de cette scène révèle la qualité des relations que le premier-né d'entre les morts désire entretenir avec ses disciples après sa résurrection. Elle ne l'a pas éloigné d'eux, désormais il les nomme « frères ». N'hésitons pas à nous approcher de Jésus en toute simplicité, à lui confier les joies et les peines de notre humble quotidien. C'est là une prière. ■

***Bénédicte de la Croix**, cistercienne*

SAMEDI 15 AVRIL 2023

TEMPS PASCAL COULEUR LITURGIQUE : BLANC

Octave de Pâques

Antienne d'ouverture

Le Seigneur a fait sortir en grande fête son peuple, ses élus, avec des cris de joie, alléluia ! (Ps 104, 43)

Gloire à Dieu (p. 339)

Prière

Seigneur Dieu, par l'abondance de ta grâce, tu fais grandir le peuple des croyants ; regarde avec bonté ceux que tu as choisis ; le baptême les a fait renaître : qu'ils soient revêtus de l'immortalité bienheureuse. Par Jésus… ***— Amen.***

Lecture

du livre des Actes des Apôtres (4, 13-21)

« Il nous est impossible de nous taire sur ce que nous avons vu et entendu »

En ces jours-là, les chefs du peuple, les Anciens et les scribes constataient l'assurance de Pierre et de Jean et, se rendant compte que c'était des hommes sans culture et de simples particuliers, ils étaient surpris ; d'autre part, ils reconnaissaient en eux ceux qui étaient avec Jésus. Mais comme ils voyaient, debout avec eux, l'homme qui avait été guéri, ils ne trouvaient rien à redire. Après leur avoir ordonné de quitter la salle du Conseil suprême,

ils se mirent à discuter entre eux. Ils disaient : « Qu'allons-nous faire de ces gens-là ? Il est notoire, en effet, qu'ils ont opéré un miracle*; cela fut manifeste pour tous les habitants de Jérusalem, et nous ne pouvons pas le nier. Mais pour en limiter la diffusion dans le peuple, nous allons les menacer afin qu'ils ne parlent plus à personne en ce nom-là. » Ayant rappelé Pierre et Jean, ils leur interdirent formellement de parler ou d'enseigner au nom de Jésus. Ceux-ci leur répliquèrent : « Est-il juste devant Dieu de vous écouter, plutôt que d'écouter Dieu ? À vous de juger. Quant à nous, il nous est impossible de nous taire sur ce que nous avons vu et entendu. » Après de nouvelles menaces, ils les relâchèrent, faute d'avoir trouvé le moyen de les punir : c'était à cause du peuple, car tout le monde rendait gloire à Dieu pour ce qui était arrivé.
– Parole du Seigneur.

Psaume 117 (118)

℟ ***Seigneur, je te rends grâce, car tu m'as exaucé.***
ou ***Alléluia !***

Rendez grâce au Seigneur : Il est bon !
Éternel est son amour !
Ma force et mon chant, c'est le Seigneur ;
il est pour moi le salut.
Clameurs de joie et de victoire
sous les tentes des justes : ℟

« Le bras du Seigneur se lève,
le bras du Seigneur est fort ! »
Non, je ne mourrai pas, je vivrai
pour annoncer les actions du Seigneur :
il m'a frappé, le Seigneur, il m'a frappé,
mais sans me livrer à la mort. ℟

Ouvrez-moi les portes de justice :
j'entrerai, je rendrai grâce au Seigneur.
« C'est ici la porte du Seigneur :
qu'ils entrent, les justes ! »
Je te rends grâce car tu m'as exaucé :
tu es pour moi le salut. ℟

Acclamation de l'Évangile

Alléluia. Alléluia. Voici le jour que fit le Seigneur, qu'il soit pour nous jour de fête et de joie ! ***Alléluia.***

Évangile de Jésus Christ

selon saint Marc (16, 9-15)

« Allez dans le monde entier. Proclamez l'Évangile »

Ressuscité le matin, le premier jour de la semaine, Jésus apparut d'abord à Marie Madeleine, de laquelle il avait expulsé sept démons. Celle-ci partit annoncer la nouvelle à ceux qui, ayant vécu avec lui, s'affligeaient et pleuraient. Quand ils entendirent que Jésus était vivant et qu'elle l'avait vu, ils refusèrent de croire. Après cela, il se manifesta sous un autre aspect à deux d'entre eux qui étaient en chemin pour aller à la campagne. Ceux-ci revinrent l'annoncer aux autres, qui ne les crurent pas non plus. Enfin, il se manifesta aux Onze eux-mêmes pendant qu'ils étaient à table : il leur reprocha leur manque de foi et la dureté de leurs cœurs parce qu'ils n'avaient pas cru ceux qui l'avaient contemplé ressuscité. Puis il leur dit : « Allez dans le monde entier. Proclamez l'Évangile à toute la création. »

SAMEDI 15 AVRIL 2023

Prière sur les offrandes

Donne-nous, Seigneur, nous t'en prions, de toujours te rendre grâce par ces mystères de Pâques ; qu'ils continuent l'œuvre de notre relèvement et deviennent pour nous une source intarissable de joie. Par le Christ, notre Seigneur. – ***Amen.***

1re préface de Pâques, p. 344.

Antienne de la communion

Vous tous que le baptême
a unis au Christ,
vous avez revêtu le Christ,
alléluia. (Ga 3, 27)

Prière après la communion

Regarde avec bonté, Seigneur, nous t'en prions, le peuple que tu as rénové par tes sacrements ; accorde-nous de parvenir à la vie incorruptible lorsque notre chair ressuscitera dans la gloire. Par le Christ, notre Seigneur. – ***Amen.***

INVITATION

À qui et comment puis-je annoncer l'Évangile ? Je peux noter trois idées concrètes et simples à mettre en œuvre d'ici la Pentecôte.

COMMENTAIRE

Avis de grand vent

Marc 16, 9-15

Elle court, la Bonne Nouvelle de la Résurrection. Elle embrasse les cœurs des marcheurs, de ceux qui échappent à l'enfermement malgré la douleur et osent partager leur folle expérience. Sorti vif du tombeau, Jésus est à l'étroit dans les murs où se barricadent ses disciples auxquels il reproche « leur manque de foi ». La Résurrection, une annonce de plein vent ! « Allez dans le monde entier. Proclamez l'Évangile à toute la création. » ■

***Bénédicte de la Croix**, cistercienne*

✻ CLÉ DE LECTURE

« Un miracle »

Actes 4, 16 *(p. 222)*

On pourrait intituler cet épisode : des paroles ou des actes ? Par la menace ou la prison, les autorités du Temple tentent de faire taire les Apôtres, car les discours de ces illettrés entraînent les foules. Mais ils butent sur les faits : ils ont agi, ils ont relevé l'infirme. Un « miracle » ? Le grec, plus précis, parle d'un « signe ». C'est ainsi que Pierre avait présenté Jésus comme « cet homme accrédité par Dieu par des actes de puissance, des prodiges et des signes » (cf. Ac 2, 22). À sa suite, les disciples sont animés de la puissance de l'Esprit. On peut les faire taire ou dénigrer leurs paroles, c'est par leurs actes que les croyants donnent à tous des signes visibles de leur foi : par le geste simple de relever le malheureux, le souffrant, l'abandonné. ■

***Roselyne Dupont-Roc**, bibliste*

DIMANCHE 16 AVRIL 2023

DIMANCHE DE LA DIVINE MISÉRICORDE

ANNÉE A – COULEUR LITURGIQUE : BLANC

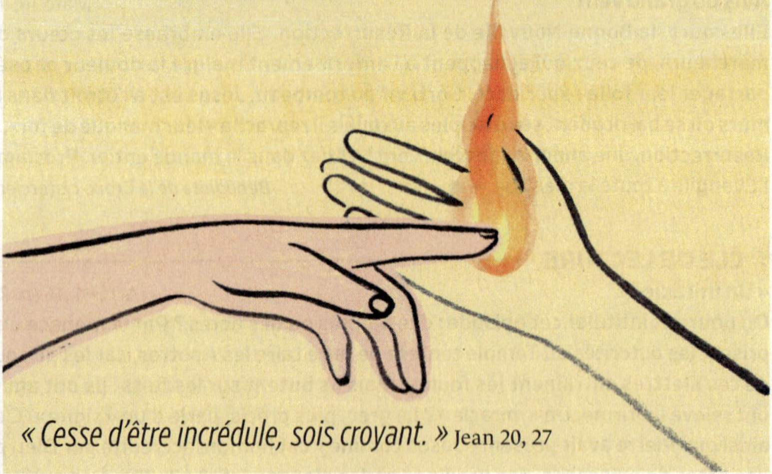

« Cesse d'être incrédule, sois croyant. » Jean 20, 27

© Marion Duval

« À qui vous remettrez vos péchés, ils seront remis. » Huit jours après Pâques, nous voilà invités à nous laisser toucher par l'infinie miséricorde du Seigneur à notre égard. À tous les hommes, le Christ vient transmettre sa paix. Même à Thomas, l'incrédule, auquel le Ressuscité montre ses plaies. Comblés de l'amour divin, exclamons-nous à la suite de Thomas, notre jumeau : « Mon Seigneur et mon Dieu ! »

RITES INITIAUX

Chant d'entrée *(Suggestions p. 367)*
OU ***Antienne d'ouverture***
Comme des enfants nouveau-nés, soyez avides du lait pur de la Parole, qui vous fera grandir pour arriver au salut, alléluia. (1 P 2, 2)
OU
Accueillez la joie de la gloire qui vous est donnée,
rendez grâce à Dieu qui vous a appelés au royaume des Cieux,
alléluia. (4 Esd 2, 36-37)

Suggestion de préparation pénitentielle *(ou p. 336)*
Par sa parole et par ses œuvres, le Christ est le témoin privilégié de la tendresse débordante du Père pour toute l'humanité. En ce dimanche de la Miséricorde, tournons-nous vers le Seigneur et reconnaissons notre péché.

Seigneur Jésus, pierre rejetée des bâtisseurs, pierre devenue pierre d'angle : Kyrie, eleison. ***– Kyrie, eleison.***

Ô Christ, toi le Ressuscité d'entre les morts, tu nous fais renaître à une vivante espérance : Christe, eleison. ***– Christe, eleison.***

Seigneur, toi qui souffles ta paix sur tes disciples, tu les invites à croire sans avoir vu : Kyrie, eleison. ***– Kyrie, eleison.***

Que Dieu tout-puissant nous fasse miséricorde ; qu'il nous pardonne nos péchés et nous conduise à la vie éternelle. ***– Amen.***

Gloire à Dieu *(p. 339)*

Prière

Dieu d'éternelle miséricorde, chaque année, par les célébrations pascales, tu ranimes la foi du peuple qui t'est consacré : fais grandir le don de ta grâce, afin que tous comprennent vraiment quel baptême les a purifiés, quel Esprit les a fait renaître, et quel sang les a rachetés. Par Jésus… — ***Amen.***

LITURGIE DE LA PAROLE

Lecture du livre des Actes des Apôtres (2, 42-47)

« Tous les croyants vivaient ensemble, et ils avaient tout en commun »

Les frères étaient assidus à l'enseignement des Apôtres et à la communion fraternelle, à la fraction du pain et aux prières. La crainte de Dieu était dans tous les cœurs à la vue des nombreux prodiges et signes accomplis par les Apôtres. Tous les croyants vivaient ensemble, et ils avaient tout en commun ; ils vendaient leurs biens et leurs possessions, et ils en partageaient le produit entre tous en fonction des besoins de chacun. Chaque jour, d'un même cœur, ils fréquentaient assidûment le Temple, ils rompaient le pain dans les maisons, ils prenaient leurs repas avec allégresse et simplicité de cœur ; ils louaient Dieu et avaient la faveur du peuple tout entier. Chaque jour, le Seigneur leur adjoignait ceux qui allaient être sauvés. – Parole du Seigneur.

Psaume 117 (118)

℟ ***Rendez grâce au Seigneur : Il est bon ! Éternel est son amour !***
OU ***Alléluia !***

T. : AELF ; M. : J.-P. Lécot ; Éd. : ADF.

Oui, que le dise Israël :
Éternel est son amour !
Que le dise la maison d'Aaron :
Éternel est son amour !
Qu'ils le disent, ceux qui craignent le Seigneur :
Éternel est son amour ! ℟

On m'a poussé, bousculé pour m'abattre ;
mais le Seigneur m'a défendu.
Ma force et mon chant, c'est le Seigneur ;
il est pour moi le salut.
Clameurs de joie et de victoire
sous les tentes des justes. ℟

Retrouvez ce psaume sur le CD "Les psaumes de l'annee A"

℟ ***Rendez grâce au Seigneur : Il est bon ! Éternel est son amour !***
OU ***Alléluia !***

La pierre qu'ont rejetée les bâtisseurs
est devenue la pierre d'angle :
c'est là l'œuvre du Seigneur,
la merveille devant nos yeux.
Voici le jour que fit le Seigneur,
qu'il soit pour nous jour de fête et de joie ! ℟

Lecture de la première lettre de saint Pierre apôtre (1, 3-9)

« Il nous a fait renaître pour une vivante espérance grâce à la résurrection de Jésus Christ d'entre les morts »

Béni soit Dieu, le Père de notre Seigneur Jésus Christ : dans sa grande miséricorde, il nous a fait renaître pour une vivante espérance grâce à la résurrection de Jésus Christ d'entre les morts, pour un héritage qui ne connaîtra ni corruption, ni souillure, ni flétrissure. Cet héritage vous est réservé dans les cieux, à vous que la puissance de Dieu garde par la foi, pour un salut prêt à se révéler dans les derniers temps. Aussi vous exultez de joie, même s'il faut que vous soyez affligés, pour un peu de temps encore, par toutes sortes d'épreuves ; elles vérifieront la valeur de votre foi qui a bien plus de prix que l'or – cet or voué à disparaître et pourtant vérifié par le feu –, afin que votre foi reçoive louange, gloire et honneur quand se révélera Jésus Christ. Lui, vous l'aimez sans l'avoir vu ; en

lui, sans le voir encore, vous mettez votre foi, vous exultez d'une joie inexprimable et remplie de gloire, car vous allez obtenir le salut des âmes qui est l'aboutissement de votre foi.
– Parole du Seigneur.

Acclamation de l'Évangile

Alléluia. Alléluia. Thomas, parce que tu m'as vu, tu crois, dit le Seigneur. Heureux ceux qui croient sans avoir vu ! ***Alléluia.***

IU 56-65 ; M. : P. Robert ; Bayard Liturgie.

Évangile de Jésus Christ selon saint Jean (20, 19-31)

« Huit jours plus tard, Jésus vient »

C'était après la mort de Jésus. Le soir venu, en ce premier jour de la semaine, alors que les portes du lieu où se trouvaient les disciples étaient verrouillées par crainte des Juifs, Jésus vint, et

il était là au milieu d'eux. Il leur dit : « La paix soit avec vous ! » Après cette parole, il leur montra ses mains et son côté. Les disciples furent remplis de joie en voyant le Seigneur. Jésus leur dit de nouveau : « La paix soit avec vous ! De même que le Père m'a envoyé, moi aussi, je vous envoie. » Ayant ainsi parlé, il souffla sur eux et il leur dit : « Recevez l'Esprit Saint. À qui vous remettrez ses péchés, ils seront remis ; à qui vous maintiendrez ses péchés, ils seront maintenus. »
Or, l'un des Douze, Thomas, appelé Didyme (c'est-à-dire Jumeau), n'était pas avec eux quand Jésus était venu. Les autres disciples lui disaient : « Nous avons vu le Seigneur ! » Mais il leur déclara : « Si je ne vois pas dans ses mains la marque des clous, si je ne mets pas mon doigt dans la marque des clous, si je ne mets pas la main dans son côté, non, je ne croirai pas ! »
Huit jours plus tard, les disciples se trouvaient de nouveau dans la maison, et Thomas était avec eux. Jésus vient, alors que les portes étaient verrouillées, et il était là au milieu d'eux. Il dit : « La paix soit avec vous ! » Puis il dit à Thomas : « Avance ton doigt ici, et vois mes mains ; avance ta main, et mets-la dans mon côté : cesse d'être incrédule, sois croyant. » Alors Thomas lui dit : « Mon Seigneur et mon Dieu ! » Jésus lui dit : « Parce que tu m'as vu, tu crois. Heureux ceux qui croient sans avoir vu. »
Il y a encore beaucoup d'autres signes que Jésus a faits en présence des disciples et qui ne sont pas écrits dans ce livre. Mais ceux-là ont

été écrits pour que vous croyiez que Jésus est le Christ, le Fils de Dieu, et pour qu'en croyant, vous ayez la vie en son nom.

Homélie

Profession de foi *(p. 340)*

Suggestion de prière universelle

Le prêtre :

En ce dimanche de la Miséricorde, confions à Dieu notre Père tous les habitants de la terre.

℟ ***Dans ta miséricorde, Seigneur, écoute-nous.***

M. : J.-M. Morin; Éd. de l'Emmanuel.

Le diacre ou un lecteur :

« Heureux ceux qui croient sans avoir vu. » Voici une semaine, de nombreux hommes et femmes ont revêtu le vêtement blanc du baptême. Confions-les à la miséricorde du Père. Que leur lumineux témoignage rejoigne ceux qui, tel Thomas, peinent à croire sans voir. Ensemble, prions. ℟

« La paix soit avec vous. » En ce mois d'avril, le pape François nous invite à prier avec toute l'Église pour une culture de la non-violence. Associons-nous à cette prière. Que les États et les citoyens recourent de moins en moins aux armes et soient des témoins de la paix. Ensemble, prions. ℟

« Mets ta main dans mon côté. » Beaucoup d'hommes et de femmes ont été blessés par des attitudes indécentes émanant de membres de l'Église. Confions ces êtres brisés au Seigneur. Qu'ils croisent, sur leur chemin, d'authentiques témoins de compassion. Ensemble, prions. ℟

« Afin que vous ayez la vie en son nom. » Une communauté chrétienne est comme une famille, dans laquelle se partagent les peines et les joies des uns et des autres. Confions-nous au Seigneur. Que, dans notre communauté rassemblée, abondent la vie, le bonheur, l'écoute et la fraternité. Ensemble, prions. ℟

(Ces intentions seront adaptées ou modifiées selon les circonstances.)

Le prêtre :

Seigneur Dieu, Père de tendresse et de miséricorde, veille sur ton peuple, viens exaucer toutes ses prières. Nous te le demandons, par le Christ, notre Seigneur. ***— Amen.***

LITURGIE EUCHARISTIQUE

Prière sur les offrandes

Accueille, nous t'en prions, Seigneur, les offrandes de ton peuple, et, en particulier, de ceux que tu as fait renaître ; ils ont été renouvelés en confessant ton nom et en recevant le baptême : accorde-leur de parvenir au bonheur sans fin. Par le Christ, notre Seigneur.
– Amen.

Prière eucharistique *(1re préface de Pâques, p. 344)*

Chant de communion *(Suggestions p. 367)*

OU

Antienne de la communion

Jésus dit à Thomas :
« Avance ta main, touche du doigt l'endroit des clous ;
cesse d'être incrédule, sois croyant », alléluia.
(cf. Jn 20, 27)

Prière après la communion

Nous t'en prions, Dieu tout-puissant : que le mystère pascal accueilli dans cette communion ne cesse jamais d'agir en nos cœurs. Par le Christ, notre Seigneur. ***– Amen.***

RITE DE CONCLUSION

Bénédiction solennelle

En ressuscitant son Fils unique, Dieu vous a accordé le bienfait de la rédemption, il a fait de vous ses enfants : qu'il vous donne la joie de sa bénédiction.

— Amen.

Du Rédempteur, vous avez reçu d'être libres à jamais : qu'il vous accorde aussi d'avoir part à l'héritage éternel.

— Amen.

Par la foi au Christ, dans le baptême vous êtes déjà ressuscités ; par la droiture de votre vie présente, puissiez-vous mériter de lui être unis dans la patrie du ciel.

— Amen.

Et que la bénédiction de Dieu tout-puissant, le Père, et le Fils, ✠ et le Saint-Esprit, descende sur vous et y demeure toujours.

— Amen.

Envoi

Le diacre ou le prêtre dit :

Allez, dans la paix du Christ, alléluia, alléluia.

— Nous rendons grâce à Dieu, alléluia, alléluia.

COMMENTAIRE DU DIMANCHE

Emmanuel Schwab, curé de la paroisse Saint-Léon, Paris (XVe)

Heureuse béatitude

« Jésus Christ [...], vous l'aimez sans l'avoir vu ; en lui, sans le voir encore, vous mettez votre foi, vous exultez d'une joie inexprimable et remplie de gloire, car vous allez obtenir le salut des âmes qui est l'aboutissement de votre foi. » Cette parole de l'apôtre Pierre dans la deuxième lecture nous remplit de gratitude envers l'apôtre Thomas. Lui a voulu toucher le Christ ressuscité et voir ses plaies pour que nous puissions, 2 000 ans plus tard, mettre nous aussi notre foi en Jésus mort et ressuscité, et laisser ainsi la joie de la Résurrection entrer dans nos vies. « Parce que tu m'as vu, tu crois. Heureux ceux qui croient sans avoir vu. » Bienheureux Thomas qui nous a valu une telle béatitude !

« La foi est un don de Dieu, une vertu surnaturelle infuse •••

••• par lui. [...] Dans la foi, l'intelligence et la volonté humaines coopèrent avec la grâce divine. » *(Catéchisme de l'Église catholique* 153 et 155). Que nous puissions ainsi mettre notre foi en Jésus et adhérer à sa personne par notre amour en le suivant, lui, en observant ses commandements, tout cela est un don de Dieu qui doit susciter en nous reconnaissance et gratitude. Mais notre foi est aussi, et autant, un acte de notre volonté libre et de notre intelligence. Un acte qui doit susciter notre travail pour comprendre celui que nous croyons et ce que nous croyons. Un acte qui est la mise en œuvre de cette grâce de Dieu qu'est le don de la foi.

Comment est-ce que je vis et j'exprime à Dieu
ma reconnaissance et ma gratitude pour le don de la foi ?
Mon propre acte de foi, est-ce que je le stimule ?
De quelle façon ? Dans quelles circonstances ?
Et mon intelligence de la foi, comment la nourrir ? ■

Prions en Église junior

LIRE L'ÉVANGILE AVEC LES ENFANTS

CE QUE JE DÉCOUVRE

Les amis de Jésus sont paralysés par la peur. Va-t-on les arrêter et les tuer, eux aussi ? Jésus ressuscité vient les saluer : « La paix soit avec vous ! » **Donner sa paix est le plus beau cadeau que Jésus puisse faire à ses disciples.** Cette paix du Christ vient de l'Esprit Saint. Elle nous est donnée à la messe ou quand nous prions. Elle nous envoie dire à ceux qui nous entourent que le Christ a vaincu la mort. Crois en Jésus et sois vivant !

CE QUE JE VIS

As-tu déjà eu peur ? À quels moments ?
Qui a su te rassurer ?
Comment peux-tu partager la paix de Jésus ?
Dans ta chambre, prie devant une image de Jésus et dis-lui : « Mon Seigneur et mon Dieu ! »

Texte : Cédric Kuntz. Illustrations : Marcelino Truong

MÉDITATION BIBLIQUE

DIMANCHE DE LA DIVINE MISÉRICORDE

Actes des Apôtres 2, 42-47

L'Église née de la Pâque du Christ

Le livre des Actes des Apôtres nous donne à méditer sur les fondamentaux de l'Église naissante, comme un retour à l'essentiel de notre identité croyante.

Le temps de la préparation

« Qu'ils le disent, ceux qui craignent le Seigneur : éternel est son amour ! » (Ps 117, 4)

Le temps de l'observation

Luc situe son propos aux premiers jours de l'Église. Ce qui caractérise les « frères », terme qui n'a rien de neutre, est d'abord la fidélité « à écouter l'enseignement des Apôtres ». Nous retrouvons ce primat de l'écoute de ce qui deviendra le Nouveau Testament, nourri de l'Ancien écouté lors de la participation à la liturgie du Temple. Rien d'étonnant, sachant que les Actes nous présentent la course de la Parole et sa victoire malgré tous les obstacles qu'elle peut rencontrer. Ainsi dans les Actes est-il question de sa fécondité et de sa multiplication (Ac 6, 7 ; 12, 24) ou encore de sa propagation (13, 49). Une approche faisant écho à l'évangile de Luc qui nous présente un Christ « exégète » : au début de son ministère public, à la synagogue de Nazareth où il explique et actualise un passage d'Isaïe (Lc 4, 16-22) ; après sa résurrection, sur la route d'Emmaüs où il ouvre ses disciples à l'intelligence du mystère pascal à partir des Écritures (Lc 24, 25-27).

Le temps de la méditation

N'est-ce pas dans cette écoute de la Parole qu'il faut chercher la cohésion de la communauté, sa fidélité à la fraction du pain (l'eucharistie), à la prière, à la louange, au partage dans l'allégresse et la simplicité, à la mise en commun des biens, à l'ouverture au monde ? Une parole efficace qui « ne reviendra pas [à Dieu] sans résultat [...], sans avoir accompli sa mission » (Is 55, 11), et qui permet à chacun de donner à son existence toute sa cohérence et sa beauté. N'est-ce pas elle qui nous permet aussi de vivre nos célébrations dominicales et de leur donner sens en les référant à la vie de Jésus ? En ce temps de l'Église initié par la résurrection du Christ, n'est-ce pas par sa Parole qu'il se rend présent, nous accompagne, nous donne de reconnaître les fruits de sa Pâque dans notre quotidien ? Si Luc renvoie ici une image idéalisée de la communauté chrétienne, il nous propose plus encore un horizon vers lequel nous acheminer.

Le temps de la prière

**« Ma force et mon chant,
c'est le Seigneur ; il est pour moi
le salut. » (Ps 117, 14)** ■

Emmanuelle Billoteau, ermite

LE SAINT DU MOIS

19 AVRIL : SAINT LÉON IX (1002-1054)

Léon IX, le réformateur

Au cours de sa longue histoire, l'Église a connu des périodes de désordres qui l'ont contrainte à se réformer en profondeur, afin de recouvrer sa dignité d' « Épouse du Christ ». La première moitié du XIe siècle fut l'une de ces périodes troublées : la simonie (commerce des choses sacrées) et le nicolaïsme (concubinage des clercs) étaient fort répandus. Bruno d'Eguisheim (futur pape Léon IX) en fit le triste constat lorsqu'il fut désigné évêque de Toul (Lorraine) en 1027. Pendant vingt ans, cet Alsacien pieux et consciencieux s'attacha à remettre de l'ordre dans son diocèse, allant jusqu'à déposer des abbés immoraux. Cette fermeté s'accompagnait d'un réel esprit de charité qui se manifesta lors de plusieurs épidémies. Devenu pape en 1049, Bruno prit le nom de Léon IX, en hommage à saint Léon Ier qui avait dirigé l'Église à une autre période délicate. Avec l'aide d'hommes de valeur, le nouveau souverain pontife étendit à l'Église entière la réforme spirituelle et morale qu'il avait menée à Toul. Il innova en voyageant dans toute la chrétienté, afin d'expliquer ses décisions, et convoqua une dizaine de synodes. Hélas, son pontificat s'acheva sombrement : en juin 1053, le pape fut fait prisonnier à Foggia (Italie) par des mercenaires. Dans le même temps, les relations avec l'Église d'Orient se dégradèrent. Depuis sa captivité, Léon IX envoya une mission à Constantinople qui n'obtint pas la réconciliation espérée. Pis encore, en juillet 1054, les deux parties s'excommunièrent mutuellement, déclenchant le funeste schisme entre catholiques et orthodoxes.

Le pape Léon IX avait été rappelé à Dieu trois mois plus tôt, choqué et épuisé par sa détention. Cet homme intègre est considéré comme le précurseur de la réforme de purification de l'Église que son conseiller Hildebrand (futur pape saint Grégoire VII) allait amplifier vingt ans plus tard et qui allait prendre le nom de « réforme grégorienne ». ■

Xavier Lecœur, journaliste et historien

© Gaëtan Évrard

UN SAINT POUR AUJOURD'HUI

En ce début de XXIe siècle où notre Église traverse à nouveau de sérieuses tempêtes, le témoignage de saint Léon IX nous exhorte à prier pour elle et à garder l'espérance. Il nous incite aussi, là où nous sommes et chacun selon ses moyens, à nous faire les humbles artisans d'un renouveau.

LUNDI 17 AVRIL 2023

2E SEMAINE DE PÂQUES COULEUR LITURGIQUE : BLANC

Temps pascal, *messe de la férie*

Antienne d'ouverture

Ressuscité d'entre les morts, le Christ ne meurt plus ; sur lui, la mort n'a plus de pouvoir, alléluia. (Rm 6, 9)

Prière

Nous t'en prions, Dieu tout-puissant : renouvelés et guéris par ta Pâque, nous sommes affranchis de la ressemblance avec notre premier parent, issu de la terre ; transforme-nous à l'image du créateur, qui est aux cieux. Par Jésus… ***– Amen.***

Lecture

du livre des Actes des Apôtres (4, 23-31)

« Quand ils eurent fini de prier, ils furent tous remplis du Saint-Esprit et ils disaient la parole de Dieu avec assurance »

En ces jours-là, lorsque Pierre et Jean eurent été relâchés, ils se rendirent auprès des leurs et rapportèrent tout ce que les grands prêtres et les anciens leur avaient dit. Après avoir écouté, tous, d'un même cœur, élevèrent leur voix vers Dieu en disant : « Maître, toi, tu as fait le ciel et la terre et la mer et tout ce qu'ils renferment. Par l'Esprit Saint, tu as mis dans la bouche de notre père David, ton serviteur, les paroles que voici : ***Pourquoi ce tumulte des nations, ce vain murmure des peuples ? Les rois***

de la terre se sont dressés, les chefs se sont ligués entre eux contre le Seigneur et contre son Christ? Et c'est vrai : dans cette ville, Hérode et Ponce Pilate, avec les nations et le peuple d'Israël, se sont ligués contre Jésus, ton Saint, ton Serviteur, le Christ à qui tu as donné l'onction ; ils ont fait tout ce que tu avais décidé d'avance* dans ta puissance et selon ton dessein. Et maintenant, Seigneur, sois attentif à leurs menaces : donne à ceux qui te servent de dire ta parole avec une totale assurance. Étends donc ta main pour que se produisent guérisons, signes et prodiges, par le nom de Jésus, ton Saint, ton Serviteur. » Quand ils eurent fini de prier, le lieu où ils étaient réunis se mit à trembler, ils furent tous remplis du Saint-Esprit et ils disaient la parole de Dieu avec assurance. – Parole du Seigneur.

Psaume 2

℟ ***Heureux qui trouve en Dieu son refuge !***
OU ***Alléluia !***

Pourquoi ce tumulte des nations,
ce vain murmure des peuples ?
Les rois de la terre se dressent,
les grands se liguent entre eux
contre le Seigneur et son messie :
« Faisons sauter nos chaînes,
rejetons ces entraves ! » ℟

Celui qui règne dans les cieux
s'en amuse,
le Seigneur les tourne en dérision ;
puis il leur parle avec fureur
et sa colère les épouvante :
« Moi, j'ai sacré mon roi
sur Sion, ma sainte montagne. » ℟

Il m'a dit : « Tu es mon fils ;
moi, aujourd'hui, je t'ai engendré.
Demande, et je te donne en héritage les nations,
pour domaine la terre tout entière.
Tu les détruiras de ton sceptre de fer,
tu les briseras comme un vase de potier. » ℟

Acclamation de l'Évangile

Alléluia. Alléluia. Si vous êtes ressuscités avec le Christ, recherchez les réalités d'en haut : c'est là qu'est le Christ, assis à la droite de Dieu. ***Alléluia.***

Évangile de Jésus Christ

selon saint Jean (3, 1-8)

« Personne, à moins de naître de l'eau et de l'Esprit, ne peut entrer dans le royaume de Dieu »

Il y avait un homme, un pharisien nommé Nicodème ; c'était un notable parmi les Juifs. Il vint trouver Jésus pendant la nuit. Il lui dit : « Rabbi, nous le savons, c'est de la part de Dieu que tu es venu comme un maître qui enseigne, car personne ne peut accomplir les signes que toi, tu accomplis, si Dieu n'est pas avec lui. » Jésus lui répondit : « Amen, amen, je te le dis : à moins de naître d'en haut, on ne peut voir le royaume de Dieu. » Nicodème lui répliqua : « Comment un homme peut-il naître quand il est vieux ? Peut-il entrer une deuxième fois dans le sein de sa mère et renaître ? » Jésus répondit : « Amen, amen, je te le dis : personne, à moins de naître de l'eau et de l'Esprit, ne peut entrer dans le royaume de Dieu. Ce qui est né de la chair est chair ; ce qui est né de l'Esprit est esprit. Ne sois pas étonné si je t'ai dit : il vous faut naître d'en haut. Le vent souffle où il veut : tu entends sa voix, mais tu ne sais ni d'où il vient ni où il va. Il en est ainsi pour qui est né du souffle de l'Esprit. »

Prière sur les offrandes

Accueille, nous t'en prions, Seigneur, les dons de ton Église en fête ; tu es pour elle à l'origine d'un si grand bonheur : qu'il s'épanouisse en joie éternelle. Par le Christ, notre Seigneur. **— *Amen.***

Préface de Pâques, p. 344.

Antienne de la communion

Jésus, debout au milieu
de ses disciples, leur dit :
« La paix soit avec vous »,
alléluia. (Jn 20, 19)

Prière après la communion

Regarde avec bonté, Seigneur, nous t'en prions, le peuple que tu as rénové par tes sacrements ; accorde-nous de parvenir à la vie incorruptible lorsque notre chair ressuscitera dans la gloire. Par le Christ, notre Seigneur. **— *Amen.***

INVITATION

Y a-t-il une image du Ressuscité que je pourrais offrir à un enfant de mon entourage ?

COMMENTAIRE

Le visiteur de la nuit

Jean 3, 1-8

Nicodème vient, de nuit, trouver Jésus. L'image de cette nuit est riche de sens : ce notable a peur du regard des autres ; il a des doutes profonds quant à sa foi. Mais il avance vers le Maître. N'oublions pas qu'au moment de la Croix, c'est ce même Nicodème qui sortira au grand jour pour recueillir le corps de Jésus. Comme lui, sortons de nos nuits existentielles et avançons vers Jésus qui surplombe l'abîme de nos ténèbres pour nous donner la lumière. ■

***Pierre Tran Khac Tram**, prêtre assomptionniste*

✻ CLÉ DE LECTURE

« Décidé d'avance »

Actes 4, 28 *(p. 245)*

N'allons pas trop vite comprendre ce dessein de Dieu en termes de « prédestination » ! Dieu a créé l'être humain à son image, libre de répondre ou non à la bénédiction offerte. Et Jésus a mené sa vie librement, d'un bout à l'autre. Mais Luc relit toute l'Écriture à la lumière de la mort et de la vie de Jésus, et il y trouve les promesses, les attentes et les figures qui permettent de comprendre l'événement inouï de sa résurrection. Dès lors, à l'aide du verbe « décider d'avance » (« pro-horizô »), l'Écriture s'éclaire sous l'horizon du dessein de Dieu : une visée de bonheur, un horizon que Dieu a d'emblée confié à son peuple et, enfin, à Jésus son Fils, dont la vie tout entière est venue répondre librement à ce dessein. ■

***Roselyne Dupont-Roc**, bibliste*

MARDI 18 AVRIL 2023

2E SEMAINE DE PÂQUES COULEUR LITURGIQUE : BLANC

Temps pascal, *messe de la férie*

Antienne d'ouverture

Soyons dans la joie, exultons,
et rendons gloire à Dieu !
Il règne, le Seigneur notre Dieu,
le Souverain de l'univers, alléluia.
(Ap 19, 7. 6)

Prière

Dieu fort, nous t'en prions, fais-nous proclamer la puissance déployée dans la résurrection du Seigneur ; nous avons reçu les prémices de sa grâce : rends-nous capables d'en saisir la plénitude. Par Jésus… **— *Amen.***

16 - 22

Lecture

du livre des Actes des Apôtres (4, 32-37)

« Un seul cœur et une seule âme »

La multitude de ceux qui étaient devenus croyants avait un seul cœur et une seule âme ; et personne ne disait que ses biens lui appartenaient en propre, mais ils avaient tout en commun. C'est avec une grande puissance que les Apôtres rendaient témoignage de la résurrection du Seigneur Jésus, et une grâce abondante reposait sur eux tous. Aucun d'entre eux n'était dans l'indigence, car tous ceux qui étaient propriétaires de domaines ou de maisons les vendaient, et ils apportaient le montant de la vente pour le déposer aux pieds des Apôtres ; puis on le distribuait en fonction des besoins de chacun.

Il y avait un lévite originaire de Chypre, Joseph, surnommé Barnabé par les Apôtres, ce qui se traduit : « homme du réconfort ». Il vendit un champ qu'il possédait et en apporta l'argent qu'il déposa aux pieds des Apôtres. – Parole du Seigneur.

Psaume 92 (93)

℟ ***Le Seigneur est roi ; il s'est vêtu de magnificence.***

OU

Alléluia !

Le Seigneur est roi ;
il s'est vêtu de magnificence,
le Seigneur a revêtu sa force. ℟

Et la terre tient bon, inébranlable ;
dès l'origine ton trône tient bon,
depuis toujours, tu es. ℟

Tes volontés sont vraiment immuables :
la sainteté emplit ta maison,
Seigneur, pour la suite des temps. ℟

Acclamation de l'Évangile

Alléluia. Alléluia. Il faut que le Fils de l'homme soit élevé, afin qu'en lui tout croyant ait la vie éternelle. ***Alléluia.***

Évangile de Jésus Christ

selon saint Jean (3, 7b-15)

« Nul n'est monté au ciel sinon celui qui est descendu du ciel, le Fils de l'homme »

En ce temps-là, Jésus disait à Nicodème : « Il vous faut naître d'en haut. Le vent souffle où il veut : tu entends sa voix, mais tu ne sais ni d'où il vient ni où il va. Il en est ainsi pour qui est né du souffle de l'Esprit. » Nicodème reprit : « Comment cela peut-il se faire ? » Jésus lui répondit : « Tu es un maître qui enseigne Israël et tu ne connais pas ces choses-là ? Amen, amen, je te le dis : nous parlons de ce que nous savons, nous témoignons de ce que nous avons vu, et vous ne recevez pas notre témoignage. Si vous ne croyez pas lorsque je vous parle des choses de la terre, comment croirez-vous quand je vous parlerai des choses du ciel ? Car nul n'est monté au ciel sinon celui qui est descendu du ciel, le Fils de l'homme. De même que le serpent de bronze fut élevé par Moïse dans le désert, ainsi faut-il que le Fils de l'homme soit élevé, afin qu'en lui tout homme qui croit ait la vie éternelle. »

Prière sur les offrandes

Donne-nous, Seigneur, nous t'en prions, de toujours te rendre grâce par ces mystères de Pâques ; qu'ils continuent l'œuvre de notre relèvement et deviennent pour nous une source intarissable de joie. Par le Christ, notre Seigneur. — ***Amen.***

Préface de Pâques, p. 344.

Antienne de la communion

Il fallait que le Christ connaisse la souffrance et ressuscite d'entre les morts pour entrer dans sa gloire, alléluia.

(cf. Lc 24, 46. 26)

Prière après la communion

Écoute nos prières, Seigneur : que cet échange très saint où l'homme est racheté nous soutienne durant la vie présente et nous procure les joies éternelles. Par le Christ, notre Seigneur.

— *Amen.*

INVITATION

Le pape François nous invite, ce mois-ci, à prier pour une plus grande diffusion d'une culture de la non-violence. Je peux m'associer à cette prière.

COMMENTAIRE

Renaissance perpétuelle

Jean 3, 7b-15

L'évangile du jour nous rappelle la nouvelle naissance que le Christ nous a offerte par son don total : il faut que le Fils de l'homme soit élevé, afin que celui qui croit ait, en lui, la vie éternelle. Jésus invite chacun de nous à renaître. Il s'agit d'une naissance qui est le souffle de l'Esprit et qui se renouvelle chaque jour : « Si nous vivons par l'Esprit, marchons aussi sous l'impulsion de l'Esprit » (cf. Ga 5, 25). ■

Pierre Tran Khac Tram, prêtre assomptionniste

MERCREDI 19 AVRIL 2023

2E SEMAINE DE PÂQUES COULEUR LITURGIQUE : BLANC

Temps pascal, *messe de la férie*

Antienne d'ouverture

Je te rendrai grâce parmi les peuples, Seigneur ;
je proclamerai ton nom devant mes frères, alléluia. (cf. Ps 17, 50 ; 21, 23)

Prière

Chaque année, Seigneur, tu nous fais revivre le mystère pascal où la nature humaine, renouvelée dans sa dignité originelle, reçoit l'espérance de la résurrection ; nous implorons humblement ta bonté : donne-nous de toujours accueillir avec amour ce que nous célébrons dans la foi. Par Jésus… ***— Amen.***

16 - 22

Lecture

du livre des Actes des Apôtres (5, 17-26)

« Les hommes que vous aviez mis en prison, voilà qu'ils se tiennent dans le Temple et enseignent le peuple ! »

En ces jours-là, intervint le grand prêtre, ainsi que tout son entourage, c'est-à-dire le groupe des sadducéens, qui étaient remplis d'une ardeur jalouse pour la Loi. Ils mirent la main sur les Apôtres et les placèrent publiquement sous bonne garde. Mais, pendant la nuit, l'ange du Seigneur ouvrit les portes de la prison et les fit sortir. Il leur dit : « Partez, tenez-vous dans le Temple et là, dites au peuple toutes ces paroles de vie. »

Ils l'écoutèrent; dès l'aurore, ils entrèrent dans le Temple, et là, ils enseignaient. Alors arriva le grand prêtre, ainsi que son entourage. Ils convoquèrent le Conseil suprême, toute l'assemblée des anciens d'Israël, et ils envoyèrent chercher les Apôtres dans leur cachot. En arrivant, les gardes ne les trouvèrent pas à la prison. Ils revinrent donc annoncer : « Nous avons trouvé le cachot parfaitement verrouillé, et les gardes en faction devant les portes ; mais, quand nous avons ouvert, nous n'avons trouvé personne à l'intérieur. » Ayant entendu ce rapport, le commandant du Temple et les grands prêtres, tout perplexes, se demandaient ce qu'il adviendrait de cette affaire. Là-dessus, quelqu'un vient leur annoncer : « Les hommes que vous aviez mis en prison, voilà qu'ils se tiennent dans le Temple et enseignent le peuple ! » Alors, le commandant partit avec son escorte pour les ramener, mais sans violence, parce qu'ils avaient peur d'être lapidés par le peuple.

– Parole du Seigneur.

Psaume 33 (34)

℟ ***Un pauvre crie ; le Seigneur entend.***
OU ***Alléluia !***

Je bénirai le Seigneur en tout temps,
sa louange sans cesse à mes lèvres.
Je me glorifierai dans le Seigneur :
que les pauvres m'entendent
et soient en fête ! ℟

Magnifiez avec moi le Seigneur,
exaltons tous ensemble son nom.
Je cherche le Seigneur, il me répond :
de toutes mes frayeurs,
il me délivre. ℟

Qui regarde vers lui resplendira,
sans ombre ni trouble au visage.
Un pauvre crie ; le Seigneur entend :
il le sauve de toutes ses angoisses. ℟

L'ange du Seigneur campe à l'entour
pour libérer ceux qui le craignent.
Goûtez et voyez : le Seigneur est bon !
Heureux qui trouve en lui son refuge ! ℟

Acclamation de l'Évangile

Alléluia. Alléluia. Dieu a tellement aimé le monde qu'il a donné son Fils unique, afin que ceux qui croient en Lui aient la vie éternelle. ***Alléluia.***

Évangile de Jésus Christ

selon saint Jean (3, 16-21)

« Dieu a envoyé son Fils dans le monde, pour que, par lui, le monde soit sauvé »

« Dieu a tellement aimé le monde qu'il a donné son Fils unique, afin que quiconque croit en lui ne se perde pas, mais obtienne la vie éternelle. Car Dieu a envoyé son Fils dans le monde, non pas pour juger le monde, mais pour que, par lui, le monde soit sauvé. Celui qui croit en lui échappe au Jugement ; celui qui ne croit pas est déjà jugé, du fait qu'il n'a pas cru au nom du Fils unique de Dieu. Et le Jugement, le voici : la lumière est venue dans le monde, et les hommes ont préféré les ténèbres à la lumière, parce que leurs œuvres étaient mauvaises. Celui qui fait le mal déteste la lumière : il ne vient pas à la lumière*, de peur que ses œuvres ne soient dénoncées ; mais celui qui fait la vérité vient à la lumière, pour qu'il soit manifeste que ses œuvres ont été accomplies en union avcc Dieu. »

Prière sur les offrandes

Seigneur notre Dieu, dans l'admirable échange du sacrifice eucharistique, tu nous fais participer à ton unique et souveraine divinité ; nous avons reçu la connaissance de ta vérité : accorde-nous de lui être fidèles par toute notre vie. Par le Christ, notre Seigneur. **– *Amen.***

Préface de Pâques, p. 344.

Antienne de la communion

Je vous ai choisis en vous prenant
dans le monde, dit le Seigneur,
afin que vous alliez, que vous portiez
du fruit, et que votre fruit demeure,
alléluia.
(Jn 15, 19. 16)

Prière après la communion

Dans ta bienveillance, reste auprès de ton peuple, nous t'en prions, Seigneur ; puisque tu l'as initié aux sacrements du ciel, fais-le passer de ce qui est ancien à la vie nouvelle. Par le Christ, notre Seigneur. **– *Amen.***

INVITATION

Nous fêtons aujourd'hui saint Léon IX. Je peux lire sa vie page 242 et particulièrement l'encadré « Un saint pour aujourd'hui ». Comment saint Léon peut-il m'inspirer pour ma vie ?

COMMENTAIRE

L'amour, visage de Dieu Jean 3, 16-21

« Dieu a tellement aimé le monde qu'il a donné son Fils unique, afin que quiconque croit en lui ne se perde pas, mais obtienne la vie éternelle. » Ces mots de Jésus manifestent la tendresse de Dieu qui nous donne le courage de revenir vers lui. Ces paroles nous permettent de contempler le visage et le cœur de Dieu : Dieu est amour. Ne doutons jamais de l'amour de Dieu pour nous, manifesté dans le Christ crucifié sur la Croix. ■

***Pierre Tran Khac Tram**, prêtre assomptionniste*

❊ CLÉ DE LECTURE

« À la lumière » Jean 3, 19 *(p. 255)*

Passer des ténèbres à la lumière ! À nous dont les décisions et les choix sont si souvent situés dans une zone grise, nous qui nous efforçons de faire le moins mal possible, l'évangile de Jean rappelle que la foi nous tire vers la lumière. Il faut accepter de placer notre vie sous ce phare qu'est l'amour de Dieu, quitte à reconnaître les zones d'ombre qui résistent douloureusement et nous referment sur nous-mêmes. Oui, nos motivations sont mêlées, nous sommes sans cesse retenus par l'amour de soi et la satisfaction personnelle. Mais si nous acceptons la lumière, alors nous découvrons que la justice, si rude soit-elle, devient miséricorde, accompagnement aimant de nos choix hésitants par celui qui nous garde indéfectiblement dans son amour. ■

***Roselyne Dupont-Roc**, bibliste*

JEUDI 20 AVRIL 2023

2E SEMAINE DE PÂQUES COULEUR LITURGIQUE : BLANC

Temps pascal, *messe de la férie*

Antienne d'ouverture

Dieu, quand tu sortis en avant de ton peuple,
quand tu marchas dans le désert, la terre trembla ;
les cieux même fondirent devant la face de Dieu,
alléluia. (Ps 67, 8-9)

Prière

Seigneur Dieu, toi qui as accompli le sacrifice pascal pour le salut du monde, sois favorable aux supplications de ton peuple ; le Christ, notre grand prêtre, intercède en notre faveur : lui qui est semblable à nous, qu'il nous procure la réconciliation ; lui qui est égal à toi, qu'il nous apporte le pardon. Lui qui… ***– Amen.***

Lecture

du livre des Actes des Apôtres (5, 27-33)

« Nous sommes les témoins de tout cela, avec l'Esprit Saint »

En ces jours-là, le commandant du Temple et son escorte, ayant amené les Apôtres, les présentèrent au Conseil suprême, et le grand prêtre les interrogea : « Nous vous avions formellement interdit d'enseigner au nom de celui-là, et voilà que vous remplissez Jérusalem de votre enseignement. Vous voulez donc faire retomber sur nous le sang de cet

homme ! » En réponse, Pierre et les Apôtres déclarèrent : « Il faut obéir à Dieu plutôt qu'aux hommes. Le Dieu de nos pères a ressuscité Jésus, que vous aviez exécuté en le suspendant au bois du supplice. C'est lui que Dieu, par sa main droite, a élevé, en faisant de lui le Prince et le Sauveur, pour accorder à Israël la conversion et le pardon des péchés. Quant à nous, nous sommes les témoins de tout cela, avec l'Esprit Saint, que Dieu a donné à ceux qui lui obéissent. » Ceux qui les avaient entendus étaient exaspérés et projetaient de les supprimer.
– Parole du Seigneur.

Psaume 33 (34)

℟ ***Un pauvre crie ; le Seigneur entend.***
OU
Alléluia !

Je bénirai le Seigneur en tout temps,
sa louange sans cesse à mes lèvres.
Goûtez et voyez : le Seigneur est bon !
Heureux qui trouve en lui son refuge ! ℟

Le Seigneur affronte les méchants
pour effacer de la terre leur mémoire.
Le Seigneur entend ceux qui l'appellent :
de toutes leurs angoisses, il les délivre. ℟

Il est proche du cœur brisé,
il sauve l'esprit abattu.
Malheur sur malheur pour le juste,
mais le Seigneur chaque fois le délivre. ℟

Acclamation de l'Évangile

Alléluia. Alléluia. Thomas, parce que tu m'as vu tu crois, dit le Seigneur. Heureux ceux qui croient sans avoir vu. ***Alléluia.***

Évangile de Jésus Christ

selon saint Jean (3, 31-36)

« Le Père aime le Fils et il a tout remis dans sa main »

« Celui qui vient d'en haut est au-dessus de tous. Celui qui est de la terre est terrestre, et il parle de façon terrestre. Celui qui vient du ciel est au-dessus de tous, il témoigne de ce qu'il a vu et entendu, et personne ne reçoit son témoignage. Mais celui qui reçoit son témoignage certifie par là que Dieu est vrai. En effet, celui que Dieu a envoyé dit les paroles de Dieu, car Dieu lui donne l'Esprit sans mesure. Le Père aime le Fils et il a tout remis dans sa main. Celui qui croit au Fils a la vie éternelle ; celui qui refuse de croire le Fils ne verra pas la vie, mais la colère de Dieu demeure sur lui. »

Prière sur les offrandes

Que nos prières montent vers toi, Seigneur, avec ces offrandes pour le sacrifice ; dans ta bonté, purifie-nous, et nous serons mieux préparés au sacrement de ton amour infini. Par le Christ, notre Seigneur. ***— Amen.***

Préface de Pâques, p. 344.

Antienne de la communion

Je suis avec vous tous les jours jusqu'à la fin du monde, alléluia.
(Mt 28, 20)

Prière après la communion

Dieu éternel et tout-puissant, dans la résurrection du Christ, tu nous recrées pour la vie éternelle ; multiplie en nous les fruits du sacrement pascal : répands en nos cœurs la force de cette nourriture qui apporte le salut. Par le Christ, notre Seigneur. — ***Amen.***

INVITATION

Dans la sélection des chants page 367, y en a-t-il un que je ne connais pas et dont les paroles m'inspirent ? Je pourrais l'apprendre.

COMMENTAIRE

Divin proche

Jean 3, 31-36

« Celui qui vient d'en haut est au-dessus de tout. » L'évangile du jour nous parle de Jésus comme source souveraine de nos connaissances des réalités célestes. Il ne s'agit pas d'une doctrine, ni d'une idéologie. Il s'agit plutôt d'une personne véridique, Jésus, qui est la lumière du monde non seulement parce qu'il dit les paroles de Dieu mais, plus profondément, parce qu'il est le Verbe divin qui s'est fait chair et habite parmi nous. Dieu est proche de nous ! ■

Pierre Tran Khac Tram, prêtre assomptionniste

VENDREDI 21 AVRIL 2023

2E SEMAINE DE PÂQUES COULEUR LITURGIQUE : BLANC

Temps pascal, *messe de la férie*
ou **saint Anselme**

Antienne d'ouverture

Tu nous as rachetés par ton sang, Seigneur, de toute tribu, langue, peuple et nation : tu as fait de nous pour notre Dieu un royaume et des prêtres, alléluia. (cf. Ap 5, 9-10)

Prière

Seigneur Dieu, espérance et lumière des cœurs droits, nous t'en supplions humblement : accorde-nous de t'offrir une prière digne de toi et de toujours te glorifier par le service de la louange. Par Jésus… ***— Amen.***

Lecture

du livre des Actes des Apôtres (5, 34-42)

« Ils repartaient tout joyeux d'avoir été jugés dignes de subir des humiliations pour le nom de Jésus »

En ces jours-là, comme les Apôtres étaient en train de comparaître devant le Conseil suprême, intervint un pharisien nommé Gamaliel, docteur de la Loi, qui était honoré par tout le peuple. Il ordonna de les faire sortir un instant, puis il dit : « Vous, Israélites, prenez garde à ce que vous allez faire à ces gens-là. Il y a un certain temps, se leva Theudas qui prétendait être quelqu'un, et à qui se rallièrent quatre cents hommes

environ ; il a été supprimé, et tous ses partisans ont été mis en déroute et réduits à rien. Après lui, à l'époque du recensement, se leva Judas le Galiléen qui a entraîné beaucoup de monde derrière lui. Il a péri lui aussi, et tous ses partisans ont été dispersés. Eh bien, dans la circonstance présente, je vous le dis : ne vous occupez plus de ces gens-là, laissez-les. En effet, si leur résolution ou leur entreprise vient des hommes, elle tombera. Mais si elle vient de Dieu, vous ne pourrez pas les faire tomber. Ne risquez donc pas de vous trouver en guerre contre Dieu. » Les membres du Conseil se laissèrent convaincre ; ils rappelèrent alors les Apôtres et, après les avoir fait fouetter, ils leur interdirent de parler au nom de Jésus, puis ils les relâchèrent. Quant à eux, quittant le Conseil suprême, ils repartaient tout joyeux d'avoir été jugés dignes de subir des humiliations pour le nom de Jésus. Tous les jours, au Temple et dans leurs maisons, sans cesse, ils enseignaient et annonçaient la Bonne Nouvelle : le Christ, c'est Jésus. – Parole du Seigneur.

Psaume 26 (27)

℟ ***J'ai demandé une chose au Seigneur : habiter sa maison.***
OU ***Alléluia !***

Le Seigneur est ma lumière et mon salut ;
de qui aurais-je crainte ?
Le Seigneur est le rempart de ma vie ;
devant qui tremblerais-je ? ℟

J'ai demandé une chose au Seigneur,
la seule que je cherche :
habiter la maison du Seigneur
tous les jours de ma vie,
pour admirer le Seigneur dans sa beauté
et m'attacher à son temple. ℟

J'en suis sûr, je verrai
les bontés du Seigneur
sur la terre des vivants.
« Espère le Seigneur,
sois fort et prends courage ;
espère le Seigneur. » ℟

Acclamation de l'Évangile

Alléluia. Alléluia. L'homme ne vit pas seulement de pain, mais de toute parole qui sort de la bouche de Dieu. ***Alléluia.***

Évangile de Jésus Christ

selon saint Jean (6, 1-15)

« Il en distribua aux convives, autant qu'ils en voulaient »

En ce temps-là, Jésus passa de l'autre côté de la mer de Galilée, le lac de Tibériade. Une grande foule le suivait, parce qu'elle avait vu les signes qu'il accomplissait sur les malades. Jésus gravit la montagne, et là, il était assis avec ses disciples. Or, la Pâque, la fête des Juifs, était proche. Jésus leva les yeux et vit qu'une foule nombreuse venait à lui. Il dit à Philippe : « Où pourrions-nous acheter du pain pour qu'ils aient à manger ? » Il disait cela pour le mettre à l'épreuve, car il savait bien, lui, ce qu'il allait faire. Philippe lui répondit : « Le salaire de deux cents journées ne suffirait pas pour que chacun reçoive un peu de pain. » Un de ses disciples, André, le frère de Simon-Pierre, lui

dit : « Il y a là un jeune garçon qui a cinq pains d'orge et deux poissons, mais qu'est-ce que cela pour tant de monde ! »
Jésus dit : « Faites asseoir les gens. » Il y avait beaucoup d'herbe à cet endroit. Ils s'assirent donc, au nombre d'environ cinq mille hommes. Alors Jésus prit les pains et, après avoir rendu grâce, il les distribua aux convives ; il leur donna aussi du poisson, autant qu'ils en voulaient. Quand ils eurent mangé à leur faim, il dit à ses disciples : « Rassemblez les morceaux en surplus, pour que rien ne se perde. » Ils les rassemblèrent, et ils remplirent douze paniers avec les morceaux des cinq pains d'orge, restés en surplus pour ceux qui prenaient cette nourriture.
À la vue du signe que Jésus avait accompli, les gens disaient : « C'est vraiment lui le Prophète annoncé, celui qui vient dans le monde. » Mais Jésus savait qu'ils allaient venir l'enlever pour faire de lui leur roi ; alors de nouveau il se retira dans la montagne, lui seul.

Prière sur les offrandes

Reçois avec bonté les offrandes de ta famille, nous t'en prions, Seigneur, garde-la sous ta protection : qu'elle ne perde aucun des bienfaits déjà reçus, et parvienne aux dons éternels. Par le Christ, notre Seigneur. ***— Amen.***

Préface de Pâques, p. 344.

Antienne de la communion

Le Christ, notre Seigneur,
livré pour nos fautes, est ressuscité
pour nous rendre justes,
alléluia. (cf. Rm 4, 25)

Prière après la communion
Nous t'en prions, Seigneur, ne cesse pas de protéger avec tendresse ceux que tu as sauvés : la passion de ton Fils les a rachetés, qu'ils trouvent leur joie dans sa résurrection. Lui qui…
— Amen.

INVITATION

Aujourd'hui particulièrement, après avoir lu l'évangile, je pourrais faire du pain – ou en acheter – pour le distribuer autour de moi.

COMMENTAIRE

Au regard du cœur Jean 6, 1-15

« Jésus leva les yeux et vit qu'une foule nombreuse venait à lui. » Le grand miracle commence par un petit geste de Jésus : il regarde et connaît la faim de la foule avant de se laisser toucher par sa misère. Peut-être est-ce ce petit geste que Jésus veut que nous mettions en pratique aujourd'hui : porter un regard sensible et bienveillant sur les besoins et les faiblesses d'autrui. Tout amour commence par un regard, le regard du cœur. ■ *Pierre Tran Khac Tram, prêtre assomptionniste*

SAMEDI 22 AVRIL 2023

2E SEMAINE DE PÂQUES COULEUR LITURGIQUE : BLANC

Temps pascal, *messe de la férie*

Antienne d'ouverture

Peuple racheté par Dieu, vous tous, annoncez les merveilles de celui qui vous a appelés des ténèbres à son admirable lumière, alléluia. (cf. 1 P 2, 9)

Prière

Seigneur, efface le billet de la dette résultant de la loi du péché, puisque tu l'as annulé pour nous dans le mystère pascal par la résurrection du Christ ton Fils. Lui qui… ***— Amen.***

OU

Seigneur Dieu, par les mystères de Pâques, tu as voulu ouvrir à tes fidèles la porte de la miséricorde ; regarde-nous et prends pitié de nous, afin qu'en suivant par ta grâce le chemin de ta volonté, nous n'abandonnions jamais les sentiers de la vie. Par Jésus… ***— Amen.***

16 - 22

Lecture

du livre des Actes des Apôtres (6, 1-7)

Ils choisirent sept hommes remplis d'Esprit Saint

En ces jours-là, comme le nombre des disciples augmentait, les frères de langue grecque récriminèrent contre ceux de langue hébraïque, parce que les veuves de leur groupe étaient désavantagées dans le service

quotidien. Les Douze convoquèrent alors l'ensemble des disciples et leur dirent : « Il n'est pas bon que nous délaissions la parole de Dieu pour servir aux tables. Cherchez plutôt, frères, sept d'entre vous, des hommes qui soient estimés de tous, remplis d'Esprit Saint et de sagesse, et nous les établirons dans cette charge. En ce qui nous concerne, nous resterons assidus à la prière et au service de la Parole. » Ces propos plurent à tout le monde, et l'on choisit : Étienne, homme rempli de foi et d'Esprit Saint, Philippe, Procore, Nicanor, Timon, Parménas et Nicolas, un converti au judaïsme, originaire d'Antioche. On les présenta aux Apôtres, et après avoir prié, ils leur imposèrent les mains. La parole de Dieu était féconde, le nombre des disciples se multipliait fortement à Jérusalem, et une grande foule de prêtres juifs parvenaient à l'obéissance de la foi. – Parole du Seigneur.

Psaume 32 (33)

℟ ***Que ton amour, Seigneur, soit sur nous comme notre espoir est en toi.***
OU ***Alléluia !***

Criez de joie pour le Seigneur, hommes justes !
Hommes droits, à vous la louange !
Rendez grâce au Seigneur sur la cithare,
jouez pour lui sur la harpe à dix cordes. ℟

Oui, elle est droite, la parole du Seigneur ;
il est fidèle en tout ce qu'il fait.
Il aime le bon droit et la justice ;
la terre est remplie de son amour. ℟

Dieu veille sur ceux qui le craignent,
qui mettent leur espoir en son amour,
pour les délivrer de la mort,
les garder en vie aux jours de famine. ℟

Acclamation de l'Évangile

Alléluia. Alléluia. Le Christ est ressuscité, lui qui a tout créé ; il a pris en pitié le genre humain. ***Alléluia.***

Évangile de Jésus Christ

selon saint Jean (6, 16-21)

« Ils virent Jésus qui marchait sur la mer »

Le soir venu, les disciples de Jésus descendirent jusqu'à la mer. Ils s'embarquèrent pour gagner Capharnaüm, sur l'autre rive. C'était déjà les ténèbres, et Jésus n'avait pas encore rejoint les disciples. Un grand vent soufflait, et la mer était agitée. Les disciples avaient ramé sur une distance de vingt-cinq ou trente stades (c'est-à-dire environ cinq mille mètres), lorsqu'ils virent Jésus qui marchait sur la mer et se rapprochait de la barque. Alors, ils furent saisis de peur. Mais il leur dit : « C'est moi. N'ayez plus peur. » Les disciples voulaient le prendre dans la barque ; aussitôt, la barque toucha terre là où ils se rendaient.

Prière sur les offrandes

Dans ta bonté, sanctifie ces dons, nous t'en prions, Seigneur ; accepte le sacrifice spirituel que nous t'offrons, et fais de nous-mêmes une éternelle offrande pour toi. Par le Christ, notre Seigneur. ***— Amen.***

Préface de Pâques, p. 344.

Antienne de la communion

Père, ceux que tu m'as donnés,
je veux que là où je suis,
ils soient eux aussi avec moi,
et qu'ils contemplent ma gloire,
celle que tu m'as donnée, alléluia.
(Jn 17, 24)

Prière après la communion

Seigneur, nous avons reçu les dons qui nous ont fait participer aux saints mystères, et nous te supplions humblement : ton Fils nous a demandé de les célébrer en mémoire de lui, qu'ils augmentent en nous la charité. Par le Christ, notre Seigneur. — ***Amen.***

INVITATION

« N'ayez plus peur », dit Jésus aux disciples. Dans ma prière, je peux nommer mes peurs et les confier au Seigneur.

COMMENTAIRE

Le Maître à bord

Jean 6, 16-21

La barque se trouve dans l'obscurité, sur une mer agitée par la violence de la tempête. Les disciples ont peur. La peur est une part existentielle de l'être humain. Chacun de nous en a déjà fait l'expérience. Ce qui compte, c'est de voir Jésus s'approcher et de l'embarquer comme l'ont fait les disciples. Oui, l'essentiel est de sentir la présence intime de Dieu et d'ouvrir notre barque intérieure pour qu'il vienne nous consoler et guérir nos peurs. ■

***Pierre Tran Khac Tram**, prêtre assomptionniste*

DIMANCHE 23 AVRIL 2023

3E DIMANCHE DE PÂQUES

ANNÉE A – COULEUR LITURGIQUE : BLANC

« Alors leurs yeux s'ouvrirent, et ils le reconnurent. » Luc 24, 31

« Notre cœur n'était-il pas brûlant en nous ? » Ah, les disciples d'Emmaüs ! Comme leur témoignage est palpitant ! Ils sont là, tout à côté de la vérité faite chair, mais leurs yeux sont aveugles. Pourtant, peu à peu, leurs yeux s'ouvrent, la vérité éclate. Ne sommes-nous pas semblables à eux ? De jour en jour, nous cheminons dans la foi. Petit à petit, elle s'approfondit. Et avec elle, notre joie !

RITES INITIAUX

Chant d'entrée *(Suggestions p. 367)*

OU

Antienne d'ouverture

Acclamez Dieu, toute la terre ; fêtez la gloire de son nom, glorifiez-le en célébrant sa louange, alléluia. (Ps 65, 1-2)

Suggestion de préparation pénitentielle *(ou p. 336)*

Frères et sœurs, avec les disciples d'Emmaüs, nous nous réjouissons aujourd'hui de la résurrection du Sauveur. Avec eux, préparons-nous à célébrer le mystère de l'eucharistie, en reconnaissant que nous avons péché.

Seigneur Jésus, Dieu de conseil et de force, dans nos nuits, tu es notre refuge : Seigneur, prends pitié.

— Seigneur, prends pitié.

Ô Christ Ressuscité, toi qui ne peux nous abandonner à la mort, tu ne peux laisser tes amis voir la corruption : ô Christ, prends pitié.

— Ô Christ, prends pitié.

Seigneur, toi qui apprends aux hommes le chemin de la vie, tu nous promets débordement de joies et de délices : Seigneur, prends pitié.

— Seigneur, prends pitié.

Que Dieu tout-puissant nous fasse miséricorde ; qu'il nous pardonne nos péchés et nous conduise à la vie éternelle. **— Amen.**

Gloire à Dieu *(p. 339)*

Prière
Garde à ton peuple sa joie, Seigneur Dieu, car tu renouvelles la jeunesse de son âme ; il se réjouit d'avoir retrouvé la gloire de l'adoption filiale : qu'il attende désormais le jour de la résurrection, dans la ferme espérance du bonheur que tu donnes. Par Jésus… **— Amen.**

LITURGIE DE LA PAROLE

Lecture du livre des Actes des Apôtres (2, 14. 22b-33)

Il n'était pas possible que la mort le retienne en son pouvoir

Le jour de la Pentecôte, Pierre, debout avec les onze autres Apôtres, éleva la voix et leur fit cette déclaration : « Vous, Juifs, et vous tous qui résidez à Jérusalem, sachez bien ceci, prêtez l'oreille à mes paroles. Il s'agit de Jésus le Nazaréen, homme que Dieu a accrédité auprès de vous en accomplissant par lui des miracles, des prodiges et des signes au milieu de vous, comme vous le savez vous-mêmes. Cet homme, livré selon le dessein bien arrêté et la prescience de Dieu, vous l'avez supprimé en le clouant sur le bois par la main des impies. Mais Dieu l'a ressuscité en le

délivrant des douleurs de la mort, car il n'était pas possible qu'elle le retienne en son pouvoir. En effet, c'est de lui que parle David dans le psaume : *Je voyais le Seigneur devant moi sans relâche : il est à ma droite, je suis inébranlable. C'est pourquoi mon cœur est en fête, et ma langue exulte de joie; ma chair elle-même reposera dans l'espérance : tu ne peux m'abandonner au séjour des morts ni laisser ton fidèle voir la corruption. Tu m'as appris des chemins de vie, tu me rempliras d'allégresse par ta présence.*
Frères, il est permis de vous dire avec assurance, au sujet du patriarche David, qu'il est mort, qu'il a été enseveli, et que son tombeau est encore aujourd'hui chez nous. Comme il était prophète, il savait que Dieu lui avait juré de faire asseoir sur son trône un homme issu de lui. Il a vu d'avance la résurrection du Christ, dont il a parlé ainsi : *Il n'a pas été abandonné à la mort, et sa chair n'a pas vu la corruption.* Ce Jésus, Dieu l'a ressuscité; nous tous, nous en sommes témoins. Élevé par la droite de Dieu, il a reçu du Père l'Esprit Saint qui était promis, et il l'a répandu sur nous, ainsi que vous le voyez et l'entendez. »
– Parole du Seigneur.

Psaume 15 (16)

℟ ***Tu m'apprends, Seigneur, le chemin de la vie.***
OU ***Alléluia !***

T. T. : AELF ; M. : G. Previdi ; Éd. : ADF.

Garde-moi, mon Dieu : j'ai fait de toi mon refuge.
J'ai dit au Seigneur : « Tu es mon Dieu !
Seigneur, mon partage et ma coupe :
de toi dépend mon sort. » ℟

Je bénis le Seigneur qui me conseille :
même la nuit mon cœur m'avertit.
Je garde le Seigneur devant moi sans relâche ;
il est à ma droite : je suis inébranlable. ℟

Retrouvez ce psaume sur le CD "Les psaumes de l'année A"

℟ ***Tu m'apprends, Seigneur, le chemin de la vie.***
OU ***Alléluia !***

Mon cœur exulte, mon âme est en fête,
ma chair elle-même repose en confiance :
tu ne peux m'abandonner à la mort
ni laisser ton ami voir la corruption. ℟

Tu m'apprends le chemin de la vie :
devant ta face, débordement de joie !
À ta droite, éternité de délices ! ℟

Lecture de la première lettre de saint Pierre apôtre (1, 17-21)

« Vous avez été rachetés par un sang précieux, celui d'un agneau sans tache, le Christ »

Bien-aimés, si vous invoquez comme Père celui qui juge impartialement chacun selon son œuvre, vivez donc dans la crainte de Dieu, pendant le temps où vous résidez ici-bas en étrangers. Vous le savez : ce n'est pas par des biens corruptibles, l'argent ou l'or, que vous avez été rachetés de la conduite superficielle héritée de vos pères ; mais c'est par un sang précieux, celui d'un agneau sans défaut et sans tache, le Christ. Dès avant la fondation du monde, Dieu l'avait désigné d'avance et il l'a manifesté à la fin des temps à cause de vous. C'est bien par lui que vous croyez en Dieu,

qui l'a ressuscité d'entre les morts et qui lui a donné la gloire ; ainsi vous mettez votre foi et votre espérance en Dieu.
– Parole du Seigneur.

Acclamation de l'Évangile

Alléluia. Alléluia. Seigneur Jésus, ouvre-nous les Écritures ! Que notre cœur devienne brûlant tandis que tu nous parles. ***Alléluia.***

IU 56-65 ; M. : P. Robert ; Bayard Liturgie.

Évangile de Jésus Christ selon saint Luc (24, 13-35)

« Il se fit reconnaître par eux à la fraction du pain »

Le même jour (c'est-à-dire le premier jour de la semaine), deux disciples faisaient route vers un village appelé Emmaüs, à deux heures de marche de Jérusalem, et ils parlaient entre eux de tout ce qui s'était passé.

Or, tandis qu'ils s'entretenaient et s'interrogeaient, Jésus lui-même s'approcha, et il marchait avec eux. Mais leurs yeux étaient empêchés de le reconnaître. Jésus leur dit : « De quoi discutez-vous en marchant ? » Alors, ils s'arrêtèrent, tout tristes. L'un des deux, nommé Cléophas, lui répondit : « Tu es bien le seul étranger résidant à Jérusalem qui ignore les événements de ces jours-ci. » Il leur dit : « Quels événements ? » Ils lui répondirent : « Ce qui est arrivé à Jésus de Nazareth, cet homme qui était un prophète puissant par ses actes et ses paroles devant Dieu et devant tout le peuple : comment les grands prêtres et nos chefs l'ont livré, ils l'ont fait condamner à mort et ils l'ont crucifié. Nous, nous espérions que c'était lui qui allait délivrer Israël. Mais avec tout cela, voici déjà le troisième jour qui passe depuis que c'est arrivé. À vrai dire, des femmes de notre groupe nous ont remplis de stupeur. Quand, dès l'aurore, elles sont allées au tombeau, elles n'ont pas trouvé son corps ; elles sont venues nous dire qu'elles avaient même eu une vision : des anges, qui disaient qu'il est vivant. Quelques-uns de nos compagnons sont allés au tombeau, et ils ont trouvé les choses comme les femmes l'avaient dit ; mais lui, ils ne l'ont pas vu. »
Il leur dit alors : « Esprits sans intelligence ! Comme votre cœur est lent à croire tout ce que les prophètes ont dit ! Ne fallait-il pas que le Christ souffrît cela pour entrer dans sa gloire ? » Et, partant de Moïse et de tous les Prophètes, il leur interpréta, dans toute l'Écriture, ce qui le concernait.

Quand ils approchèrent du village où ils se rendaient, Jésus fit semblant d'aller plus loin. Mais ils s'efforcèrent de le retenir : « Reste avec nous, car le soir approche et déjà le jour baisse. » Il entra donc pour rester avec eux.
Quand il fut à table avec eux, ayant pris le pain, il prononça la bénédiction et, l'ayant rompu, il le leur donna. Alors leurs yeux s'ouvrirent, et ils le reconnurent, mais il disparut à leurs regards. Ils se dirent l'un à l'autre : « Notre cœur n'était-il pas brûlant en nous, tandis qu'il nous parlait sur la route et nous ouvrait les Écritures ? » À l'instant même, ils se levèrent et retournèrent à Jérusalem. Ils y trouvèrent réunis les onze Apôtres et leurs compagnons, qui leur dirent : « Le Seigneur est réellement ressuscité : il est apparu à Simon-Pierre. » À leur tour, ils racontaient ce qui s'était passé sur la route, et comment le Seigneur s'était fait reconnaître par eux à la fraction du pain.

Homélie

Profession de foi (p. 340)

Suggestion de prière universelle

Le prêtre :

Ressuscité, le Christ ne peut souffrir de voir des hommes et des femmes dans l'angoisse et la détresse. Avec foi, prions-le pour l'Église, pour notre monde et pour ceux qui le gouvernent.

℟ ***Christ ressuscité, exauce-nous.***

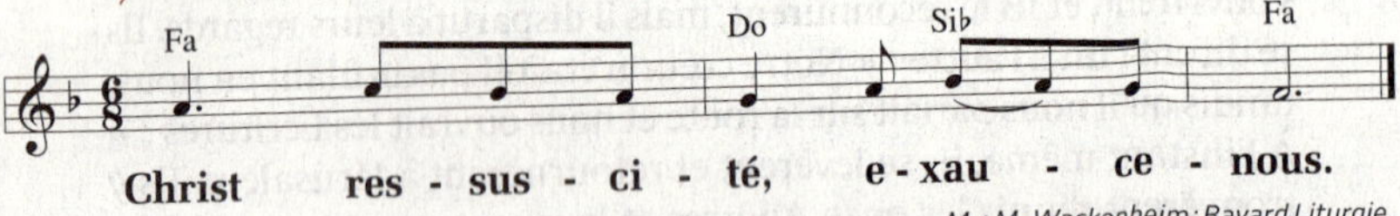

M. : M. Wackenheim; Bayard Liturgie.

Le diacre ou un lecteur :

Comme les disciples d'Emmaüs, beaucoup d'hommes et de femmes sont marqués par les événements traumatisants qu'ils ont vécus. Ô Christ, nous te prions pour ceux qui souffrent, les personnes malades, les personnes en deuil, celles qui ont quitté leur pays en raison de la guerre ou de la famine. Viens, Seigneur Ressuscité. ℟

Comme les disciples d'Emmaüs, beaucoup d'hommes et de femmes sont prêts à accueillir la Bonne Nouvelle de la Résurrection. Ô Christ, nous te prions pour ceux qui cherchent un sens à leur vie, pour ceux qui sont séduits par les fausses vérités de mouvements sectaires. Viens, Seigneur Ressuscité. ℟

Comme les disciples d'Emmaüs, beaucoup éprouvent de la joie à accueillir leurs amis, et même à accorder l'hospitalité à des gens de passage. Ô Christ, nous te prions pour tous les chrétiens au service des lieux où convergent de nombreux pèlerins. Viens, Seigneur Ressuscité. ℟

Comme les disciples d'Emmaüs, nous regrettons que le Christ ait été crucifié. Ô Christ, avec toute l'Église, nous te prions pour une plus grande diffusion d'une culture de la non-violence, qui signifie un recours moindre aux armes. Viens, Seigneur Jésus. ℟

(Ces intentions seront adaptées ou modifiées selon les circonstances.)

Le prêtre :

Seigneur Ressuscité, tu te tiens au milieu de nous et tu entends le cri et les supplications de nos cœurs. Nous te le demandons, daigne les exaucer, toi qui vis et règnes pour les siècles des siècles. – ***Amen.***

LITURGIE EUCHARISTIQUE

Prière sur les offrandes

Accueille, nous t'en prions, Seigneur, les dons de ton Église en fête ; tu es pour elle à l'origine d'un si grand bonheur : qu'il s'épanouisse en joie éternelle. Par le Christ, notre Seigneur. – ***Amen.***

Prière eucharistique *(Préface de Pâques, p. 344)*

Chant de communion *(Suggestions p. 367)*

OU

Antienne de la communion

Les disciples reconnurent le Seigneur Jésus
à la fraction du pain, alléluia.
(cf. Lc 24, 35)

Prière après la communion

Regarde avec bonté, Seigneur, nous t'en prions, le peuple que tu as rénové par tes sacrements ; accorde-nous de parvenir à la vie incorruptible lorsque notre chair ressuscitera dans la gloire. Par le Christ, notre Seigneur. – ***Amen.***

RITE DE CONCLUSION

Bénédiction solennelle *(p. 236)*

Envoi

COMMENTAIRE DU DIMANCHE

Anne Da, xavière

Le dynamisme de la Résurrection

Au soir de sa résurrection, Jésus prend soin de chacun selon une modalité particulière. Au disciple bien-aimé, il donne de voir le Christ vivant dans le signe du tombeau ouvert. À Marie Madeleine, il donne d'entendre la voix du Bien-Aimé et la sort de sa détresse pour l'envoyer vers ses frères et sœurs. À Thomas, il laisse toucher les marques de son corps livré par amour. Et le voici maintenant à la rencontre de deux hommes fuyant Jérusalem, enfermés dans la tristesse et l'amertume d'un rêve brisé par le scandale de la Croix.
Patiemment, Jésus commence un dialogue tout en faisant route avec eux. Il les écoute, s'adapte au point où ils en sont, pour que, peu à peu, leurs oreilles s'accordent à sa parole. Sur la route de Jérusalem à Emmaüs, deux hommes – Cléophas et un disciple •••

••• dont on ne connaît pas le nom –, deux figures représentent les lecteurs que nous sommes.

Le goût du pain bénit, rompu, partagé ; les yeux ouverts, le cœur brûlant, l'ouverture des Écritures ; l'urgence de retrouver une communauté de frères et de sœurs pour partager, attester, annoncer la victoire de la vie sur toute forme de mort ; proclamer le Christ Ressuscité, vivant, offert comme un pain de fraternité : tel est le dynamisme de la Résurrection, la saveur d'une vie donnée en abondance, chaque jour, pour toujours.

Le Christ Ressuscité vient consoler ses frères et ses amis. Il leur donne de goûter sa présence et de se lever pour aimer et servir le monde d'aujourd'hui.

~

Comment puis-je dans mon expérience reconnaître la présence du Christ Ressuscité, la nommer, en témoigner ?

Qu'est-ce qui me donne le goût de Dieu et la joie de me lever pour servir à la manière du Seigneur ? ■

PrionsenEglise junior

LIRE L'ÉVANGILE AVEC LES ENFANTS

CE QUE JE DÉCOUVRE

Les disciples d'Emmaüs ont perdu courage. La mort de Jésus a éteint leur espérance. Pourtant, Jésus leur avait dit qu'il devrait mourir mais que Dieu le ressusciterait. **Il marche avec les disciples d'Emmaüs mais ils ne comprennent pas qu'il est vivant. Jésus n'est plus tout à fait le même. Il est ressuscité.** Pour se faire reconnaître, Jésus explique la parole de Dieu, partage le pain. Et là, les yeux des disciples s'ouvrent, leur cœur devient brûlant. La foi et l'espérance sont revenues. Jésus est avec nous, pour toujours.

CE QUE JE VIS

Te souviens-tu d'une triste nouvelle ?
Qu'est-ce qui t'a redonné de la joie ?
Quand ressens-tu la présence de Jésus ?
Avant de t'endormir, prononce cette phrase : « Reste avec moi, Jésus, car le soir approche et déjà le jour baisse. »

Texte : Cédric Kuntz. Illustrations : Marcelino Truong

MÉDITATION BIBLIQUE
3E DIMANCHE DE PÂQUES
Évangile selon saint Luc 24, 13-35

Pourquoi les disciples ne reconnaissent-ils pas Jésus ?

Les disciples du Christ se rendant à Emmaüs marchent sur une route où la vie est toujours possible.

Le temps de la préparation

« Tu m'apprends le chemin de la vie : devant ta face, débordement de joie ! » (Ps 15, 11)

Le temps de l'observation :

« Mais leurs yeux étaient empêchés de le reconnaître. » Qu'est-il arrivé à ces deux disciples faisant route vers Emmaüs pour croiser la route de Jésus ressuscité sans pour autant le reconnaître ? Comment expliquer un tel empêchement ? Émotionnellement, les disciples sont bouleversés. Ils viennent de perdre leur maître et ami. Leur sidération et leur tristesse les empêchent d'être totalement présents à leur propre vie. Rationnellement, les morts sont morts et le restent. Il n'est donc pas possible de rencontrer Jésus sur le chemin quelques jours après sa crucifixion. De plus, physiquement, Jésus ne semble plus être tout à fait le même. Passé par la mort, son être s'est modifié, le rendant méconnaissable y compris à ses proches. Enfin, il y a dans toute vie humaine cette difficulté à voir la vie ressurgir au moment où l'on s'y attend le moins.

Le temps de la méditation

Les raisons pour lesquelles les disciples ne reconnaissent pas le Christ quand ils le croisent sont les mêmes nous concernant. Les émotions nous ballottent d'un affect à un autre et se jouent de notre stabilité intérieure. Les arguments rationnels, logiques, les schémas mentaux, les habitudes de pensée molles et paresseuses dirigent notre vie et nous empêchent de regarder autrement ce qui nous arrive. Tout cela nous rend impossible de reconnaître le Christ ailleurs que dans les représentations ou dans l'histoire de Jésus de Nazareth. Nous aussi avons des difficultés à voir la vie là où elle est. Pour toutes ces raisons, seul Dieu peut venir à notre rencontre. Lui seul est en capacité de bousculer nos représentations et de fracturer nos calculs. C'est ce qui arrive aux disciples sur le chemin d'Emmaüs. Un acte de générosité, une invitation, ouvre la porte à la plus belle surprise de leur existence.

Le temps de la prière

« Tu m'as appris des chemins de vie, tu me rempliras d'allégresse par ta présence. » (Ac 2, 28) ■

Marie-Laure Durand,
bibliste

PARTAGE BIBLIQUE

Environ 45 minutes

Une bible ou Prions en Église, *page 273*

LE DISCOURS DE PIERRE (AC 2, 14. 22B-33)

Lire

Nous prenons connaissance de ce célèbre discours de Pierre.

Comprendre le texte

Le discours de Pierre répond à l'incertitude de la foule rassemblée par le vent de la Pentecôte. Entendant les disciples proclamer les merveilles de Dieu, elle s'interroge : « Qu'est-ce que cela signifie ? » (Ac 2, 12). Pierre répond : « Il s'agit de Jésus le Nazaréen, […] vous l'avez supprimé en le clouant sur le bois par la main des impies. » En agissant ainsi, la foule ne faisait qu'accomplir « le dessein bien arrêté et la prescience de Dieu ». Comment s'assurer que les événements qui ont conduit à la mort et à la résurrection de Jésus de Nazareth entraient vraiment dans le dessein bien arrêté de Dieu ? Par une preuve tirée des Écritures. Dans un psaume, il est écrit : « Ma chair elle-même repose en confiance : tu ne peux […] laisser ton ami voir la corruption » (Ps 15 [16], 9-10). Or, continue Pierre dans son discours, David est mort, son tombeau est le signe qu'il a subi la corruption de sa chair. Mais, en tant que prophète, Pierre parle du Messie (en grec, « Christ »), et il en annonce la résurrection, quand il affirme que sa chair ne connaîtra pas la corruption. Pierre peut alors conclure : « Ce Jésus, Dieu l'a ressuscité ; nous tous, nous en sommes témoins. »

Partager

- Qu'est-ce que j'attends d'une (bonne) homélie ?
- Si j'avais à proclamer ma foi devant une assemblée, qu'est-ce que je dirais en priorité ?
- Par quel type d'arguments pourrais-je étayer mon témoignage sur Jésus aujourd'hui ?
- Comment est-ce que je saisis l'action de l'Esprit Saint dans ma relation à Dieu ?

Prier

Marquons notre louange avec le chant *L'Esprit du Seigneur vous enseignera.* ■

Sylvain Gasser, prêtre assomptionniste

LUNDI 24 AVRIL 2023

3E SEMAINE DE PÂQUES COULEUR LITURGIQUE : BLANC

Temps pascal, *messe de la férie*
ou **saint Fidèle de Sigmaringen**

Antienne d'ouverture

Le bon pasteur est ressuscité, lui qui a donné sa vie pour ses brebis, lui qui a choisi de mourir pour son troupeau, alléluia.

Prière

Nous t'en prions, Dieu tout-puissant : par la guérison obtenue dans le mystère pascal, tu nous as conformés à la nature de ton Fils ; fais qu'en nous dépouillant de l'homme ancien et de ses façons d'agir, nous vivions de la vie du Christ. Lui qui… ***— Amen.***

Lecture

du livre des Actes des Apôtres (6, 8-15)

« Ils ne pouvaient résister à la sagesse et à l'Esprit qui le faisaient parler »

En ces jours-là, Étienne, rempli de la grâce et de la puissance de Dieu, accomplissait parmi le peuple des prodiges et des signes éclatants. Intervinrent alors certaines gens de la synagogue dite des Affranchis, ainsi que des Cyrénéens et des Alexandrins, et aussi des gens originaires de Cilicie et de la province d'Asie. Ils se mirent à discuter avec Étienne, mais sans pouvoir résister à la sagesse et à l'Esprit qui le faisaient parler. Alors ils soudoyèrent des hommes pour qu'ils disent : « Nous l'avons entendu

prononcer des paroles blasphématoires contre Moïse et contre Dieu. » Ils ameutèrent le peuple, les anciens et les scribes, et, s'étant saisis d'Étienne à l'improviste, ils l'amenèrent devant le Conseil suprême. Ils produisirent de faux témoins, qui disaient : « Cet individu ne cesse de proférer des paroles contre le Lieu saint et contre la Loi. Nous l'avons entendu affirmer que ce Jésus, le Nazaréen, détruirait le Lieu saint et changerait les coutumes que Moïse nous a transmises. » Tous ceux qui siégeaient au Conseil suprême avaient les yeux fixés sur Étienne, et ils virent que son visage était comme celui d'un ange*.
– Parole du Seigneur.

Psaume 118 (119)

℟ ***Heureux ceux qui marchent suivant la loi du Seigneur !***
OU
Alléluia !

Lorsque des grands acc**u**sent ton serviteur,
je méd**i**te sur tes ordres.
Je trouve mon plais**i**r en tes exigences :
ce sont **e**lles qui me conseillent. ℟

J'énumère mes v**o**ies : tu me réponds ;
apprends-m**o**i tes commandements.
Montre-moi la v**o**ie de tes préceptes,
que je méd**i**te sur tes merveilles. ℟

Détourne-moi de la v**o**ie du mensonge,
fais-moi la gr**â**ce de ta loi.
J'ai choisi la v**o**ie de la fidélité,
je m'aj**u**ste à tes décisions. ℟

Acclamation de l'Évangile

Alléluia. Alléluia. L'homme ne vit pas seulement de pain, mais de toute parole qui sort de la bouche de Dieu. ***Alléluia.***

Évangile de Jésus Christ

selon saint Jean (6, 22-29)

« Travaillez non pas pour la nourriture qui se perd, mais pour la nourriture qui demeure jusque dans la vie éternelle »

Jésus avait rassasié cinq mille hommes, et ses disciples l'avaient vu marcher sur la mer. Le lendemain, la foule restée sur l'autre rive se rendit compte qu'il n'y avait eu là qu'une seule barque, et que Jésus n'y était pas monté avec ses disciples, qui étaient partis sans lui. Cependant, d'autres barques, venant de Tibériade, étaient arrivées près de l'endroit où l'on avait mangé le pain après que le Seigneur eut rendu grâce.

Quand la foule vit que Jésus n'était pas là, ni ses disciples, les gens montèrent dans les barques et se dirigèrent vers Capharnaüm à la recherche de Jésus. L'ayant trouvé sur l'autre rive, ils lui dirent : « Rabbi, quand es-tu arrivé ici ? » Jésus leur répondit : « Amen, amen, je vous le dis : vous me cherchez, non parce que vous avez vu des signes, mais parce que vous avez mangé de ces pains et que vous avez été rassasiés. Travaillez non pas pour la nourriture qui se perd, mais pour la nourriture qui demeure jusque dans la vie éternelle, celle que vous donnera le Fils de l'homme, lui que Dieu, le Père, a marqué de son sceau. » Ils lui dirent alors : « Que devons-nous faire pour travailler aux œuvres de Dieu ? » Jésus leur répondit : « L'œuvre de Dieu, c'est que vous croyiez en celui qu'il a envoyé. »

Prière sur les offrandes

Que nos prières montent vers toi, Seigneur, avec ces offrandes pour le sacrifice ; dans ta bonté, purifie-nous, et nous serons mieux préparés au sacrement de ton amour infini. Par le Christ, notre Seigneur. – ***Amen.***

Préface de Pâques, p. 344.

Antienne de la communion

Je vous laisse la paix,
je vous donne ma paix ;
ce n'est pas à la manière
du monde que je vous la donne,
dit le Seigneur, alléluia.
(Jn 14, 27)

Prière après la communion

Dieu éternel et tout-puissant, dans la résurrection du Christ, tu nous recrées pour la vie éternelle ; multiplie en nous les fruits du sacrement pascal : répands en nos cœurs la force de cette nourriture qui apporte le salut. Par le Christ, notre Seigneur. – ***Amen.***

INVITATION

Je peux recopier, de ma plus belle écriture, le psaume du jour.
À qui pourrais-je offrir ces mots ?

COMMENTAIRE

Pain complet Jean 6, 22-29

Jésus invite chacun à clarifier les motivations qui poussent à le chercher : l'amour, un manque matériel, affectif, spirituel ? Le pain qui a motivé la foule est vital, outre que son abondance pouvait faire signe vers l'avènement de l'ère messianique. Si nous découvrons que, comme elle, nous recherchons en Jésus une sécurité tout humaine, un mieux-être, la réussite, ne nous décourageons pas. Sachons plutôt saisir l'occasion de nous ouvrir à un réajustement possible au souffle de l'Esprit. ■

***Emmanuelle Billoteau**, ermite*

✻ CLÉ DE LECTURE

« Un ange » Actes 6, 15 *(p. 291)*

Le visage d'Étienne face à ses détracteurs semble celui d'un ange. Or, il vient de subir un « procès » qui reprend celui de Jésus (accusation de blasphème, faux témoins, prédiction de la chute du Temple…), et il va mourir lapidé, en demandant le pardon pour ses persécuteurs. De même, Pierre a été arrêté, violenté et emprisonné. Puis, libéré par l'intervention de Dieu dans une sorte de résurrection spectaculaire qui rappelle le récit de la résurrection de Jésus, il apparaît à la communauté de Jérusalem rassemblée comme « un ange » (Ac 12, 15). Ainsi ceux qui ont accepté de suivre Jésus Christ et de porter témoignage de son Évangile sont-ils déjà, aux yeux de leurs contemporains, témoins et reflets de la présence de Dieu qui rayonne sur leur visage. ■

***Roselyne Dupont-Roc**, bibliste*

MARDI 25 AVRIL 2023

COULEUR LITURGIQUE : ROUGE

Saint Marc

Ier siècle. Évangéliste, compagnon de voyage de saint Paul, puis de saint Pierre. Il aurait fondé l'Église d'Alexandrie où il serait mort martyr.

Antienne d'ouverture

Allez dans le monde entier, dit le Seigneur ; proclamez l'Évangile à toute la création, alléluia. (Mc 16, 15)

Gloire à Dieu (p. 339)

Prière

Seigneur Dieu, tu as accordé au bienheureux Marc, ton évangéliste, l'honneur et la grâce de proclamer la Bonne Nouvelle ; fais-nous profiter de son enseignement pour que nous marchions dans la foi sur les traces du Christ. Lui qui… ***— Amen.***

Lectures propres à la fête de saint Marc.

Lecture

de la première lettre de saint Pierre apôtre (5, 5b-14)

« Marc, mon fils, vous salue »

Bien-aimés, vous tous, les uns envers les autres, prenez l'humilité comme tenue de service. En effet, *Dieu s'oppose aux orgueilleux, aux humbles il accorde sa grâce.* Abaissez-vous donc sous la main puissante de Dieu, pour qu'il vous élève en temps voulu. Déchargez-vous sur lui de tous vos soucis, puisqu'il prend soin de vous. Soyez sobres, veillez : votre adversaire, le diable, comme un lion rugissant, rôde, cherchant qui dévorer.

23 - 29

Résistez-lui avec la force de la foi, car vous savez que tous vos frères, de par le monde, sont en butte aux mêmes souffrances. Après que vous aurez souffert un peu de temps, le Dieu de toute grâce, lui qui, dans le Christ Jésus, vous a appelés à sa gloire éternelle, vous rétablira lui-même, vous affermira, vous fortifiera, vous rendra inébranlables. À lui la souveraineté pour les siècles. Amen. Par Silvain, que je considère comme un frère digne de confiance, je vous écris ces quelques mots pour vous exhorter, et pour attester que c'est vraiment dans la grâce de Dieu que vous tenez ferme. La communauté qui est à Babylone, choisie comme vous par Dieu, vous salue, ainsi que Marc, mon fils. Saluez-vous les uns les autres par un baiser fraternel. Paix à vous tous, qui êtes dans le Christ. – Parole du Seigneur.

Psaume 88 (89)

℟ ***Ton amour, Seigneur, sans fin je le chante !***
OU ***Alléluia !***

L'amour du Seigneur, sans fin je le chante ;
ta fidélité, je l'annonce d'âge en âge.
Je le dis : C'est un amour bâti
pour toujours ;
ta fidélité est plus stable que les cieux. ℟

Que les cieux rendent grâce
pour ta merveille, Seigneur,
et l'assemblée des saints, pour ta fidélité.
Qui donc, là-haut,
est comparable au Seigneur ?
Qui d'entre les dieux est semblable
au Seigneur ? ℟

Heureux le peuple qui connaît l'ovation !
Seigneur, il marche à la lumière de ta face ;
tout le jour, à ton nom il danse de joie,
fier de ton juste pouvoir. ℟

Acclamation de l'Évangile

Alléluia. Alléluia. Nous proclamons un Messie crucifié, il est puissance de Dieu et sagesse de Dieu. ***Alléluia.***

Évangile de Jésus Christ

selon saint Marc (16, 15-20)

« Proclamez l'Évangile à toute la création »

En ce temps-là, Jésus ressuscité se manifesta aux onze Apôtres et leur dit : « Allez dans le monde entier. Proclamez l'Évangile à toute la création. Celui qui croira et sera baptisé sera sauvé ; celui qui refusera de croire sera condamné. Voici les signes qui accompagneront ceux qui deviendront croyants : en mon nom, ils expulseront les démons ; ils parleront en langues nouvelles ; ils prendront des serpents dans leurs mains et, s'ils boivent un poison mortel, il ne leur fera pas de mal ; ils imposeront les mains aux malades, et les malades s'en trouveront bien. »

Le Seigneur Jésus, après leur avoir parlé, fut enlevé au ciel et s'assit à la droite de Dieu. Quant à eux, ils s'en allèrent proclamer partout l'Évangile. Le Seigneur travaillait avec eux et confirmait la Parole par les signes qui l'accompagnaient.

Prière sur les offrandes

Pour célébrer la gloire du bienheureux Marc, nous t'offrons, Seigneur, le sacrifice de louange, et nous te supplions humblement : que l'Évangile ne cesse jamais d'être proclamé dans ton Église. Par le Christ, notre Seigneur. **— *Amen.***

2e préface des Apôtres, p. 346.

Antienne de la communion

Je suis avec vous tous les jours,
dit le Seigneur,
jusqu'à la fin du monde,
alléluia. (Mt 28, 20)

Prière après la communion

Nous t'en prions, Dieu tout-puissant : que les biens reçus à ton autel nous sanctifient ; qu'ils nous rendent plus forts dans la foi à l'Évangile que le bienheureux Marc a proclamé. Par le Christ, notre Seigneur. ***– Amen.***

INVITATION

L'évangile de saint Marc, que nous fêtons aujourd'hui, est le plus court. Et si je choisissais de le relire et de l'annoter ?

COMMENTAIRE

La bonne tenue

1 Pierre 5, 5b-14

Il n'est pas indifférent qu'en cette fête de l'évangéliste Marc, la liturgie nous fasse entendre la 1re lettre de Pierre invitant à prendre « l'humilité comme tenue de service ». L'humilité dont les Pères du désert nous disent quelle est la seule vertu que le diable ne peut imiter. L'humilité qui est consentement à notre réalité de créatures, qui suppose de vivre à plein notre humanité dans la solidarité avec nos semblables, à puiser en Dieu nos forces, à recevoir de lui la parole à transmettre. ■

***Emmanuelle Billoteau**, ermite*

MERCREDI 26 AVRIL 2023

3E SEMAINE DE PÂQUES COULEUR LITURGIQUE : BLANC

Temps pascal, *messe de la férie*

Antienne d'ouverture

Que ma bouche soit remplie de ta louange,
pour que je puisse chanter ; joie sur mes lèvres
qui chantent pour toi, alléluia. (cf. Ps 70, 8. 23)

Prière

Viens au secours de ta famille, Seigneur, sois généreux pour elle : toi qui lui as donné la grâce de la foi, accorde-lui d'avoir part, pour toujours, à la résurrection de ton Fils unique. Lui qui… ***— Amen.***

Lecture

du livre des Actes des Apôtres (8, 1b-8)

« Ceux qui s'étaient dispersés annonçaient la Bonne Nouvelle de la Parole là où ils passaient »

Le jour de la mort d'Étienne, éclata une violente persécution contre l'Église de Jérusalem. Tous se dispersèrent dans les campagnes de Judée et de Samarie, à l'exception des Apôtres. Des hommes religieux ensevelirent Étienne et célébrèrent pour lui un grand deuil. Quant à Saul, il ravageait l'Église, il pénétrait dans les maisons, pour en arracher hommes et femmes, ct les jeter en prison. Ceux qui s'étaient dispersés

annonçaient la Bonne Nouvelle de la Parole là où ils passaient. C'est ainsi que Philippe, l'un des Sept, arriva dans une ville de Samarie, et là il proclamait le Christ. Les foules, d'un même cœur, s'attachaient à ce que disait Philippe, car elles entendaient parler des signes qu'il accomplissait, ou même les voyaient. Beaucoup de possédés étaient délivrés des esprits impurs, qui sortaient en poussant de grands cris. Beaucoup de paralysés et de boiteux furent guéris. Et il y eut dans cette ville une grande joie.
– Parole du Seigneur.

Psaume 65 (66)

℟ ***Acclamez Dieu, toute la terre !***
OU
Alléluia !

Acclamez Dieu, toute la terre ;
fêtez la gloire de son nom,
glorifiez-le en célébrant sa louange.
Dites à Dieu :
« Que tes actions sont redoutables ! ℟

« Toute la terre se prosterne devant toi,
elle chante pour toi, elle chante
pour ton nom. »

Venez et voyez
les hauts faits de Dieu,
ses exploits redoutables
pour les fils des hommes. ℟

Il changea la mer en terre ferme :
ils passèrent le fleuve à pied sec.
De là, cette joie qu'il nous donne.
Il règne à jamais par sa puissance. ℟

Acclamation de l'Évangile

Alléluia. Alléluia. Celui qui voit le Fils et croit en lui a la vie éternelle, dit le Seigneur ; et moi, je le ressusciterai au dernier jour. ***Alléluia.***

Évangile de Jésus Christ

selon saint Jean (6, 35-40)

« Telle est la volonté de mon Père : que celui qui voit le Fils et croit en lui ait la vie éternelle »

En ce temps-là, Jésus disait aux foules : « Moi, je suis le pain de la vie. Celui qui vient à moi n'aura jamais faim ; celui qui croit en moi n'aura jamais soif. Mais je vous l'ai déjà dit : vous avez vu, et pourtant vous ne croyez pas. Tous ceux que me donne le Père viendront jusqu'à moi ; et celui qui vient à moi, je ne vais pas le jeter dehors. Car je suis descendu du ciel pour faire non pas ma volonté, mais la volonté de Celui qui m'a envoyé. Or, telle est la volonté de Celui qui m'a envoyé : que je ne perde aucun de ceux qu'il m'a donnés, mais que je les ressuscite au dernier jour. Telle est la volonté de mon Père : que celui qui voit le Fils et croit en lui ait la vie éternelle ; et moi, je le ressusciterai au dernier jour. »

23 - 29

Prière sur les offrandes

Donne-nous, Seigneur, nous t'en prions, de toujours te rendre grâce par ces mystères de Pâques ; qu'ils continuent l'œuvre de notre relèvement et deviennent pour nous une source intarissable de joie. Par le Christ, notre Seigneur. — ***Amen.***

Préface de Pâques, p. 344.

Antienne de la communion
Le Seigneur est ressuscité,
il nous a rachetés par son sang,
et nous remplit de sa lumière,
alléluia.

Prière après la communion
Écoute nos prières, Seigneur : que cet échange très saint où l'homme est racheté nous soutienne durant la vie présente et nous procure les joies éternelles. Par le Christ, notre Seigneur.
— *Amen.*

INVITATION

Après avoir lu la chronique de Jacques Nieuviarts, page 388,
je peux m'interroger : quand des anges sont-ils passés dans ma vie ?

COMMENTAIRE

Ô ma joie et mon espérance Jean 6, 35-40

Peut-être sommes-nous mal à l'aise dès que nous entendons parler de la « volonté » du Père, de celui qui a envoyé Jésus en ce monde. Or sa volonté est que le Fils ne perde aucun de ceux qu'il lui a donnés. Le texte peut susciter un autre questionnement touchant le choix de Dieu : comme s'il attirait les uns et laissait les autres. Mais n'est-ce pas là une manière pour les croyants de se reconnaître précédés par celui qui veut leur offrir la joie imprenable de vivre avec le Christ ? ■

***Emmanuelle Billoteau**, ermite*

JEUDI 27 AVRIL 2023

3E SEMAINE DE PÂQUES COULEUR LITURGIQUE : BLANC

Temps pascal, *messe de la férie*

Antienne d'ouverture

Chantons pour le Seigneur !
Éclatante est sa gloire !
Ma force et mon chant, c'est le Seigneur :
il est pour moi le salut, alléluia. (Ex 15, 1-2)

Prière

Dieu éternel et tout-puissant, nous implorons avec plus de ferveur ta tendresse, en ce temps de Pâques où ta bonté nous l'a mieux fait connaître : ceux que tu as dégagés des ténèbres de l'erreur, fais-les adhérer plus fermement aux enseignements de ta vérité. Par Jésus… ***— Amen.***

Lecture

du livre des Actes des Apôtres (8, 26-40)

« Voici de l'eau : qu'est-ce qui empêche que je sois baptisé ? »

En ces jours-là, l'ange du Seigneur adressa la parole à Philippe en disant : « Mets-toi en marche en direction du sud, prends la route qui descend de Jérusalem à Gaza ; elle est déserte. » Et Philippe se mit en marche. Or, un Éthiopien, un eunuque, haut fonctionnaire de Candace, la reine d'Éthiopie, et administrateur de tous ses trésors,

23 - 29

était venu à Jérusalem pour adorer. Il en revenait, assis sur son char, et lisait le prophète Isaïe. L'Esprit dit à Philippe : « Approche, et rejoins ce char. » Philippe se mit à courir, et il entendit l'homme qui lisait le prophète Isaïe ; alors il lui demanda : « Comprends-tu ce que tu lis ? » L'autre lui répondit : « Et comment le pourrais-je s'il n'y a personne pour me guider ? » Il invita donc Philippe à monter et à s'asseoir à côté de lui. Le passage de l'Écriture qu'il lisait était celui-ci : *Comme une brebis, il fut conduit à l'abattoir ; comme un agneau muet devant le tondeur, il n'ouvre pas la bouche. Dans son humiliation, il n'a pas obtenu justice. Sa descendance, qui en parlera ? Car sa vie est retranchée de la terre.* Prenant la parole, l'eunuque dit à Philippe : « Dis-moi, je te prie : de qui le prophète parle-t-il ? De lui-même, ou bien d'un autre ? » Alors Philippe prit la parole et, à partir de ce passage de l'Écriture, il lui annonça la Bonne Nouvelle de Jésus.

Comme ils poursuivaient leur route, ils arrivèrent à un point d'eau, et l'eunuque dit : « Voici de l'eau : qu'est-ce qui empêche que je sois baptisé ? » Il fit arrêter le char, ils descendirent dans l'eau tous les deux, et Philippe baptisa l'eunuque. Quand ils furent remontés de l'eau, l'Esprit du Seigneur emporta Philippe ; l'eunuque ne le voyait plus, mais il poursuivait sa route, tout joyeux.

Philippe se retrouva dans la ville d'Ashdod, il annonçait la Bonne Nouvelle dans toutes les villes où il passait jusqu'à son arrivée à Césarée.

– Parole du Seigneur.

Psaume 65 (66)

℟ ***Acclamez Dieu, toute la terre !***
OU ***Alléluia !***

Peuples, bénissez notre Dieu !
Faites retentir sa louange,
car il rend la vie à notre âme,
il a gardé nos pieds de la chute. ℟

Venez, écoutez, vous tous
qui craignez Dieu :
je vous dirai ce qu'il a fait pour mon âme ;
quand je poussai vers lui mon cri,
ma bouche faisait déjà son éloge. ℟

Béni soit Dieu
qui n'a pas écarté ma prière,
ni détourné de moi son amour ! ℟

Acclamation de l'Évangile

Alléluia. Alléluia. Moi, je suis le pain vivant qui est descendu du ciel, dit le Seigneur ; si quelqu'un mange de ce pain, il vivra éternellement. ***Alléluia.***

Évangile de Jésus Christ

selon saint Jean (6, 44-51)

« Moi, je suis le pain vivant, qui est descendu du ciel »

En ce temps-là, Jésus disait aux foules : « Personne ne peut venir à moi, si le Père qui m'a envoyé ne l'attire, et moi, je le ressusciterai au dernier jour. Il est écrit dans les prophètes : *Ils seront tous instruits par Dieu lui-même.* Quiconque a entendu le Père et reçu son enseignement vient à moi. Certes, personne n'a jamais vu le Père, sinon celui qui vient de Dieu :

celui-là seul a vu le Père. Amen, amen, je vous le dis : il a la vie éternelle, celui qui croit. Moi, je suis le pain de la vie. Au désert, vos pères ont mangé la manne, et ils sont morts ; mais le pain qui descend du ciel est tel que celui qui en mange ne mourra pas. Moi, je suis le pain vivant, qui est descendu du ciel : si quelqu'un mange de ce pain, il vivra éternellement. Le pain que je donnerai, c'est ma chair*, donnée pour la vie du monde. »

Prière sur les offrandes

Seigneur notre Dieu, dans l'admirable échange du sacrifice eucharistique, tu nous fais participer à ton unique et souveraine divinité ; nous avons reçu la connaissance de ta vérité : accorde-nous de lui être fidèles par toute notre vie. Par le Christ, notre Seigneur. — ***Amen.*** *Préface de Pâques, p. 344.*

Antienne de la communion

Le Christ est mort pour tous,
afin que les vivants n'aient plus
leur vie centrée sur eux-mêmes,
mais sur lui, qui est mort
et ressuscité pour eux, alléluia.
(2 Co 5, 15)

Prière après la communion

Dans ta bienveillance, reste auprès de ton peuple, nous t'en prions, Seigneur ; puisque tu l'as initié aux sacrements du ciel, fais-le passer de ce qui est ancien à la vie nouvelle. Par le Christ, notre Seigneur. — ***Amen.***

INVITATION

« Vie éternelle », « pain de la vie »... Et si j'essayais d'écrire une prière personnelle avec les mots de l'évangile ?

COMMENTAIRE

Instructions de conduite

Jean 6, 44-51

Se laisser instruire par Dieu peut nous paraître un but inatteignable. Pourtant, si nous prenons le temps de relire nos vies, nous pouvons constater qu'il nous a conduits et que nous nous sommes laissé conduire, au moins ponctuellement. Dieu nous instruit par sa parole consignée dans les Écritures et l'exemple de Jésus, par les motions de l'Esprit, par nos semblables, les événements… Une occasion de nous demander ce qui nous empêche, parfois, d'entendre et d'implorer la grâce du discernement. ■

Emmanuelle Billoteau, ermite

✲ CLÉ DE LECTURE

« C'est ma chair »

Jean 6, 51 *(p. 306)*

L'expression est rude, car le mot « chair », très concret en grec, désigne la « viande ». Mais le lecteur de culture juive sait qu'il transpose le terme hébreu « basar » qui vise la vie humaine considérée dans sa fragilité et sa finitude. Pourquoi Jean choisit-il un mot choquant, poussant ses contemporains hostiles à parler de cannibalisme ? L'évangéliste, ici, veut éviter toute fausse spiritualisation, affirmer que Jésus n'a pas proposé une forme éthérée de participation à sa vie et à son message. Il a invité ceux qui croient à entrer concrètement avec lui dans une vie livrée aux autres jusqu'à la mort et relevée par Dieu. Manger de ce pain, c'est accueillir le don de Dieu qui transfigure ce qui, dans nos vies, est le plus faible et le plus incertain. ■

Roselyne Dupont-Roc, bibliste

VENDREDI 28 AVRIL 2023

3E SEMAINE DE PÂQUES COULEUR LITURGIQUE : BLANC

Temps pascal, *messe de la férie*
ou **saint Louis-Marie Grignion de Montfort,** *voir p. 313*
ou **saint Pierre Chanel**

Antienne d'ouverture

Il est digne, l'Agneau immolé, de recevoir puissance, divinité, sagesse, force et honneur, alléluia. (cf. Ap 5, 12)

Prière

Nous t'en prions, Dieu tout-puissant : puisque nous avons la grâce de connaître la résurrection du Seigneur, que ton Esprit d'amour nous ressuscite, nous aussi, à une vie nouvelle. Par Jésus… ***— Amen.***

Lecture

du livre des Actes des Apôtres (9, 1-20)

« Cet homme est l'instrument que j'ai choisi pour faire parvenir mon nom auprès des nations »

En ces jours-là, Saul était toujours animé d'une rage meurtrière contre les disciples du Seigneur. Il alla trouver le grand prêtre et lui demanda des lettres pour les synagogues de Damas, afin que, s'il trouvait des hommes et des femmes qui suivaient le Chemin du Seigneur, il les amène enchaînés à Jérusalem. Comme il était en route et approchait de Damas, soudain une lumière venant du ciel l'enveloppa de sa clarté. Il fut précipité à terre ; il entendit une voix qui lui disait : « Saul,

Saul, pourquoi me persécuter ? » Il demanda : « Qui es-tu, Seigneur ? » La voix répondit : « Je suis Jésus, celui que tu persécutes. Relève-toi et entre dans la ville : on te dira ce que tu dois faire. » Ses compagnons de route s'étaient arrêtés, muets de stupeur : ils entendaient la voix, mais ils ne voyaient personne. Saul se releva de terre et, bien qu'il eût les yeux ouverts, il ne voyait rien. Ils le prirent par la main pour le faire entrer à Damas. Pendant trois jours, il fut privé de la vue et il resta sans manger ni boire. Or, il y avait à Damas un disciple nommé Ananie. Dans une vision, le Seigneur lui dit : « Ananie ! » Il répondit : « Me voici, Seigneur. » Le Seigneur reprit : « Lève-toi, va dans la rue appelée rue Droite, chez Jude : tu demanderas un homme de Tarse nommé Saul. Il est en prière, et il a eu cette vision : un homme, du nom d'Ananie, entrait et lui imposait les mains pour lui rendre la vue. » Ananie répondit : « Seigneur, j'ai beaucoup entendu parler de cet homme, et de tout le mal qu'il a fait subir à tes fidèles à Jérusalem. Il est ici, après avoir reçu de la part des grands prêtres le pouvoir d'enchaîner tous ceux qui invoquent ton nom. » Mais le Seigneur lui dit : « Va ! car cet homme est l'instrument que j'ai choisi pour faire parvenir mon nom auprès des nations, des rois et des fils d'Israël. Et moi, je lui montrerai tout ce qu'il lui faudra souffrir pour mon nom. » Ananie partit donc et entra dans la maison. Il imposa les mains à Saul, en disant : « Saul, mon frère, celui qui m'a envoyé, c'est le Seigneur, c'est Jésus qui t'est apparu sur le chemin par lequel tu venais. Ainsi, tu vas retrouver la vue, et tu seras rempli d'Esprit Saint*. » Aussitôt tombèrent de ses yeux comme des écailles, et il retrouva la vue. Il se leva, puis il fut

baptisé. Alors il prit de la nourriture et les forces lui revinrent. Il passa quelques jours à Damas avec les disciples et, sans plus attendre, il proclamait Jésus dans les synagogues, affirmant que celui-ci est le Fils de Dieu.
– Parole du Seigneur.

Psaume 116 (117)

℟ ***Allez dans le monde entier. Proclamez l'Évangile.***
OU ***Alléluia !***

Louez le Seigneur, tous les peuples ;
fêtez-le, tous les pays ! ℟

Son amour envers nous s'est montré le plus fort ;
éternelle est la fidélité du Seigneur ! ℟

Acclamation de l'Évangile

Alléluia. Alléluia. Qui mange ma chair et boit mon sang demeure en moi, et moi en lui, dit le Seigneur. ***Alléluia.***

Évangile de Jésus Christ

selon saint Jean (6, 52-59)

« Ma chair est la vraie nourriture, et mon sang est la vraie boisson »

En ce temps-là, les Juifs se querellaient entre eux : « Comment celui-là peut-il nous donner sa chair à manger ? » Jésus leur dit alors : « Amen, amen, je vous le dis : si vous ne mangez pas la chair du Fils de l'homme, et si vous ne buvez pas son sang, vous n'avez pas la vie en vous. Celui qui mange ma chair et boit mon sang a la vie éternelle ; et moi, je le ressusciterai au dernier jour. En effet, ma chair est la vraie nourriture, et mon sang est la vraie boisson. Celui qui mange ma chair et boit mon sang demeure en moi, et moi, je demeure en lui. De même que le Père, qui est vivant, m'a envoyé, et que moi je vis par le Père, de même celui qui me mange, lui aussi vivra par moi. Tel est le pain qui est descendu du ciel : il n'est pas comme celui que les pères ont mangé. Eux, ils sont morts ; celui qui mange ce pain vivra éternellement. » Voilà ce que Jésus a dit alors qu'il enseignait à la synagogue de Capharnaüm.

Prière sur les offrandes

Dans ta bonté, sanctifie ces dons, nous t'en prions, Seigneur ; accepte le sacrifice spirituel que nous t'offrons, et fais de nous-mêmes une éternelle offrande pour toi. Par le Christ, notre Seigneur. — ***Amen.*** *Préface de Pâques, p. 344.*

Antienne de la communion

Le crucifié s'est relevé
d'entre les morts,
il nous a rachetés, alléluia.

Prière après la communion

Seigneur, nous avons reçu le don de tes sacrements, et nous te prions humblement : ton Fils nous a demandé de les célébrer en mémoire de lui, qu'ils augmentent en nous la charité. Par le Christ, notre Seigneur. — ***Amen.***

INVITATION

Je peux prier les mystères douloureux du rosaire ou suivre le chapelet de Lourdes en direct à 15 h 30 (sur KTO, RCF ou le site du sanctuaire).

COMMENTAIRE

Mots mangés Jean 6, 52-59

Recevoir l'eucharistie, le pain de vie, manger la Parole, autrement dit l'intérioriser, nous ramène à la source même de notre être en nous unissant au Verbe et, par lui, au Père dans l'Esprit. Ce chemin d'intériorité suppose de reconnaître que nous n'avons pas la vie en nous-mêmes mais la recevons de Dieu. Contemplons le mystère trinitaire, la relation du Fils au Père, tout particulièrement dans l'évangile de Jean, où il affirme ne rien faire de lui-même, tout recevoir de celui qui est « plus grand » que lui (cf. Jn 5, 19. 30. 36). ■

***Emmanuelle Billoteau**, ermite*

✻ CLÉ DE LECTURE

« D'Esprit Saint » Actes 9, 17 *(p. 309)*

Bien ancrée dans l'imaginaire chrétien, cette scène spectaculaire de la conversion de Saul gagne à être comparée au récit qu'en fait Paul lui-même dans la lettre aux Galates (Ga 1, 13-17) : une vocation prophétique et un bouleversement intérieur intense. On en trouve aussi des variantes dans les discours des Actes attribués à Paul (Ac 22 ; 26). Autant dire que l'événement a de multiples facettes. Luc, ici, choisit l'aspect conversion, passage du persécuteur du côté des persécutés, mais aussi entrée dans une communauté qui devient pour Saul le nouveau visage de Jésus : toujours entouré de compagnons, enseigné et orienté vers sa mission par Ananie, il reçoit le baptême et la force de l'Esprit Saint, il mange (le repas du Seigneur ?) et se lève pour témoigner de Jésus Christ. ■

***Roselyne Dupont-Roc**, bibliste*

Saint Louis-Marie Grignion de Montfort

Couleur liturgique : blanc

1673-1716. Grand prédicateur, apôtre de Marie. Sa descendance spirituelle est nombreuse : Filles de la Sagesse, Pères et Frères Montfortains, Frères de Saint-Gabriel…

Antienne d'ouverture

Que tes prêtres soient vêtus de justice, que tes fidèles crient de joie, alléluia ! (cf. Ps 131, 9)

Prière

Dieu éternel et tout-puissant, tu as fait du prêtre saint Louis-Marie un témoin et un maître admirable de la parfaite consécration à ton Fils Jésus Christ par les mains de sa Mère bienheureuse ; accorde-nous de suivre le même chemin spirituel pour travailler sans relâche à étendre ton royaume. Par Jésus Christ… **– *Amen.***

Prière sur les offrandes

Regarde, Seigneur, les offrandes déposées sur ton autel en l'honneur de saint Louis-Marie ; et, comme tu lui as donné la gloire par ces saints mystères, accorde-nous largement ton pardon. Par le Christ, notre Seigneur. **– *Amen.***

Antienne de la communion

Heureux le serviteur que son maître, en arrivant, trouvera vigilant ! Amen, je vous le déclare : il l'établira sur tous ses biens, alléluia. (cf. Mt 24, 46-47)

Prière après la communion

Par cette communion à la table du ciel, Dieu tout-puissant, raffermis et augmente les forces d'en haut en tous ceux qui célèbrent la fête de saint Louis-Marie ; aide-nous à garder dans son intégrité le don de la foi, et à marcher sur le chemin du salut qui nous est proposé. Par le Christ, notre Seigneur. **– *Amen.***

SAMEDI 29 AVRIL 2023

COULEUR LITURGIQUE : BLANC

Sainte Catherine de Sienne

1347-1380. Omniprésente dans la vie de l'Église de son temps, cette tertiaire dominicaine fut surtout une grande mystique. Docteur de l'Église et copatronne de l'Europe.

Antienne d'ouverture

Vierge sage et prévoyante, Catherine de Sienne a gardé sa lampe allumée pour sortir à la rencontre du Christ, alléluia.

Gloire à Dieu (p. 339)

Prière

Seigneur Dieu, tu as brûlé du feu de ton amour sainte Catherine de Sienne en lui donnant de contempler la passion de Jésus et en l'appelant à servir l'Église ; par son intercession, accorde à ton peuple, uni au mystère du Christ, d'exulter sans fin quand sa gloire se révélera. Lui qui… ***— Amen.***

Lectures propres à la fête de sainte Catherine de Sienne.

Lecture

de la première lettre de saint Jean (1, 5 – 2, 2)

« Le sang de Jésus nous purifie de tout péché »

Bien-aimés, tel est le message que nous avons entendu de Jésus Christ et que nous vous annonçons : Dieu est lumière ; en lui, il n'y a pas de ténèbres. Si nous disons que nous sommes en communion avec lui, alors que nous marchons dans les ténèbres, nous sommes des menteurs, nous ne faisons pas la vérité. Mais si nous marchons dans la lumière, comme il est lui-même dans la lumière, nous sommes en communion les uns avec les autres, et le sang de Jésus, son Fils, nous purifie de tout péché. Si nous disons que nous n'avons pas de péché, nous nous égarons nous-mêmes, et la vérité n'est pas en nous. Si nous reconnaissons nos péchés, lui qui est fidèle et juste va jusqu'à pardonner nos péchés et nous purifier de toute injustice. Si nous disons que nous sommes sans péché, nous faisons de lui un menteur, et sa parole n'est pas en nous. Mes petits enfants, je vous écris cela pour que vous évitiez le péché. Mais si l'un de nous vient à pécher, nous avons un défenseur devant le Père : Jésus Christ, le Juste. C'est lui qui, par son sacrifice*, obtient le pardon de nos péchés, non seulement les nôtres, mais encore ceux du monde entier. – Parole du Seigneur.

Psaume 102 (103)

℟ ***Bénis le Seigneur, ô mon âme !***

Bénis le Seigneur, ô mon âme,
bénis son nom très saint, tout mon être !
Bénis le Seigneur, ô mon âme,
n'oublie aucun de ses bienfaits. ℟

Car il pardonne toutes tes offenses
et te guérit de toute maladie ;
il réclame ta vie à la tombe
et te couronne d'amour et de tendresse. ℟

Le Seigneur est tendresse et pitié,
lent à la colère et plein d'amour ;
il n'est pas pour toujours en procès,
ne maintient pas sans fin ses reproches. ℟

Comme la tendresse du père pour ses fils,
la tendresse du Seigneur pour qui le craint !
Il sait de quoi nous sommes pétris,
il se souvient que nous sommes poussière. ℟

Mais l'amour du Seigneur, sur ce**u**x qui le craignent,
est de toujo**u**rs à toujours,
et sa justice pour les enf**a**nts de leurs enfants,
pour ceux qui g**a**rdent son alliance. ℟

Acclamation de l'Évangile

Alléluia. Alléluia. Tu es béni, Père, Seigneur du ciel et de la terre, tu as révélé aux tout-petits les mystères du Royaume ! ***Alléluia.***

Évangile de Jésus Christ

selon saint Matthieu (11, 25-30)

« Ce que tu as caché aux sages et aux savants, tu l'as révélé aux tout-petits »

En ce temps-là, Jésus prit la parole et dit : « Père, Seigneur du ciel et de la terre, je proclame ta louange : ce que tu as caché aux sages et aux savants, tu l'as révélé aux tout-petits. Oui, Père, tu l'as voulu ainsi dans ta bienveillance. Tout m'a été remis par mon Père ; personne ne connaît le Fils, sinon le Père, et personne ne connaît le Père, sinon le Fils, et celui à qui le Fils veut le révéler. Venez à moi, vous tous qui peinez sous le poids du fardeau, et moi, je vous procurerai le repos. Prenez sur vous mon joug, devenez mes disciples, car je suis doux et humble de cœur, et vous trouverez le repos pour votre âme. Oui, mon joug est facile à porter, et mon fardeau, léger. »

Prière sur les offrandes

Accueille, Seigneur, le sacrifice du salut que nous présentons en la fête de sainte Catherine : instruits par ses conseils, nous pourrons te rendre grâce, Dieu véritable, avec plus de ferveur. Par le Christ, notre Seigneur. – ***Amen.***

Préface des saints, p. 346.

Antienne de la communion

Dieu est lumière. Si nous marchons
dans la lumière, nous sommes
en communion les uns avec les autres,
et le sang de Jésus Christ, son Fils,
nous purifie de tout péché, alléluia.
(cf. 1 Jn 1, 5. 7)

Prière après la communion

Que la vie éternelle nous soit donnée, Seigneur, puisque nous sommes nourris à la table du ciel où sainte Catherine trouvait aussi un aliment pour la vie de son corps. Par le Christ, notre Seigneur. – ***Amen.***

INVITATION

S'il y avait une phrase à retenir pour ma vie, dans les lectures du mois, laquelle choisirais-je ?

COMMENTAIRE

L'autre joug Matthieu 11, 25-30

La louange de Jésus suscitée par le bon vouloir du Père, le repos auquel il invite peuvent prêter à confusion et nous laisser déroutés dans l'épreuve. La vie de Jésus et celle de saints – telle sainte Catherine de Sienne – nous rappellent que le repos ne va pas sans combat spirituel et, plus encore, s'expérimente en ce « lieu » de par l'action de l'Esprit. Lui que la séquence de la Pentecôte, « Viens, Esprit Saint », invoque comme « repos dans le labeur, fraîcheur dans la fièvre, réconfort dans les pleurs ». ■

***Emmanuelle Billoteau,** ermite*

❊ CLÉ DE LECTURE

« Par son sacrifice » 1 Jean 2, 2 *(p. 315)*

Il faut nous garder de l'inflation sacrificielle qui envahit notre compréhension du mystère de l'amour de Dieu manifesté pour nous en Jésus Christ. Il n'est nullement fait mention ici d'un « sacrifice », mais de l'« hilastèrion », qui désigne en grec le couvercle ou le dessus de l'arche ou de l'autel où Dieu vient rencontrer son peuple lors de la fête du Kippour. L'autel était alors symboliquement aspergé de sang, car le sang dans la tradition juive, c'est la vie. Elle est remise à Dieu, car elle lui appartient, pour qu'il la rende pardonnée et nouvelle à chacun. Or Jésus est animé de la vie même de Dieu : en nous livrant sa vie jusqu'au bout, il confie à Dieu de la lui rendre renouvelée et de nous faire entrer avec lui dans la force de sa résurrection. ■

***Roselyne Dupont-Roc,** bibliste*

DIMANCHE 30 AVRIL 2023

4E DIMANCHE DE PÂQUES

ANNÉE A – COULEUR LITURGIQUE : BLANC

« Moi, je suis venu pour que les brebis aient la vie, la vie en abondance. »
Jean 10, 10

« Je suis la porte des brebis. » Ce dimanche est celui du Bon Pasteur. Le berger veille sur ses brebis, leur assure de verts pâturages, les mène vers les eaux tranquilles. Pour chacun de nous, le Christ est ce bon berger. Il nous montre le chemin de la vie, de l'espérance, il prévient nos errances. Et si nous nous blessons, il panse nos plaies et nous redonne le goût de l'audace et de la joie.

RITES INITIAUX

Chant d'entrée *(Suggestions p. 367)*

OU

Antienne d'ouverture

La terre est remplie de l'amour du Seigneur ;
il a fait les cieux par sa parole, alléluia.
(Ps 32, 5-6)

Suggestion de préparation pénitentielle *(ou p. 336)*

Frères et sœurs, en ce dimanche du Bon Pasteur, tournons-nous vers le Seigneur et demandons-lui pardon pour nos fautes.

(Jésus, berger de toute humanité. R310-1)

Jésus, berger de toute humanité,
tu es venu chercher ceux qui étaient perdus. ℟
℟ ***Prends pitié de nous, fais-nous revenir,***
fais-nous revenir à toi ! Prends pitié de nous !
Jésus, berger de toute humanité,
tu es venu guérir ceux qui étaient malades. ℟
Jésus, berger de toute humanité,
tu es venu sauver ceux qui étaient pécheurs. ℟

Que Dieu tout-puissant nous fasse miséricorde ; qu'il nous pardonne nos péchés et nous conduise à la vie éternelle. – ***Amen.***

Gloire à Dieu (p. 339)

Prière

Dieu éternel et tout-puissant, guide-nous jusqu'au bonheur du ciel ; que le troupeau parvienne, malgré sa faiblesse, là où son Pasteur est entré victorieux. Lui qui…

— Amen.

LITURGIE DE LA PAROLE

Lecture du livre des Actes des Apôtres (2, 14a. 36-41)

« Dieu l'a fait Seigneur et Christ »

Le jour de la Pentecôte, Pierre, debout avec les onze autres Apôtres, éleva la voix et fit cette déclaration : « Que toute la maison d'Israël le sache donc avec certitude : Dieu l'a fait Seigneur et Christ, ce Jésus que vous aviez crucifié. » Les auditeurs furent touchés au cœur ; ils dirent à Pierre et aux autres Apôtres : « Frères, que devons-nous faire ? »

Pierre leur répondit : « Convertissez-vous, et que chacun de vous soit baptisé au nom de Jésus Christ pour le pardon de ses péchés ; vous recevrez alors le don du Saint-Esprit. Car la promesse est pour vous, pour vos enfants et pour tous ceux qui sont loin, aussi nombreux que le Seigneur notre Dieu les appellera. » Par bien d'autres paroles encore, Pierre les adjurait et les exhortait en

disant : « Détournez-vous de cette génération tortueuse, et vous serez sauvés. »
Alors, ceux qui avaient accueilli la parole de Pierre furent baptisés.
Ce jour-là, environ trois mille personnes se joignirent à eux.
– Parole du Seigneur.

Psaume 22 (23)

℟ ***Le Seigneur est mon berger : rien ne saurait me manquer.***
*OU **Alléluia !***

T. : AELF; M. : B. Delattre; Éd. : ADF.

Le Seigneur est mon berger :
je ne manque de rien.
Sur des prés d'herbe fraîche,
il me fait reposer. ℟

Il me mène vers les eaux tranquilles
et me fait revivre ;
il me conduit par le juste chemin
pour l'honneur de son nom. ℟

Si je traverse les ravins de la mort,
je ne crains aucun mal,
car tu es avec moi :
ton bâton me guide et me rassure. ℟

Retrouvez ce psaume sur le CD "Les psaumes de l'année A"

Tu prépares la table pour moi
devant mes ennemis ;
tu répands le parfum sur ma tête,
ma coupe est débordante. ℟

Grâce et bonheur m'accompagnent
tous les jours de ma vie ;
j'habiterai la maison du Seigneur
pour la durée de mes jours. ℟

Lecture de la première lettre de saint Pierre apôtre (2, 20b-25)

« Vous êtes retournés vers le berger de vos âmes »

Bien-aimés, si vous supportez la souffrance pour avoir fait le bien, c'est une grâce aux yeux de Dieu. C'est bien à cela que vous avez été appelés, car c'est pour vous que le Christ, lui aussi, a souffert ; il vous a laissé un modèle afin que vous suiviez ses traces.

Lui n'a pas commis de péché ; dans sa bouche, on n'a pas trouvé de mensonge. Insulté, il ne rendait pas l'insulte, dans la souffrance, il ne menaçait pas, mais il s'abandonnait à Celui qui juge avec justice. Lui-même a porté nos péchés, dans son corps, sur le bois, afin que, morts à nos péchés, nous vivions pour la justice. Par ses blessures, nous sommes guéris. Car vous étiez errants comme des brebis ; mais à présent vous êtes retournés vers votre berger, le gardien de vos âmes. – Parole du Seigneur.

Acclamation de l'Évangile

Alléluia. Alléluia. Je suis le bon pasteur, dit le Seigneur ; je connais mes brebis et mes brebis me connaissent. ***Alléluia.***

IU 56-65 ; M. : P. Robert ; Bayard Liturgie.

Évangile de Jésus Christ selon saint Jean (10, 1-10)

« Je suis la porte des brebis »

En ce temps-là, Jésus déclara : « Amen, amen, je vous le dis : celui qui entre dans l'enclos des brebis sans passer par la porte, mais qui escalade par un autre endroit, celui-là est un voleur et un bandit. Celui qui entre par la porte, c'est le pasteur, le berger des brebis. Le portier lui ouvre, et les brebis écoutent sa voix. Ses brebis à lui, il les appelle chacune par son nom, et il les fait sortir. Quand il a poussé dehors toutes les siennes, il marche à leur tête, et les brebis le suivent, car elles connaissent sa voix. Jamais elles ne suivront un étranger, mais elles s'enfuiront loin de lui, car elles ne connaissent pas la voix des étrangers. » Jésus employa cette image pour s'adresser aux pharisiens, mais eux ne comprirent pas de quoi il leur parlait. C'est pourquoi Jésus reprit la parole : « Amen, amen, je vous le dis : Moi, je suis la porte des brebis. Tous ceux qui sont venus avant moi sont des voleurs et des bandits ; mais les brebis ne les ont pas écoutés. Moi, je suis la porte. Si quelqu'un entre en passant par moi, il sera sauvé ; il pourra entrer ; il pourra sortir et trouver un pâturage. Le voleur ne vient que pour voler, égorger, faire périr. Moi, je suis venu pour que les brebis aient la vie, la vie en abondance. »

Homélie

Profession de foi *(p. 336)*

Suggestion de prière universelle

Le prêtre :

En ce dimanche de prière pour les vocations, prions le Christ, notre Bon Berger. Prions-le pour le monde, pour l'Église, pour tous ses pasteurs, pour tous ceux qui se sentent appelés à donner entièrement leur vie au Seigneur.

℟ ***Fils du Dieu vivant, exauce-nous !***

D. R. ; T. et M. : J. Gelineau.

Le diacre ou un lecteur :

Béni sois-tu, Christ Ressuscité, pour les jeunes qui vivent leur foi chrétienne avec joie et détermination. Nous te prions pour celles et ceux qui se sentent appelés au choix radical de la vie consacrée. Écoute-nous, Bon Pasteur. ℟

Béni sois-tu, Christ Ressuscité, pour les familles de notre assemblée qui rayonnent autour d'elles leur joie de croire et d'aimer. Nous te prions pour les familles désunies, séparées ou marquées par l'épreuve d'un des leurs. Écoute-nous, Doux Berger. ℟

Béni sois-tu, Christ Ressuscité, pour les chrétiens vivant leur métier comme une véritable vocation, qu'elle soit sociale, éducative, artistique, économique, politique. Soutiens ceux qui peinent à vivre de leur métier ou peinent à trouver un emploi. Écoute-nous, Berger de tout réconfort. ℟

Béni sois-tu, Christ Ressuscité, pour les témoins de la paix et de la réconciliation au sein de leur famille, de leur paroisse, de leur pays. Nous te prions pour une plus grande diffusion d'une culture de la non-violence. Écoute-nous, Berger de paix. ℟

(Ces intentions seront adaptées ou modifiées selon les circonstances.)

Le prêtre :

Seigneur Jésus, berger de toute humanité, en ta bonté, exauce toutes nos prières, toi qui vis et règnes pour les siècles des siècles.

— Amen.

LITURGIE EUCHARISTIQUE

Prière sur les offrandes

Donne-nous, Seigneur, nous t'en prions, de toujours te rendre grâce par ces mystères de Pâques ; qu'ils continuent l'œuvre de notre relèvement et deviennent pour nous une source intarissable de joie. Par le Christ, notre Seigneur.

— Amen.

Prière eucharistique *(Préface de Pâques, p. 344)*

Chant de communion *(Suggestions p. 367)*
OU
Antienne de la communion
Le Bon Pasteur est ressuscité,
lui qui a donné sa vie pour ses brebis,
lui qui a choisi de mourir pour son troupeau,
alléluia.

Prière après la communion
Seigneur, Pasteur plein de bonté, regarde avec bienveillance ton troupeau ; tu l'as racheté par le sang précieux de ton Fils : ouvre-lui les pâturages de la vie éternelle. Par le Christ, notre Seigneur.
— Amen.

RITE DE CONCLUSION

Bénédiction *(p. 236)*

Envoi

COMMENTAIRE DU DIMANCHE

Benoît Gschwind, prêtre assomptionniste

Choisir la vie en abondance !

Le défi et l'appel de la Bonne Nouvelle sont grands ! « Que devons-nous faire ? » Pierre et les autres Apôtres sont interpellés par celles et ceux qui les écoutent. L'Évangile est un appel ! Un appel à la conversion. Un appel à grandir dans la confiance. Un appel aussi, et surtout, à laisser le Christ rejoindre notre vie à tel point, comme le dira l'apôtre Paul, que ce n'est plus nous qui vivons, mais bien lui qui vit en nous.

Le Christ n'est pas venu pour freiner le dynamisme de vie de ses disciples, mais pour les encourager à faire plus et mieux, pour que par lui le monde soit sauvé. « Le Christ n'enlève rien, il donne tout ! » C'est par ces mots que le pape Benoît XVI commençait son pontificat, nous encourageant à entrer toujours plus dans l'amitié avec le Christ. L'évangile de ce jour nous livre un message •••

••• extraordinaire. « Je suis venu, dit Jésus, pour que les hommes aient la vie, pour qu'ils l'aient en abondance. » Voilà le projet du Pasteur pour ses brebis. Voilà le projet du Père pour ses enfants. Il nous faut comprendre à quel point le Ressuscité nous veut du bien, à quel point il nous veut bien vivants ! Entendre son appel, vivre de l'Évangile, c'est choisir la vie en abondance et, avec elle, le bonheur. C'est décider de fuir délibérément les chemins de mort et de malheur. Suivre les pas du Ressuscité c'est entrer de plain-pied dans l'amitié avec le Christ. C'est laisser l'Esprit faire son travail en nos vies.
Choisir la vie est un appel de Dieu à son peuple.

Qu'est-ce que je fais pour choisir chaque jour la vie
et faire confiance à Dieu ?

Comment est-ce que je propose ce chemin de vie à d'autres ?

Qu'est-ce qui m'empêche parfois d'accueillir
la vie en abondance ? ■

Prions en Église Junior

LIRE L'ÉVANGILE AVEC LES ENFANTS

CE QUE JE DÉCOUVRE

Une brebis, c'est fragile... Elle a besoin d'être conduite vers les pâturages pour ne pas se perdre ou se blesser. **Comme les brebis, nous avons besoin d'être guidés. Et Jésus est le berger envoyé par Dieu pour prendre soin de nous.** Il nous rassemble autour de lui afin de veiller sur nous et de nous montrer le chemin de la vie. Soyons attentifs à sa voix pour apprendre à la reconnaître. **Suivons Jésus en confiance, il nous conduit à Dieu.**

CE QUE JE VIS

L'Église prie aujourd'hui pour ceux qui voudraient donner toute leur vie à Jésus.
Et toi, as-tu déjà ressenti un appel de Dieu ?
Jésus nous parle dans la prière.
Ferme les yeux et écoute-le comme un ami.

Texte : Patricia Metzger. Illustrations : Marcelino Truong

MÉDITATION BIBLIQUE

4E DIMANCHE DE PÂQUES

Actes des Apôtres 2, 14a. 36-41

« Que devons-nous faire ? »

Nous avons déjà entendu cette question posée à Pierre et aux apôtres. C'était dans la bouche d'un docteur de la Loi interrogeant Jésus : « Que dois-je faire pour avoir en héritage la vie éternelle ? » (Lc 10, 25). Ce qui nous introduit sur un chemin de type initiatique.

Le temps de la préparation

« Tu répands le parfum sur ma tête, ma coupe est débordante. » (Ps 22, 5)

Le temps de l'observation

Le discours de Pierre prononcé à Jérusalem le jour de la Pentecôte est un fruit du don de l'Esprit, lui-même fruit de la Pâque du Christ. La liturgie ne nous en propose que des extraits en focalisant sur l'aspect « contagieux » d'une foi brûlante. Car ce discours est de l'ordre du témoignage. Pierre parle d'expérience de l'événement pascal, vécu dans sa chair d'homme : la trahison, les pleurs quand Jésus posa son regard sur lui et la repentance (Lc 22, 61-62) ; la douleur de la perte, la joie des retrouvailles et de la confiance renouvelée ; la force de l'Esprit et l'urgence de partager le trésor reçu (Lc 24, 31-50 ; Ac 2, 1-4). Peut-être est-ce pour cela que « les auditeurs » de son discours « furent touchés au cœur » et qu'ils l'interrogèrent sur la réponse à apporter à ce qui relève d'une offre de pardon, eux qui avaient « crucifié » ce Jésus que Dieu « a fait Seigneur et Christ » ?

Le temps de la méditation

Le témoignage n'est pas la simple exposition d'une donnée de foi, aussi juste soit-elle au regard de la théologie et de son expression. Le renouvellement initié par Dieu dans la résurrection du Christ et expérimenté par Pierre dans le don de l'Esprit nous incite à demander ce même don pour remplir notre mission de porteurd de la Bonne Nouvelle du pardon – autrement dit, de cette annonce qui ouvre un avenir. Pierre ne cherche pas à plaire en évitant le « sujet qui fâche ». Il part de ce vécu commun, de références scripturaires connues (voir Ac 2, 14-41 en son entier) pour entrer en relation avec ses interlocuteurs qui, eux aussi, sont manifestement travaillés par l'Esprit, lequel leur permet de comprendre les enjeux de ce témoignage. « Que devons-nous faire ? », non pas abstraitement mais concrètement. Une question que nous retrouvons dans les sentences des Pères du désert de la part de disciples désireux de vivre pleinement leur vie chrétienne. Une question à susciter chez ceux qui nous entourent.

Le temps de la prière

« Grâce et bonheur m'accompagnent tous les jours de ma vie. » (Ps 22, 6) ■

Emmanuelle Billoteau, ermite

LA VIE EN PHOTO

30 AVRIL – JOURNÉE MONDIALE DES MOBILITÉS ET DE L'ACCESSIBILITÉ

Prière de toucher les œuvres

Dans un musée d'Ancône, en Italie, deux personnes malvoyantes touchent une reproduction de la Pietà de Michel-Ange. La femme de gauche a les mains sur le visage du Christ mort. La femme au milieu, elle, épouse la forme du nez, des yeux, des joues de la Vierge. Ses gestes, guidés par une accompagnatrice, sont presque une caresse. Le Musée tactile d'Ancône s'est spécialisé dans l'accès de l'art aux non-voyants. Cette Pietà a été conçue en fibre de verre pour être touchée, palpée, manipulée. La scène, presque sensuelle, nous interroge. Comment pouvons-nous rendre palpable ce mystère : la mort du Christ, et sa résurrection ? ■

Frédéric Pascal, journaliste

« Jésus dit à Thomas : "Avance ton doigt ici, et vois mes mains ; avance ta main, et mets-la dans mon côté : cesse d'être incrédule, sois croyant." »

Évangile selon saint Jean 20, 27

Le Musée tactile d'Omero à Ancône, Italie.

Liturgie de la messe

RITES INITIAUX

Le chant d'entrée achevé, le prêtre et les fidèles, debout, font le signe de la croix, tandis que le prêtre, tourné vers le peuple, dit :

Au nom du Père, et du Fils, et du Saint-Esprit.

Le peuple répond :

— Amen.

Salutation

La grâce de Jésus, le Christ, notre Seigneur, l'amour de Dieu le Père, et la communion de l'Esprit Saint soient toujours avec vous.

— Et avec votre esprit.

Ou bien : Que la grâce et la paix de Dieu notre Père et du Seigneur Jésus, le Christ, soient toujours avec vous.

— Et avec votre esprit.

Ou bien : Le Seigneur soit avec vous.

— Et avec votre esprit.

Acte pénitentiel

Frères et sœurs, préparons-nous à célébrer le mystère de l'eucharistie, en reconnaissant que nous avons péché.

(1) Je confesse à Dieu tout-puissant, je reconnais devant vous, frères et sœurs, que j'ai péché en pensée, en parole, par action et par omission ; oui, j'ai vraiment péché. C'est pourquoi je supplie la bienheureuse Vierge Marie, les anges et tous les saints, et vous aussi, frères et sœurs, de prier pour moi le Seigneur notre Dieu.

(2) Prends pitié de nous, Seigneur. — ***Nous avons péché contre toi.***
Montre-nous, Seigneur, ta miséricorde. — ***Et donne-nous ton salut.***

(3) Seigneur Jésus, envoyé pour guérir les cœurs qui reviennent vers toi :
Seigneur, prends pitié. — ***Seigneur, prends pitié.***
Ô Christ, venu appeler les pécheurs : ô Christ, prends pitié.
— ***Ô Christ, prends pitié.***
Seigneur, qui sièges à la droite du Père où tu intercèdes pour nous :
Seigneur, prends pitié. — ***Seigneur, prends pitié.***

Que Dieu tout-puissant nous fasse miséricorde ; qu'il nous pardonne nos péchés et nous conduise à la vie éternelle. — ***Amen.***

Ensuite, on chante ou on dit le Kyrie eleison (Seigneur, prends pitié), à moins qu'il n'ait été déjà employé dans une formule de l'acte pénitentiel (c'est le cas de la précédente).

Kyrie, eleison. — ***Kyrie, eleison.***
Christe, eleison. — ***Christe, eleison.***
Kyrie, eleison. — ***Kyrie, eleison.***
ou bien: Seigneur, prends pitié. — ***Seigneur, prends pitié.***
Ô Christ, prends pitié. — ***Ô Christ, prends pitié.***
Seigneur, prends pitié. — ***Seigneur, prends pitié.***

(4) Aux messes dominicales, l'aspersion de l'eau bénite peut tenir lieu de préparation pénitentielle.

Frères et sœurs bien-aimés, demandons au Seigneur de bénir cette eau qu'il a créée ; nous allons en être aspergés en mémoire de notre baptême : que Dieu nous vienne en aide, afin que nous demeurions fidèles à l'Esprit que nous avons reçu.

Le prêtre prononce sur l'eau une prière d'action de grâce.

Seigneur, Dieu tout-puissant, sois favorable aux prières de ton peuple : tandis que nous célébrons la merveille de notre création et la merveille plus grande encore de notre rédemption, daigne bénir + cette eau. Tu l'as créée pour féconder la terre et donner à nos corps fraîcheur et pureté. Tu en as fait aussi l'instrument de ta miséricorde : par elle tu as libéré ton peuple de la servitude et tu as étanché sa soif dans le désert ; par elle les prophètes ont annoncé la nouvelle Alliance que tu allais conclure avec l'humanité ; par elle enfin, eau sanctifiée par le Christ au Jourdain, tu as renouvelé notre nature pécheresse dans le bain de la nouvelle naissance. Que cette eau, maintenant, nous rappelle notre baptême et nous fasse participer à la joie de nos frères et sœurs les baptisés de Pâques. Par le Christ, notre Seigneur – ***Amen.***

Le prêtre circule dans l'assemblée en aspergeant les fidèles pendant que l'on chante un chant baptismal. Par exemple : Par le baptême de renaissance (I 296) ; J'ai vu l'eau vive (I 132).

Que Dieu tout-puissant nous purifie de nos péchés et, par la célébration de cette eucharistie, nous rende dignes de participer à la table de son royaume. Par le Christ, notre Seigneur. – ***Amen.***

Gloire à Dieu

Gloire à Dieu, au plus haut des cieux, et paix sur la terre aux hommes,
qu'il aime. Nous te louons, nous te bénissons, nous t'adorons,
nous te glorifions, nous te rendons grâce, pour ton immense gloire,
Seigneur Dieu, Roi du ciel, Dieu le Père tout-puissant.
Seigneur, Fils unique, Jésus Christ, Seigneur Dieu,
Agneau de Dieu, le Fils du Père ;
toi qui enlèves les péchés du monde, prends pitié de nous ;
toi qui enlèves les péchés du monde, reçois notre prière ;
toi qui es assis à la droite du Père, prends pitié de nous.
Car toi seul es Saint, toi seul es Seigneur, toi seul es le Très-Haut :
Jésus Christ, avec le Saint-Esprit dans la gloire de Dieu le Père. Amen.

Gloria in excelsis Deo et in terra pax hominibus bonæ voluntatis. Laudamus te, benedicimus te, adoramus te, glorificamus te, gratias agimus tibi propter magnam gloriam tuam, Domine Deus, Rex cælestis, Deus Pater omnipotens. Domine Fili unigenite, Iesu Christe, Domine Deus, Agnus Dei, Filius Patris, qui tollis peccata mundi, miserere nobis ; qui tollis peccata mundi, suscipe deprecationem nostram.
Qui sedes ad dexteram Patris, miserere nobis.
Quoniam tu solus Sanctus, tu solus Dominus, tu solus Altissimus,
Iesu Christe, cum Sancto Spiritu : in gloria Dei Patris. Amen.

Prière d'ouverture

Voir à la date du jour.

LITURGIE DE LA PAROLE

Voir à la date du jour.

Profession de foi

Symbole de Nicée-Constantinople

Je crois en un seul Dieu, le Père tout-puissant,
créateur du ciel et de la terre, de l'univers visible et invisible.
Je crois en un seul Seigneur, Jésus Christ, le Fils unique de Dieu,
né du Père avant tous les siècles : il est Dieu, né de Dieu,
lumière née de la lumière, vrai Dieu, né du vrai Dieu,
engendré, non pas créé, consubstantiel au Père, et par lui tout a été fait.
Pour nous les hommes, et pour notre salut, il descendit du ciel ;
par l'Esprit Saint, il a pris chair de la Vierge Marie, et s'est fait homme.
Crucifié pour nous sous Ponce Pilate,
il souffrit sa passion et fut mis au tombeau.
Il ressuscita le troisième jour, conformément aux Écritures,
et il monta au ciel ; il est assis à la droite du Père.
Il reviendra dans la gloire, pour juger les vivants et les morts ;
et son règne n'aura pas de fin.
Je crois en l'Esprit Saint, qui est Seigneur et qui donne la vie ;
il procède du Père et du Fils ; avec le Père et le Fils,
il reçoit même adoration et même gloire ; il a parlé par les prophètes.
Je crois en l'Église, une, sainte, catholique et apostolique.
Je reconnais un seul baptême pour le pardon des péchés.
J'attends la résurrection des morts, et la vie du monde à venir. Amen.

Credo in unum Deum, Patrem omnipotentem,
Factorem cœli et terræ, visibilium omnium et invisibilium.
Et in unum Dominum Iesum Christum, Filium Dei unigenitum,
et ex Patre natum ante omnia sæcula.
Deum de Deo, lumen de lumine, Deum verum de Deo vero, genitum,
non factum, consubstantialem Patri : per quem omnia facta sunt.
Qui propter nos homines et propter nostram salutem descendit de cœlis.
Et incarnatus est de Spiritu Sancto ex Maria Virgine, et homo factus est.
Crucifixus etiam pro nobis sub Pontio Pilato ;
passus et sepultus est, et resurrexit tertia die, secundum Scripturas,
et ascendit in cœlum, sedet ad dexteram Patris.
Et iterum venturus est cum gloria, iudicare vivos et mortuos,
cuius regni non erit finis.
Et in Spiritum Sanctum, Dominum et vivificantem :
qui ex Patre Filioque procedit.
Qui cum Patre et Filio simul adoratur et conglorificatur :
qui locutus est per prophetas.
Et unam, sanctam, catholicam et apostolicam Ecclesiam.
Confiteor unum baptisma in remissionem peccatorum.
Et exspecto resurrectionem mortuorum, et vitam venturi sæculi.
Amen.

Symbole des Apôtres

Je crois en Dieu, le Père tout-puissant, créateur du ciel et de la terre.
Et en Jésus Christ, son Fils unique, notre Seigneur,
qui a été conçu du Saint-Esprit, est né de la Vierge Marie,
a souffert sous Ponce Pilate, a été crucifié, est mort et a été enseveli,
est descendu aux enfers, le troisième jour est ressuscité des morts,
est monté aux cieux, est assis à la droite de Dieu le Père tout-puissant,
d'où il viendra juger les vivants et les morts.
Je crois en l'Esprit Saint, à la sainte Église catholique,
à la communion des saints, à la rémission des péchés,
à la résurrection de la chair, à la vie éternelle. Amen.

Prière universelle

LITURGIE EUCHARISTIQUE

Préparation des dons

Tu es béni, Seigneur, Dieu de l'univers : nous avons reçu de ta bonté le pain que nous te présentons, fruit de la terre et du travail des hommes ; il deviendra pour nous le pain de la vie. ***—Béni soit Dieu, maintenant et toujours !***

Comme cette eau se mêle au vin pour le sacrement de l'Alliance, puissions-nous être unis à la divinité de celui qui a voulu prendre notre humanité.

Tu es béni, Seigneur, Dieu de l'univers : nous avons reçu de ta bonté le vin que nous te présentons, fruit de la vigne et du travail des hommes ; il deviendra pour nous le vin du Royaume éternel.

—Béni soit Dieu, maintenant et toujours !

Le cœur humble et contrit, nous te supplions, Seigneur, accueille-nous : que notre sacrifice, en ce jour, trouve grâce devant toi, Seigneur notre Dieu. Lave-moi de mes fautes, Seigneur, et purifie-moi de mon péché.

Prière sur les offrandes

Priez, frères et sœurs : que mon sacrifice, qui est aussi le vôtre, soit agréable à Dieu le Père tout-puissant.

— Que le Seigneur reçoive de vos mains ce sacrifice à la louange et à la gloire de son nom, pour notre bien et celui de toute l'Église.

Ou bien :

Prions ensemble, au moment d'offrir le sacrifice de toute l'Église.

— Pour la gloire de Dieu et le salut du monde.

Prière eucharistique

Le Seigneur soit avec vous. ***— Et avec votre esprit.***

Élevons notre cœur. ***— Nous le tournons vers le Seigneur.***

Rendons grâce au Seigneur notre Dieu. ***— Cela est juste et bon.***

Préfaces

1re préface de la Passion

La puissance de la Croix

Vraiment, il est juste et bon, pour ta gloire et notre salut, de t'offrir notre action de grâce, toujours et en tout lieu, Seigneur, Père très saint, Dieu éternel et tout-puissant. Oui, l'univers entier, sauvé par la passion de ton Fils, peut désormais proclamer ta grandeur : par la puissance incomparable de la Croix, apparaît en pleine lumière le jugement du monde, la victoire du Crucifié. C'est pourquoi, avec les anges et tous les saints, nous te louons, Seigneur, et nous exultons de joie en proclamant : ***Saint ! Saint ! Saint…***

2e préface de la Passion

La victoire de la Passion

Vraiment, il est juste et bon, pour ta gloire et notre salut, de t'offrir notre action de grâce, toujours et en tout lieu, Seigneur, Père très saint, Dieu éternel et tout-puissant, par le Christ, notre Seigneur. Voici que s'approchent les jours de la passion de notre Sauveur, et de sa glorieuse résurrection. Voici les jours où nous célébrons déjà sa victoire sur l'ennemi des origines et le mystère de notre rédemption. Par lui, les anges adorent ta majesté et se réjouissent en ta présence à jamais. À leur hymne de louange, laisse-nous joindre nos voix pour chanter et proclamer : ***Saint ! Saint ! Saint…***

1re préface de Pâques

Le mystère pascal

Vraiment, il est juste et bon, pour ta gloire et notre salut, de te louer, Seigneur, en tout temps, mais plus encore de te glorifier • en cette nuit *(la nuit de Pâques)* • aujourd'hui *(le jour de Pâques et pendant l'octave)* • en ces jours *(après l'octave)* où le Christ, notre Pâque, a été immolé. Car il est l'Agneau véritable qui a enlevé les péchés du monde : en mourant, il a détruit notre mort ; en ressuscitant, il nous a rendu la vie. C'est pourquoi la joie pascale rayonne par tout l'univers, la terre entière exulte, les puissances d'en haut et les anges dans le ciel chantent sans fin l'hymne de ta gloire : ***Saint ! Saint ! Saint…***

2e préface de Pâques

La vie nouvelle dans le Christ

Vraiment, il est juste et bon, pour ta gloire et notre salut, de te louer, Seigneur, en tout temps, mais plus encore de te glorifier en ces jours où le Christ, notre Pâque, a été immolé. Grâce à lui se lèvent des enfants de lumière pour une vie éternelle, et les portes du royaume des Cieux s'ouvrent pour accueillir les croyants. Car sa mort nous affranchit de la mort et, dans sa résurrection, chacun de nous est déjà ressuscité. C'est pourquoi la joie pascale rayonne par tout l'univers, la terre entière exulte, les puissances d'en haut et les anges dans le ciel chantent sans fin l'hymne de ta gloire : ***Saint ! Saint ! Saint…***

3e préface de Pâques

Le Christ est vivant et intercède toujours pour nous

Vraiment, il est juste et bon, pour ta gloire et notre salut, de te louer, Seigneur, en tout temps, mais plus encore de te glorifier en ces jours où le Christ, notre Pâque, a été immolé. Il ne cesse pas de s'offrir pour nous, et demeure éternellement notre défenseur auprès de toi ; immolé, il a vaincu la mort ; mis à mort, il est vivant pour toujours. C'est pourquoi la joie pascale rayonne par tout l'univers, la terre entière exulte, les puissances d'en haut et les anges dans le ciel chantent sans fin l'hymne de ta gloire : ***Saint ! Saint ! Saint…***

4e préface de Pâques

La restauration de l'univers par le mystère pascal

Vraiment, il est juste et bon, pour ta gloire et notre salut, de te louer, Seigneur, en tout temps, mais plus encore de te glorifier en ces jours où le Christ, notre Pâque, a été immolé. Le monde ancien est détruit, la création déchue est renouvelée, et, dans le Christ, nous est rendue la vie en plénitude. C'est pourquoi la joie pascale rayonne par tout l'univers, la terre entière exulte, les puissances d'en haut et les anges dans le ciel chantent sans fin l'hymne de ta gloire : ***Saint ! Saint ! Saint…***

5e préface de Pâques

Le Christ, prêtre et victime

Vraiment, il est juste et bon, pour ta gloire et notre salut, de te louer, Seigneur, en tout temps, mais plus encore de te glorifier en ces jours où le Christ, notre Pâque, a été immolé. Par l'offrande de son corps, il mène à leur achèvement, dans la vérité de la croix, les sacrifices de l'ancienne Alliance, et quand il te remet son esprit pour notre salut, il est à lui seul le prêtre, l'autel et l'agneau du sacrifice. C'est pourquoi la joie pascale rayonne par tout l'univers, la terre entière exulte, les puissances d'en haut et les anges dans le ciel chantent sans fin l'hymne de ta gloire : ***Saint ! Saint ! Saint…***

2e préface des Apôtres

Les Apôtres, fondements de l'Église et témoins

Vraiment, il est juste et bon, pour ta gloire et notre salut, de t'offrir notre action de grâce, toujours et en tout lieu, Seigneur, Père très saint, Dieu éternel et tout-puissant, par le Christ, notre Seigneur. Car tu as fondé ton Église sur les Apôtres, pour qu'elle soit à jamais dans le monde le signe de ta sainteté, et qu'elle enseigne à tous les hommes l'Évangile du royaume des Cieux. C'est pourquoi, dès maintenant et pour l'éternité, nous pouvons te chanter avec tous les anges et, d'un cœur fervent, proclamer : ***Saint ! Saint ! Saint…***

1re préface des saints

La gloire des saints

Vraiment, il est juste et bon, pour ta gloire et notre salut, de t'offrir notre action de grâce, toujours et en tout lieu, Seigneur, Père très saint, Dieu éternel et tout-puissant. Car tu es glorifié dans l'assemblée des saints : lorsque tu couronnes leurs mérites, tu couronnes tes propres dons. Dans leur vie, tu nous procures un modèle, dans la communion avec eux, une famille, et dans leur intercession, un appui ; afin que, soutenus par de si nombreux témoins, nous courions jusqu'au bout l'épreuve qui nous est proposée et recevions avec eux l'impérissable couronne de gloire, par le Christ, notre Seigneur. C'est pourquoi, avec les anges et les archanges, avec la foule immense des saints, nous chantons l'hymne de ta gloire et sans fin nous proclamons :

Saint ! Saint ! Saint, le Seigneur,
Dieu de l'univers !
Le ciel et la terre
sont remplis de ta gloire.
Hosanna au plus haut des cieux.
Béni soit celui qui vient
au nom du Seigneur.
Hosanna au plus haut des cieux.

Sanctus, Sanctus, Sanctus
Dominus Deus Sabaoth.
Pleni sunt cæli et terra gloria tua.
Hosanna in excelsis.
Benedictus qui venit in nomine
Domini. Hosanna in excelsis.

• *Prière eucharistique 1*
« Toi, Père très aimant... » .... p. 348
• *Prière eucharistique 2*
« Toi qui es vraiment saint... » .... p. 353
• *Prière eucharistique 3*
« Tu es vraiment saint... » .... p. 356
• *Prière eucharistique 4*
« Père très saint... » .... p. 360

Prière eucharistique nº 1

(Préfaces : p. 343)

Toi, Père très aimant, nous te prions et te supplions par Jésus Christ, ton Fils, notre Seigneur, d'accepter et de bénir + ces dons, ces offrandes, sacrifice pur et saint, que nous te présentons avant tout pour ta sainte Église catholique : accorde-lui la paix et protège-la, daigne la rassembler dans l'unité et la gouverner par toute la terre ; nous les présentons en union avec ton serviteur notre pape N., notre évêque N., et tous ceux qui gardent fidèlement la foi catholique reçue des Apôtres.

Souviens-toi, Seigneur, de tes serviteurs et de tes servantes (de N. et de N.), et de tous ceux qui sont ici réunis, dont tu connais la foi et l'attachement. Nous t'offrons pour eux, ou ils t'offrent pour eux-mêmes et tous les leurs ce sacrifice de louange, pour leur propre rédemption, pour la paix, et le salut qu'ils espèrent ; ils te rendent cet hommage, à toi, Dieu éternel, vivant et vrai.

(1) **En semaine :**

• Unis dans une même communion, vénérant d'abord la mémoire de la bienheureuse Marie toujours vierge, Mère de notre Dieu et Seigneur, Jésus Christ, •••

(2) **Le dimanche :**

• Unis dans une même communion, nous célébrons le jour où le Christ est ressuscité d'entre les morts ; et vénérant d'abord la mémoire de la bienheureuse Marie toujours vierge, Mère de notre Dieu et Seigneur, Jésus Christ, •••

(3) **Le Jeudi saint :**

• Unis dans une même communion, nous célébrons le jour très saint où notre Seigneur Jésus Christ fut livré pour nous ; et vénérant d'abord la mémoire de la bienheureuse Marie toujours vierge, Mère de notre Dieu et Seigneur, Jésus Christ, •••

(4) **De la veillée pascale jusqu'au 2e dimanche de Pâques inclus :**

• Unis dans une même communion, nous célébrons (la nuit très sainte) le jour très saint où ressuscita selon la chair notre Seigneur Jésus Christ ; et vénérant d'abord la mémoire de la bienheureuse Marie toujours vierge, Mère de notre Dieu et Seigneur, Jésus Christ, •••

••• et celle de saint Joseph, son époux, des bienheureux Apôtres et martyrs Pierre et Paul, André, [Jacques et Jean, Thomas, Jacques et Philippe, Barthélemy et Matthieu, Simon et Jude, Lin, Clet, Clément, Sixte, Corneille et Cyprien, Laurent, Chrysogone, Jean et Paul, Côme et Damien,] et de tous les saints, nous t'en supplions : accorde-nous, par leur prière et leurs mérites, d'être toujours et partout, forts de ton secours et de ta protection. [Par le Christ, notre Seigneur. Amen.]

(1) • Voici donc l'offrande que nous présentons devant toi, nous, tes serviteurs, et ta famille entière : Seigneur, dans ta bienveillance, accepte-la. Assure toi-même la paix de notre vie, arrache-nous à la damnation éternelle et veuille nous admettre au nombre de tes élus. [Par le Christ, notre Seigneur. Amen.] •••

(2) **Le Jeudi saint :**

• Voici donc l'offrande que nous présentons devant toi, nous, tes serviteurs, et ta famille entière : le jour même où notre Seigneur Jésus Christ a livré à ses disciples, pour qu'ils les célèbrent, les mystères de son corps et de son sang. Nous t'en prions, Seigneur, dans ta bienveillance, accepte cette offrande. Assure toi-même la paix de notre vie, arrache-nous à la damnation éternelle et veuille nous admettre au nombre de tes élus. •••

(3) **De la veillée pascale jusqu'au 2e dimanche de Pâques inclus :**
• Voici donc l'offrande que nous présentons devant toi, nous tes serviteurs, et ta famille entière, particulièrement pour les baptisés de Pâques que tu as fait renaître de l'eau et de l'Esprit Saint, en pardonnant tous leurs péchés. Nous t'en prions, Seigneur, dans ta bienveillance, accepte cette offrande. Assure toi-même la paix de notre vie, arrache-nous à la damnation éternelle et veuille nous admettre au nombre de tes élus. [Par le Christ, notre Seigneur. Amen.] •••

••• Seigneur Dieu, nous t'en prions, daigne bénir et accueillir cette offrande, accepte-la pleinement, rends-la parfaite et digne de toi : qu'elle devienne pour nous le corps et le sang de ton Fils bien-aimé, Jésus, le Christ, notre Seigneur.

(1) La veille de sa passion, •••
(2) **Le Jeudi saint :** La veille du jour où il devait souffrir pour notre salut et celui de tous les hommes, c'est-à-dire aujourd'hui, •••

••• il prit le pain dans ses mains très saintes et, les yeux levés au ciel, vers toi, Dieu, son Père tout-puissant, en te rendant grâce il dit la bénédiction, il rompit le pain, et le donna à ses disciples, en disant : « **Prenez, et mangez-en tous** : ceci est mon corps livré pour vous. »
De même, après le repas, il prit cette coupe incomparable dans ses mains très saintes ; et, te rendant grâce à

nouveau, il dit la bénédiction, et donna la coupe à ses disciples, en disant : « Prenez, et buvez-en tous, car ceci est la coupe de mon sang, le sang de l'Alliance nouvelle et éternelle, qui sera versé pour vous et pour la multitude en rémission des péchés. Vous ferez cela en mémoire de moi. »

(1) Il est grand, le mystère de la foi :
— Nous annonçons ta mort, Seigneur Jésus, nous proclamons ta résurrection, nous attendons ta venue dans la gloire.

(2) Acclamons le mystère de la foi :
— Quand nous mangeons ce pain et buvons à cette coupe, nous annonçons ta mort, Seigneur ressuscité, et nous attendons que tu viennes.

(3) Qu'il soit loué, le mystère de la foi :
— Sauveur du monde, sauve-nous ! Par ta croix et ta résurrection, tu nous as libérés.

ou:
Proclamons le mystère de la foi :
— Gloire à toi qui étais mort, gloire à toi qui es vivant, notre Sauveur et notre Dieu : viens, Seigneur Jésus !

Mysterium fidei.
(1) – *Mortem tuam annuntiamus, Domine, et tuam resurrectionem confitemur, donec venias.*

(2) – *Quotiescumque manducamus panem hunc et calicem bibimus, mortem tuam annuntiamus, Domine, donec venias.*

(3) – *Salvator mundi, salva nos, qui per crucem et resurrectionem tuam liberasti nos.*

Voilà pourquoi nous, tes serviteurs, et ton peuple saint avec nous, faisant mémoire de la passion bienheureuse de ton Fils, Jésus, le Christ, notre Seigneur, de sa résurrection du séjour des morts et de sa glorieuse ascension dans le ciel, nous te présentons, Dieu de gloire et de majesté, cette offrande prélevée sur les biens que tu nous donnes, le sacrifice pur et saint, le sacrifice parfait, pain de la vie éternelle et coupe du salut. Et comme il t'a plu d'accueillir les présents de ton serviteur Abel le Juste, le sacrifice d'Abraham, notre père dans la foi, et celui que t'offrit Melkisédek, ton grand prêtre, oblation sainte et immaculée, regarde ces offrandes avec amour et, dans ta bienveillance, accepte-les. Nous t'en supplions, Dieu tout-puissant : qu'elles soient portées par les mains de ton saint Ange en présence de ta gloire, sur ton autel céleste, afin qu'en recevant ici, par notre communion à l'autel, le corps et le sang très saints de ton Fils, nous soyons comblés de la grâce et de toute bénédiction du ciel. [Par le Christ, notre Seigneur. Amen.]

Souviens-toi aussi, Seigneur, de tes serviteurs et de tes servantes (de N. et N.) qui nous ont précédés, marqués du signe de la foi, et qui dorment dans la paix. Pour eux et pour tous ceux qui reposent dans le Christ, nous implorons ta bonté, Seigneur : qu'ils demeurent dans la joie, la lumière et la paix. [Par le Christ, notre Seigneur. Amen.]

Et nous pécheurs, tes serviteurs, qui mettons notre espérance en ta miséricorde inépuisable, admets-nous dans la communauté des saints Apôtres et martyrs, avec Jean Baptiste, Étienne, Matthias et Barnabé, [Ignace, Alexandre, Marcellin et Pierre, Félicité et Perpétue, Agathe, Lucie, Agnès, Cécile, Anastasie,] et tous les saints ; nous t'en prions, accueille-nous dans leur compagnie, sans nous juger sur le mérite mais en accordant largement ton pardon. Par le Christ, notre Seigneur. Par lui, tu ne cesses de créer tous ces biens, tu les sanctifies, leur donnes la vie, les bénis, et nous en fais le don.

Par lui, avec lui et en lui, à toi, Dieu le Père tout-puissant, dans l'unité du Saint-Esprit, tout honneur et toute gloire, pour les siècles des siècles.

— Amen.

Vient ensuite le rite de la communion, p. 364.

Prière eucharistique n° 2

(On peut aussi choisir une autre préface.)

Vraiment, Père très saint, il est juste et bon, pour ta gloire et notre salut, de t'offrir notre action de grâce, toujours et en tout lieu, par ton Fils bien-aimé, Jésus, le Christ : il est ta parole par qui tu as créé toutes choses ; c'est lui que tu nous as envoyé comme Rédempteur et Sauveur, Dieu fait homme, conçu de l'Esprit Saint, né de la Vierge Marie. Pour accomplir jusqu'au bout ta volonté et rassembler un peuple saint qui t'appartienne, il étendit les mains à l'heure de sa passion, afin de briser la mort, et de manifester la résurrection. C'est pourquoi, avec les anges et tous les saints, nous chantons ta gloire, et d'une seule voix nous proclamons :

Saint ! Saint ! Saint, le Seigneur,
Dieu de l'univers ! Le ciel et la terre sont remplis de ta gloire. Hosanna au plus haut des cieux. Béni soit celui qui vient au nom du Seigneur.
Hosanna au plus haut des cieux.

(Voir p. 347 pour la version latine.)

***(1)* En semaine :**

• Toi qui es vraiment saint, toi qui es la source de toute sainteté, Seigneur, nous te prions : •••

Prière eucharistique n° 2

(2) **Le dimanche :**

• Toi qui es vraiment saint, toi qui es la source de toute sainteté, Dieu notre Père, nous voici rassemblés devant toi, et, dans la communion de toute l'Église, nous célébrons le jour où le Christ est ressuscité d'entre les morts. Par lui que tu as élevé à ta droite, nous te prions : •••

(3) **Le Jeudi saint :**

• Toi qui es vraiment saint, toi qui es la source de toute sainteté, Dieu notre Père, nous voici rassemblés devant toi et, dans la communion de toute l'Église, nous célébrons le jour très saint où notre Seigneur Jésus Christ fut livré pour nous. Par lui, notre Rédempteur et Sauveur, que tu as glorifié, nous te prions : •••

(4) **De la veillée pascale jusqu'au 2e dimanche de Pâques inclus :**

• Toi qui es vraiment saint, toi qui es la source de toute sainteté, Dieu notre Père, nous voici rassemblés devant toi, et, dans la communion de toute l'Église, nous célébrons (la nuit très sainte) le jour très saint où ressuscita selon la chair notre Seigneur Jésus, le Christ. Par lui, que tu as élevé à ta droite, nous te prions : •••

••• Sanctifie ces offrandes en répandant sur elles ton Esprit ; qu'elles deviennent pour nous le corps et ✠ le sang de Jésus, le Christ, notre Seigneur.

Au moment d'être livré et d'entrer librement dans sa passion, il prit le pain, il rendit grâce, il le rompit et le donna à ses disciples, en disant : « **Prenez, et mangez-en tous** : ceci est mon corps livré pour vous. »
De même, après le repas, il prit la coupe ; de nouveau il rendit grâce, et la donna à ses disciples, en disant : « **Prenez, et buvez-en tous**, car ceci est la coupe de mon sang, le sang de

l'Alliance nouvelle et éternelle, qui sera versé pour vous et pour la multitude en rémission des péchés. Vous ferez cela en mémoire de moi. »

(1) Il est grand, le mystère de la foi :
— Nous annonçons ta mort, Seigneur Jésus, nous proclamons ta résurrection, nous attendons ta venue dans la gloire.

(2) Acclamons le mystère de la foi :
— Quand nous mangeons ce pain et buvons à cette coupe, nous annonçons ta mort, Seigneur ressuscité, et nous attendons que tu viennes.

(3) Qu'il soit loué, le mystère de la foi :
— Sauveur du monde, sauve-nous ! Par ta croix et ta résurrection, tu nous as libérés.
ou
Proclamons le mystère de la foi :
— Gloire à toi qui étais mort, gloire à toi qui es vivant, notre Sauveur et notre Dieu : viens, Seigneur Jésus !
(Voir p. 351 pour la version latine.)

En faisant ainsi mémoire de la mort et de la résurrection de ton Fils, nous t'offrons, Seigneur, le pain de la vie et la coupe du salut, et nous te rendons grâce, car tu nous as estimés dignes de nous tenir devant toi pour te servir. Humblement, nous te demandons qu'en ayant part au corps et au sang du Christ, nous soyons rassemblés par l'Esprit Saint en un seul corps.

Souviens-toi, Seigneur, de ton Église répandue à travers le monde : fais-la grandir dans ta charité en union avec notre pape N., notre évêque N., et tous les évêques, les prêtres et les diacres.

De la veillée pascale jusqu'au 2e dimanche de Pâques inclus :
Souviens-toi des baptisés de Pâques que tu as fait renaître de l'eau et de

l'Esprit Saint pour une vie nouvelle dans le Christ.

Souviens-toi aussi de nos frères et sœurs qui se sont endormis dans l'espérance de la résurrection, et souviens-toi, dans ta miséricorde, de tous les défunts : accueille-les dans la lumière de ton visage.

Sur nous tous enfin, nous implorons ta bonté : permets qu'avec la Vierge Marie, la bienheureuse Mère de Dieu, avec saint Joseph, son époux, les Apôtres et tous les saints qui ont fait ta joie au long des âges, nous ayons part à la vie éternelle et que nous chantions ta louange et ta gloire, par ton Fils Jésus, le Christ.

Par lui, avec lui et en lui, à toi, Dieu le Père tout-puissant, dans l'unité du Saint-Esprit, tout honneur et toute gloire, pour les siècles des siècles.

— *Amen.*

Vient ensuite le rite de la communion, p. 364.

Prière eucharistique n° 3

(Préfaces : p. 343)

Tu es vraiment saint, Dieu de l'univers, et il est juste que toute la création proclame ta louange, car c'est toi qui donnes la vie, c'est toi qui sanctifies toutes choses, par ton Fils, Jésus Christ, notre Seigneur, avec la puissance de l'Esprit Saint ; et tu ne cesses de rassembler ton peuple, afin que, du levant au couchant du soleil, une offrande pure soit présentée à ton nom.

(1) **En semaine :**

• C'est pourquoi nous te supplions, Seigneur, de consacrer toi-même les offrandes que nous apportons : •••

(2) **Le dimanche :**
• C'est pourquoi nous voici rassemblés devant toi, Dieu notre Père, et, dans la communion de toute l'Église, nous célébrons le jour où le Christ est ressuscité d'entre les morts. Par lui, que tu as élevé à ta droite, nous te supplions de consacrer toi-même les offrandes que nous apportons : •••

(3) **Le Jeudi saint :**
• C'est pourquoi nous voici rassemblés devant toi, Dieu notre Père, et, dans la communion de toute l'Église, nous célébrons le jour très saint où notre Seigneur Jésus Christ fut livré pour nous. Par lui notre Rédempteur et Sauveur, que tu as glorifié, nous te supplions de consacrer toi-même les offrandes que nous apportons : •••

(4) **De la veillée pascale jusqu'au 2ᵉ dimanche de Pâques inclus :**
• C'est pourquoi nous voici rassemblés devant toi, Dieu notre Père, et, dans la communion de toute l'Église, nous célébrons (la nuit très sainte) le jour très saint où ressuscita selon la chair notre Seigneur Jésus, le Christ. Par lui que tu as élevé à ta droite, nous te supplions de consacrer toi-même les offrandes que nous apportons : •••

••• Sanctifie-les par ton Esprit pour qu'elles deviennent le corps ✝ et le sang de ton Fils, Jésus Christ, notre Seigneur, qui nous a dit de célébrer ce mystère.

La nuit même où il fut livré, (*Jeudi saint : c'est à dire aujourd'hui,*) il prit le pain, en te rendant grâce il dit la bénédiction, il rompit le pain, et le donna à ses disciples, en disant : « **Prenez, et mangez-en tous** : ceci est mon corps livré pour vous. »
De même, après le repas, il prit la coupe ; en te rendant grâce il dit la bénédiction, et donna la coupe à ses disciples, en

disant : « Prenez, et buvez-en tous, car ceci est la coupe de mon sang, le sang de l'Alliance nouvelle et éternelle, qui sera versé pour vous et pour la multitude en rémission des péchés. Vous ferez cela en mémoire de moi. »

(1) Il est grand, le mystère de la foi :
— Nous annonçons ta mort, Seigneur Jésus, nous proclamons ta résurrection, nous attendons ta venue dans la gloire.

(2) Acclamons le mystère de la foi :
— Quand nous mangeons ce pain et buvons à cette coupe, nous annonçons ta mort, Seigneur ressuscité, et nous attendons que tu viennes.

(3) Qu'il soit loué, le mystère de la foi :
— Sauveur du monde, sauve-nous ! Par ta croix et ta résurrection, tu nous as libérés.
ou : Proclamons le mystère de la foi :
— Gloire à toi qui étais mort, gloire à toi qui es vivant, notre Sauveur et notre Dieu : viens, Seigneur Jésus !
(Voir p. 351 pour la version latine.)

En faisant ainsi mémoire de ton Fils, de sa passion qui nous sauve, de sa glorieuse résurrection et de son ascension dans le ciel, alors que nous attendons son dernier avènement, nous t'offrons, Seigneur, en action de grâce, ce sacrifice vivant et saint. Regarde, nous t'en prions, l'oblation de ton Église, et daigne y reconnaître ton Fils qui, selon ta volonté, s'est offert en sacrifice pour nous réconcilier avec toi. Quand nous serons nourris de son corps et de son sang, et remplis de l'Esprit Saint, accorde-nous d'être un seul corps et un seul esprit dans le Christ.

Que l'Esprit Saint fasse de nous une éternelle offrande à ta gloire, pour que nous obtenions un jour l'héritage promis, avec tes élus : en premier lieu la bienheureuse Vierge Marie, Mère de Dieu, avec saint Joseph, son époux, les bienheureux Apôtres, les glorieux martyrs, (saint N.) et tous les saints, qui ne cessent d'intercéder auprès de toi et nous assurent de ton secours.

Et maintenant nous te supplions, Seigneur : par le sacrifice qui nous réconcilie avec toi, étends au monde entier le salut et la paix. Affermis ton Église, en pèlerinage sur la terre, dans la foi et la charité, en union avec ton serviteur notre pape N., et notre évêque N., l'ensemble des évêques, les prêtres, les diacres, et tout le peuple que tu as racheté.

De la veillée pascale jusqu'au 2e dimanche de Pâques inclus :
Souviens-toi des baptisés de Pâques que tu as fait renaître de l'eau et de l'Esprit Saint pour une vie nouvelle dans le Christ.

Écoute, en ta bonté, les prières de ta famille, que tu as voulu rassembler devant toi. Dans ta miséricorde, ramène à toi, Père très aimant, tous tes enfants dispersés.

Pour nos frères et sœurs défunts, et pour tous ceux qui ont quitté ce monde et trouvent grâce devant toi, nous te prions : en ta bienveillance, accueille-les dans ton Royaume, où nous espérons être comblés de ta gloire, tous ensemble et pour l'éternité, par le Christ, notre Seigneur, par qui tu donnes au monde toute grâce et tout bien.

Par lui, avec lui et en lui, à toi, Dieu le Père tout-puissant, dans l'unité du Saint-Esprit, tout honneur et toute gloire, pour les siècles des siècles.
— Amen.

Vient ensuite le rite de la communion, p. 364.

Prière eucharistique nº 4

Vraiment, il est bon de te rendre grâce, il est juste et bon de te glorifier, Père très saint, car tu es le seul Dieu, le Dieu vivant et vrai : toi qui es avant tous les siècles, tu demeures éternellement, lumière au-delà de toute lumière. Toi, le Dieu de bonté, la source de la vie, tu as fait le monde pour que toute créature soit comblée de tes bénédictions, et que beaucoup se réjouissent de l'éclat de ta lumière. Ainsi, la foule innombrable des anges qui te servent jour et nuit se tiennent devant toi, et, contemplant la splendeur de ta face, n'interrompent jamais leur louange. Unis à leur hymne d'allégresse, avec la création tout entière qui t'acclame par nos voix, Dieu, nous te chantons (louons) :

Saint ! Saint ! Saint,
le Seigneur,
Dieu de l'univers !
Le ciel et la terre
sont remplis de ta gloire.
Hosanna au plus haut des cieux.
Béni soit celui qui vient
au nom du Seigneur.
Hosanna au plus haut des cieux.

(Voir p. 347 pour la version latine.)

Père très saint, nous proclamons que tu es grand et que tu as fait toutes choses avec sagesse et par amour : tu as créé l'homme à ton image et tu lui as confié l'univers, afin qu'en te servant, toi seul, son Créateur, il règne sur la création. Comme il avait perdu ton amitié par sa désobéissance, tu ne l'as pas abandonné au pouvoir de la mort. Dans ta miséricorde, tu es venu en aide à tous les hommes pour qu'ils te cherchent et puissent te trouver. Tu as multiplié les alliances avec eux, et tu les as formés, par les prophètes, dans l'espérance du salut. Tu as tellement aimé le monde, Père très saint, que tu nous as envoyé ton Fils unique, lorsque les temps furent accomplis, pour qu'il soit notre Sauveur. Dieu fait homme, conçu de l'Esprit Saint, né de la Vierge Marie, il a vécu notre condition humaine en toute chose, excepté le péché, annonçant aux pauvres la bonne nouvelle du salut ; aux captifs, la délivrance ; aux affligés, la joie. Pour accomplir le dessein de ton amour, il s'est livré lui-même à la mort, et, par sa résurrection, il a détruit la mort et renouvelé la vie. Afin que désormais notre vie ne soit plus à nous-mêmes, mais à lui qui est mort et ressuscité pour nous, il a envoyé d'auprès de toi, Père, comme premier don fait aux croyants, l'Esprit Saint qui continue son œuvre dans le monde et achève toute sanctification.

Que ce même Esprit Saint, nous t'en prions, Seigneur, sanctifie ces offrandes : qu'elles deviennent ainsi le corps ✠ et le sang de notre Seigneur Jésus, le Christ, dans la célébration de ce grand mystère, que lui-même nous a laissé en signe de l'Alliance éternelle.

Quand l'heure fut venue où tu allais le glorifier, Père très saint, comme il avait aimé les siens qui étaient dans le monde, il les aima jusqu'au bout : pendant le repas qu'il partageait avec eux, il prit le pain, dit la bénédiction, le rompit et le donna à ses disciples, en disant :
« **Prenez, et mangez-en tous** : ceci est mon corps livré pour vous. »

De même, il prit la coupe remplie de vin, il rendit grâce, et la donna à ses disciples, en disant : « **Prenez, et buvez-en tous,** car ceci est la coupe de mon sang, le sang de l'Alliance nouvelle et éternelle, qui sera versé pour vous et pour la multitude en rémission des péchés. Vous ferez cela en mémoire de moi. »

Prière eucharistique n° 4

(1) Il est grand, le mystère de la foi :
— Nous annonçons ta mort,
Seigneur Jésus,
nous proclamons ta résurrection,
nous attendons ta venue dans la gloire.

(2) Acclamons le mystère de la foi :
— Quand nous mangeons ce pain
et buvons à cette coupe,
nous annonçons ta mort,
Seigneur ressuscité,
et nous attendons que tu viennes.

(3) Qu'il soit loué, le mystère de la foi :
— Sauveur du monde, sauve-nous !
Par ta croix et ta résurrection,
tu nous as libérés.
ou :
Proclamons le mystère de la foi :
— Gloire à toi qui étais mort,
gloire à toi qui es vivant,
notre Sauveur et notre Dieu :
viens, Seigneur Jésus !
(Voir p. 351 pour la version latine.)

Voilà pourquoi, Seigneur, nous célébrons aujourd'hui le mémorial de notre rédemption : en rappelant la mort du Christ et sa descente au séjour des morts, en proclamant sa résurrection et son ascension à ta droite, en attendant sa venue dans la gloire, nous t'offrons son corps et son sang, le sacrifice qui est digne de toi et qui sauve le monde entier. Regarde, Seigneur, celui qui s'offre dans le sacrifice que toi-même as préparé pour ton Église, et, dans ta bonté, accorde à tous ceux qui vont partager ce pain et boire à cette coupe d'être rassemblés par l'Esprit Saint en un seul corps, pour qu'ils deviennent eux-mêmes dans le Christ une vivante offrande à la louange de ta gloire.

Et maintenant, Seigneur, rappelle-toi tous ceux pour qui nous offrons le sacrifice : en premier lieu, ton serviteur notre pape N., notre évêque N., et l'ensemble des évêques, les prêtres et les diacres, les fidèles qui présentent cette offrande, les membres de notre assemblée, le peuple entier qui t'appartient, et tous ceux qui te cherchent avec droiture.

Souviens-toi aussi de ceux qui sont morts dans la paix du Christ, et de tous les défunts dont toi seul connais la foi.

À nous qui sommes tes enfants, accorde, Père très bon, l'héritage de la vie éternelle auprès de la Vierge Marie, la bienheureuse Mère de Dieu, auprès de saint Joseph, son époux, des Apôtres et de tous les saints, dans ton Royaume. Nous pourrons alors, avec la création tout entière, enfin libérée de la corruption du péché et de la mort, te glorifier par le Christ, notre Seigneur, par qui tu donnes au monde toute grâce et tout bien.

Par lui, avec lui et en lui, à toi, Dieu le Père tout-puissant, dans l'unité du Saint-Esprit, tout honneur et toute gloire, pour les siècles des siècles.
— Amen.

Vient ensuite le rite de la communion, p. 364.

RITE DE LA COMMUNION

Notre Père

(1) Comme nous l'avons appris du Sauveur, et selon son commandement, nous osons dire :

(2) Unis dans le même Esprit, nous pouvons dire avec confiance la prière que nous avons reçue du Sauveur :

Notre Père qui es aux cieux, que ton nom soit sanctifié,
que ton règne vienne, que ta volonté soit faite sur la terre comme au ciel.
Donne-nous aujourd'hui notre pain de ce jour. Pardonne-nous nos offenses,
comme nous pardonnons aussi à ceux qui nous ont offensés.
Et ne nous laisse pas entrer en tentation, mais délivre-nous du Mal.

(3) *Præceptis salutaribus moniti, et divina institutione formati, audemus dicere : Pater noster, qui es in cælis : sanctificetur nomen tuum ; adveniat regnum tuum ; fiat voluntas tua, sicut in cælo, et in terra. Panem nostrum cotidianum da nobis hodie ; et dimitte nobis debita nostra, sicut et nos dimittimus debitoribus nostris ; et ne nos inducas in tentationem ; sed libera nos a malo.*

Délivre-nous de tout mal, Seigneur, et donne la paix à notre temps : soutenus par ta miséricorde, nous serons libérés de tout péché, à l'abri de toute épreuve, nous qui attendons que se réalise cette bienheureuse espérance : l'avènement de Jésus Christ, notre Sauveur.

— Car c'est à toi qu'appartiennent le règne,
la puissance et la gloire pour les siècles des siècles !

Échange de la paix

Seigneur Jésus Christ, tu as dit à tes Apôtres : « Je vous laisse la paix, je vous donne ma paix » ; ne regarde pas nos péchés mais la foi de ton Église ; pour que ta volonté s'accomplisse, donne-lui toujours cette paix, et conduis-la vers l'unité parfaite, toi qui vis et règnes pour les siècles des siècles. – ***Amen.***

Que la paix du Seigneur soit toujours avec vous. – ***Et avec votre esprit.***

Dans la charité du Christ, donnez-vous la paix.

Fraction du pain

Que le corps et le sang de notre Seigneur Jésus Christ,
réunis dans cette coupe, nourrissent en nous la vie éternelle.

Agneau de Dieu

Agneau de Dieu, qui enlèves les péchés du monde, prends pitié de nous. *(bis)*
Agneau de Dieu, qui enlèves les péchés du monde, donne-nous la paix.

Agnus Dei, qui tollis peccata mundi, miserere nobis. (bis)
Agnus Dei, qui tollis peccata mundi, dona nobis pacem.

Communion

(1) Seigneur Jésus Christ, Fils du Dieu vivant, selon la volonté du Père et avec la puissance du Saint-Esprit, tu as donné, par ta mort, la vie au monde ; que ton corps et ton sang très saints me délivrent de mes péchés et de tout mal ; fais que je demeure fidèle à tes commandements et que jamais je ne sois séparé de toi.

(2) Seigneur Jésus Christ, que cette communion à ton corps et à ton sang n'entraîne pour moi ni jugement ni condamnation ; mais que, par ta bonté, elle soutienne mon esprit et mon corps et me donne la guérison.

Voici l'Agneau de Dieu, voici celui qui enlève les péchés du monde.
Heureux les invités au repas des noces de l'Agneau !
— Seigneur, je ne suis pas digne de te recevoir ;
mais dis seulement une parole, et je serai guéri.

Chant de communion ou antienne de la communion.

Prière après la communion *voir à la date du jour.*

RITE DE CONCLUSION

Le Seigneur soit avec vous.
— Et avec votre esprit.
Que Dieu tout-puissant vous bénisse, le Père, et le Fils, ✠ et le Saint-Esprit.
— Amen.

Puis le diacre, ou le prêtre lui-même, les mains jointes, tourné vers l'assemblée, dit :
(1) Allez, dans la paix du Christ.
(2) Allez porter l'Évangile du Seigneur.
(3) Allez en paix, glorifiez le Seigneur par votre vie.
(4) Allez en paix.
— Nous rendons grâce à Dieu.

Chants pour la célébration

Les chants en rouge sont consultables à la page indiquée. **Les chants en noir** sont référencés avec leur cote SECLI.

	Ouverture	Renvoi	Communion / Action de grâce	Renvoi
Dimanche 2 avril, dimanche des Rameaux				
	Voici que s'ouvrent pour le Roi	p. 370	Corps livré, sang versé	p. 380
	En marchant vers toi, Seigneur	D380	Hosanna, tu es saint	MY56-45
	Hosanna au fils de David !	HX70-65	Au cœur de nos détresses	HP128
Jeudi 6 avril, Jeudi saint				
	Partage-nous le pain de ton repas	D356	Voici le corps et le sang du Seigneur	D44-80
	Disciples de Jésus	p. 369	Comme lui	p. 381
	Un homme au cœur de feu	O170-1	Il n'est pas de plus grand amour	D539
Vendredi 7 avril, Vendredi saint				
	Ô Croix dressée sur le monde	H30	Approchons-nous de la table	p. 382
	Hymne à la Croix	EDIT172	Quand vint le jour d'étendre les bras	HP128-5
	Crucem Tuam	p. 379	Agneau de Dieu sur notre terre	HP35-76

Suggestions pour avril 2023 proposées par Thibault Van Den Driessche, avec ChantonsenEglise

Ouverture	Renvoi	Communion / Action de grâce	Renvoi
Samedi 8 - Dimanche 9 avril, veillée pascale			
Voici la nuit Jésus Christ, soleil de Pâques Lumière au cœur du monde	p. 372 I333 I48-93	Je suis votre pain Quand il disait à ses amis Surrexit Christus	D159-3 p. 383 Taizé
Dimanche 9 avril, dimanche de Pâques			
Criez de joie, Christ est ressuscité Jour du Seigneur, Christ ressuscité Baptisés dans l'eau et dans l'Esprit	I52-51 A531 p. 374	Venez manger la Pâque Vainqueur de nos ténèbres Reste avec nous, Ressuscité	p. 384 IP27-43 p. 385
Dimanche 16 avril, dimanche de la Divine Miséricorde			
Il a pour nom « Miséricorde « Christ est ressuscité des morts Il nous précède en Galilée	p. 376 I522 I26-38	Pain véritable Heureux qui s'abandonne à toi Dieu de miséricorde	D103 p. 379 I37-40
Dimanche 23 avril, 3e dimanche de Pâques			
Peuple de lumière Il est temps de quitter vos tombeaux Il s'est levé d'entre les morts	p. 373 EDIT15-89 IP152-1	C'est toi, Seigneur, le pain rompu Nous t'avons reconnu, Seigneur Tenons en éveil la mémoire du Seigneur	D293 D59-24 Y243-1
Dimanche 30 avril, 4e dimanche de Pâques			
Dieu est en attente Si le Père vous appelle Alléluia ! Christ est vivant !	A216 O154-1 p. 375	Je vous ai choisis Voici le pain que donne Dieu Aimer, c'est tout donner	DEV44-63 D50-07-2 p. 378

Disciples de Jésus (Ouverture)

X979 ; T. : D. Rimaud ; M. : J.Berthier ; Fleurus.

Stance : **Disciples de Jésus, vous êtes invités au banquet de Cana.**
Venez, venez, venez avec Marie et partagez sa joie ;
le vin est préparé et le pain est rompu.

① **Si le vin vous a manqué pour chanter vos chants d'amour, venez, venez !**
Si vous n'êtes abreuvés que de larmes sans mesure, venez, venez !
Si le pain que vous mangez est un pain mêlé de cendres, venez, venez !

Refrain : **Vous qui avez faim, vous qui n'avez rien, venez !**
Dieu vous fait justice.
Vous qui avez faim, vous qui n'avez rien,
la terre vous est promise.

② **Si vous êtes humiliés par les grands que vous servez, venez, venez !**
Si vous êtes méprisés avec ceux de votre race, venez, venez !
Si vous n'avez pas de nom, pas de droit pour vous défendre, venez, venez !

③ **Si le deuil a remplacé l'allégresse des chansons, venez, venez !**
Si le rire a déserté votre cœur et votre bouche, venez, venez !
Si vos corps ne savent plus ni la fête ni la danse, venez, venez !

④ **Si vous n'avez eu le temps ni d'aimer, ni d'être aimés, venez, venez !**
Si vous êtes dans ce temps sans avoir le temps de vivre, venez, venez !
Si vous avez seulement le temps de crier misère, venez, venez !

Voici que s'ouvrent pour le Roi (Ouverture)

HA96-3 ; T. : D. Rimaud ; M. : J. Berthier ; CNPL Éditions, Studio SM.

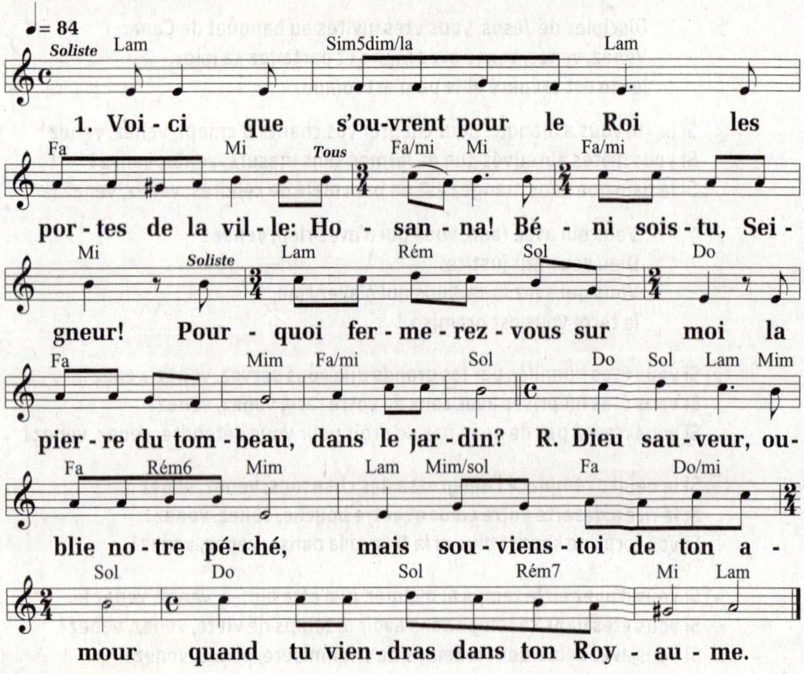

Refrain : **Dieu sauveur,**
oublie notre péché.
Mais souviens-toi de ton amour.
Quand tu viendras dans ton Royaume.

② **Je viens, monté sur un ânon en signe de ma gloire :**
Hosanna ! Béni sois-tu, Seigneur !
Pourquoi me ferez-vous sortir au rang des malfaiteurs,
et des maudits ?

③ **Vos rues se drapent de manteaux jetés sur mon passage :**
Hosanna ! Béni sois-tu, Seigneur !
Pourquoi souillerez-vous mon corps de pourpre et de crachats,
mon corps livré ?

④ **Vos mains me tendent les rameaux pour l'heure du triomphe :**
Hosanna ! Béni sois-tu, Seigneur !
Pourquoi blesserez-vous mon front de ronce et de roseaux,
en vous moquant ?

Voici la nuit *(Ouverture de la veillée pascale)*

P156-1 ; T. : D. Rimaud ; M. : J. Akepsimas ; Studio SM.

② Voici la nuit, l'heureuse nuit de Palestine,
et rien n'existe hormis l'Enfant,
hormis l'Enfant de vie divine :
en prenant chair de notre chair,
Dieu transformait tous nos déserts,
en terre d'immortels printemps,
en terre d'immortels printemps.

③ Voici la nuit, l'étrange nuit sur la colline,
et rien n'existe hormis le corps,
hormis le corps criblé d'épines :
en devenant un crucifié,
Dieu fécondait comme un verger
la terre où le plantait la mort,
la terre où le plantait la mort.

Peuple de lumière *(Ouverture)*

T601 ; T. : C. Singer ; M. : J.-P. Kempf ; Studio SM.

Refrain : **Peuple de lumière, baptisé pour témoigner,**
peuple d'Évangile, appelé pour annoncer
les merveilles de Dieu pour tous les vivants.

① Vous êtes l'Évangile pour vos frères
si vous gardez ma Parole
pour avancer dans la vérité.
Bonne Nouvelle pour la terre !

② Vous êtes l'Évangile pour vos frères
si vous suivez mon exemple
pour demeurer dans la charité.
Bonne Nouvelle pour la terre !

③ Vous êtes l'Évangile pour vos frères
si vous marchez à ma suite
pour inventer le don et la joie.
Bonne Nouvelle pour la terre !

④ Vous êtes l'Évangile pour vos frères
si vous laissez les offenses
pour déclarer à tous le pardon.
Bonne Nouvelle pour la terre !

Baptisés dans l'eau et dans l'Esprit (Ouverture)

N14-67-1 ; T. : CFC, frère Maurice ; M. : J. Berthier ; Studio SM.

Refrain : **Baptisés dans l'eau et dans l'Esprit, nous renaissons créature nouvelle !**
Plongés dans la mort avec Jésus, nous sommes les enfants du Père.

Bénédiction de l'eau

① Aux premiers temps de la Genèse
l'Esprit de Dieu couvrait les eaux
d'une promesse...
Pour que la vie en vous se lève,
le même Esprit bénit cette eau.

Renonciation

② Rompus les liens, brisés les pièges,
n'ayez plus peur du Tentateur,
le Seigneur veille !
Écoutez-le qui vous appelle,
criez son nom : « Jésus Sauveur ».

Onction

③ Rappelez-vous ce que vous êtes
et l'onction faite sur vos corps,
levez la tête !
En Jésus, roi, prêtre et prophète,
vous êtes saints, vous êtes forts.

Vêtement blanc

④ Dieu vous remet par son Église
le vêtement immaculé
des néophytes.
Que chaque jour en vous grandisse
la joie de vivre en baptisés.

Remise du cierge

⑤ Transmettez-vous les uns aux autres
le feu qui doit guider vos pas
jusqu'au Royaume.
Gardez sa flamme vive et haute,
reflet du Christ en ceux qui croient.

Confirmation

⑥ Depuis les jours de la Genèse
la vie se lève en Jésus Christ,
l'œuvre s'achève.
L'amour tient toutes ses promesses
vos corps sont temples de l'Esprit.

Alléluia ! Christ est vivant ! (Ouverture)

I22-15 ; T. et M. : Communauté du Chemin Neuf ; Audiovisuel Musique Évangélisation.

② En lui se lèvent la justice et la paix ;
heureux ceux qui peinent, ils seront relevés.

③ Il est le Chemin, la Vie, la Vérité ;
heureux ceux qui cherchent, ils seront rassasiés.

Il a pour nom « Miséricorde » (Ouverture)

MY68-49 ; T. : M.-A. Noury ; M. : J.-P. Lécot ; ADF-Musique.

Refrain : **Il a pour nom « Miséricorde », Dieu de tendresse et de pitié,**
Dieu qui se donne et qui pardonne, car éternel est son amour !

② Quitte la terre où tu t'enlises pour le pays qu'il t'a promis !
Nos pères dans la foi ont marché avec lui : c'est le Seigneur, il t'appelle.

③ Passe les eaux de servitude, largue le joug de ton péché !
Contemple la nuée sur les flots refermés : c'est le Seigneur, il libère.

④ Prête l'oreille à ses prophètes : dans ton exil il te rejoint !
Reçois de lui la loi qui te porte en chemin : c'est le Seigneur, notre Père.

⑤ Comme le Père te fait grâce, remets les dettes sans tarder,
pour vivre dans la joie en enfant pardonné, car le Seigneur te rachète.

⑥ Guette le temps de la promesse. Vienne le jour du Serviteur !
Image du Très-Haut, il nous ouvre son cœur. C'est le Sauveur, notre frère !

⑦ Passe la porte du Royaume, les pâturages ont reverdi !
Regarde vers la Croix d'où s'écoule la vie : c'est le Sauveur, il nous aime !

⑧ Viens partager le pain des pauvres, l'Agneau t'invite à son festin !
Sans crainte, lève-toi, il te prend par la main : c'est le Sauveur, il t'espère.

⑨ Passe la porte avec l'Église, rejoins le peuple des témoins,
fidèle à son Esprit, chaque jour, va plus loin ! Suis le Sauveur, il t'entraine !

Aimer, c'est tout donner *(Action de grâce)*

X59-79 ; T. et M. : Cté des Béatitudes ; Cté des Béatitudes.

Crucem Tuam *(Adoration de la sainte Croix)*

M. : Taizé; Ateliers et Presses de Taizé.

① **Crucem tuam adoramus Domine**
Resurrectionem tuam
laudamus Domine.

② **Laudamus et glorificamus**
Resurrectionem tuam
laudamus Domine.

Heureux qui s'abandonne à toi *(Action de grâce)*

M. : Taizé; Ateliers et Presses de Taizé.

Corps livré, sang versé (Communion)

D54-18; T. et M. : G. Lefebvre; ADF-Musique.

Refrain : **Corps livré, sang versé, Jésus Christ pour nous se donne !**
Corps livré, sang versé, vie donnée pour tous les hommes.

① **Le pain que nous mangeons**
est communion au corps du Christ !

② **Le vin que nous buvons**
est communion au sang du Christ !

③ **Venons les mains tendues,**
nous rassasier de Jésus Christ !

④ **L'Esprit qui nous unit**
fait de nous tous le corps du Christ !

⑤ **Le corps que nous formons**
est signe du Ressuscité !

⑥ **Vivons de Jésus Christ**
et témoignons de son amour !

⑦ **Allons sans avoir peur,**
Jésus est toujours avec nous !

Comme lui *(Communion)*

T. et M. : R. Lebel; Les Éditions Pontbriand I.

Refrain : **Comme lui savoir dresser la table,**
comme lui nouer le tablier,
se lever chaque jour
et servir par amour, comme lui.

① **Offrir le pain de sa parole**
aux gens qui ont faim de bonheur.
Être pour eux des signes du royaume
au milieu de notre monde.

② **Offrir le pain de sa présence**
aux gens qui ont faim d'être aimés.
Être pour eux des signes d'espérance
au milieu de notre monde.

③ **Offrir le pain de sa promesse**
aux gens qui ont faim d'avenir.
Être pour eux des signes de tendresse
au milieu de notre monde.

④ **Offrir le pain de chaque cène**
aux gens qui ont faim dans leur cœur.
Être pour eux des signes d'Évangile
au milieu de notre monde.

Approchons-nous de la table (Communion)

D19-30; T. et M. : M. Dannaud; Éd. de l'Emmanuel.

② Voici l'admirable échange
où le Christ prend sur lui nos péchés.
Mettons-nous en sa présence,
il nous revêt de sa divinité.

③ Père, nous te rendons grâce
pour ton Fils Jésus Christ le Seigneur.
Par ton Esprit de puissance,
rends-nous dignes de vivre de tes dons.

Quand il disait à ses amis *(Action de grâce)*

IP165-1 ; T. : D. Rimaud ; M. : J. Akepsimas ; CNPL Éditions, Studio SM.

① Quand il disait à ses amis :
« Si vous saviez le don de Dieu »,
« Si vous saviez le don de Dieu ».
Nous avons asséché la source de la vie…
Mais ce matin, alléluia,
notre naissance a jailli du tombeau !

Refrain : **Alléluia, alléluia, Jésus est vivant !**
Alléluia, alléluia, Jésus est vivant !

② Quand il disait à ses amis :
« Venez à moi, je suis le jour »,
« Venez à moi, je suis le jour ».
Nous avons sacrifié aux forces de la nuit…
Mais ce matin, alléluia,
notre lumière a jailli du tombeau !

③ Quand il disait à ses amis :
« Je suis vainqueur, pourquoi trembler ? »
« Je suis vainqueur, pourquoi trembler ? ».
Nous avons nié Dieu en face de la peur…
Mais ce matin, alléluia,
notre pardon a jailli du tombeau !

Venez manger la Pâque (Communion)

I119-2; T. : J. Martin © SNPLS; M. : M. Pasquier; Procure de Musique Sacrée.

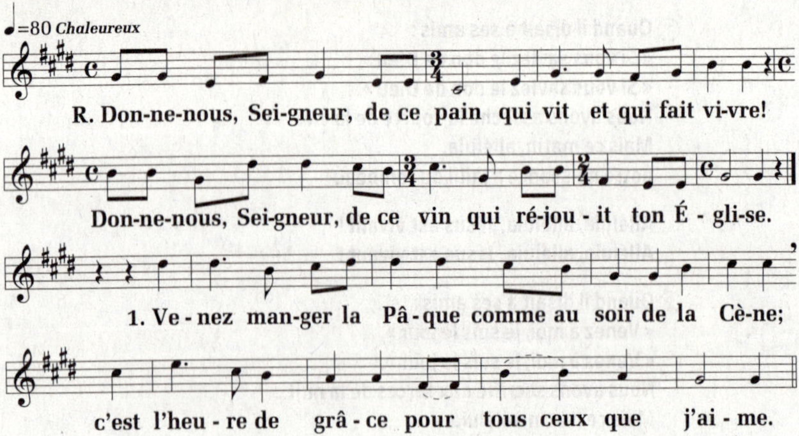

② Si vous cherchez la manne
des enfants de lumière,
venez à ma table célébrer la fête.

③ Je suis sorti du Père
et venu dans le monde.
Je quitte le monde et je vais au Père.

④ Vous êtes dans ma vigne,
les sarments que j'émonde,
pour rendre l'Église toujours
plus féconde.

Reste avec nous, Ressuscité (Action de grâce)

I56-47 ; T. et M. : Chant de l'Emmanuel (C. Blanchard) ; Éd. de l'Emmanuel.

Refrain : **Reste avec nous, Ressuscité,**
notre cœur est brûlant de ta parole.
Rassasie-nous de ta présence,
de ton Corps glorieux.

① **Car tu es l'Agneau immolé**
qui enlève le péché du monde.
En mourant tu as détruit la mort,
en ressuscitant tu nous as rendu la vie !

② **Tu détruis un monde déchu**
et voici la création nouvelle.
De ta main nous tenons désormais
la vie éternelle avec toi dans le ciel !

③ **Sur la Croix tu livras ton corps,**
notre défenseur auprès du Père.
Mis à mort tu es toujours vivant.
Nous chantons ta gloire ô Christ ressuscité !

LES RENDEZ-VOUS D'AVRIL 2023

SOMMAIRE

ÉDITORIAL

Pépites de Pâques

Une bonne nouvelle n'arrive jamais seule. Christ est ressuscité, il est vraiment ressuscité ! C'est la Bonne Nouvelle. Même si c'est la plus fondamentale, elle n'est pas la seule de ce mois d'avril. Les gourmets apprendront avec délice que le chocolat est un moyen missionnaire dont les cisterciennes du Val d'Igny usent, sans abuser. Dans leur grande sagesse, ces moniales chocolatières nous apprennent que garder le goût et l'appétit – y compris du chocolat – se révèle un chemin spirituel. Le témoignage de Falai inspirera les polyglottes. Cette lectrice incroyable fait voyager la Bonne Nouvelle jusqu'aux confins de Wallis-et-Futuna, en wallisien, bien entendu ! Une autre nouvelle lumineuse nous vient de Ramallah où chrétiens et musulmans se pressent pour voir l'arrivée du feu sacré depuis Jérusalem. Une tradition vieille de plus de mille ans, et qui symbolise l'annonce de la résurrection du Christ. Enfin, ceux qui valorisent le sens des choses simples seront heureux de découvrir la puissance de simples chaises : par leur disposition dans nos assemblées de prière, elles disent humblement notre façon de faire communauté. ■

Karem Bustica
Rédactrice en chef de Prions en Église

« Christ est ressuscité. C'est la Bonne Nouvelle, la plus fondamentale. Mais elle n'est pas la seule de ce mois d'avril. »

LES ANGES DANS LES ÉCRITURES

Jacques Nieuviarts, prêtre assomptionniste

Les anges de la Parole

Qui sont les anges ? Dans la Bible, quand ils viennent rencontrer les femmes et les hommes, c'est pour leur transmettre une parole venue de Dieu.

Abraham et Jacob rencontrèrent des anges qui les rassurèrent en chemin et avec qui ils parlèrent. Mais qui sont-ils ? La question me taraude. Nous les appelons anges, et notre culture a depuis longtemps lié tant de représentations à ce mot, dessinant les contours de ce monde entre ciel et terre. J'aime contempler longuement les tableaux qui représentent l'Annonciation. Je suis fasciné par les anges peints par Fra Angelico, si légers. Ceux d'Arcabas, aux couleurs de feu, sont plus sévères, mais m'inspirent également, et tant d'autres, à vrai dire. Beaucoup de peintres ont représenté l'Annonciation ! Tous ne m'inspirent pas, mais je regarde le geste, le mouvement, la délicatesse du regard, la rencontre, prêt à entendre même une parole. Et c'est bien de cela qu'il s'agit, d'une parole venue de Dieu et transmise aux femmes et aux hommes que nous sommes. Mais comment l'est-elle ? Cela demeure mystérieux. De longues traversées dans la Bible m'enseignent qu'elle a des façons de parler, comme nous avons les nôtres, quand il s'agit de dire des choses essentielles, la rencontre ou les appels de Dieu. La Bible a peu à peu inventé un moule littéraire pour dire cet indicible : comment Dieu parle aux hommes, les touche au cœur, les appelle. Moïse entendit une voix du milieu d'un étrange buisson qui brûlait sans se consumer. Et Dieu lui communiqua son nom et le fit pasteur de son peuple (cf. Ex 3, 2. 14). Isaïe dit qu'il eut une vision dans le Temple et entendit une voix qui l'appelait. Il vit aussi voler des chérubins et des séraphins (cf. Is 6, 2) ! Jérémie vit simplement bouillir une marmite et Dieu l'interrogea sur le sens de la vapeur. Il lui disait que, de même, le malheur venait du nord pour son peuple. Il vit aussi un amandier et entendit ou comprit que Dieu l'appelait à amender son peuple par sa parole (cf. Jr 1, 11-12). Nous le savons d'expérience, la parole de Dieu qui retentit en l'homme est souvent intérieure. Mais elle peut aussi nous parvenir par celle d'autres personnes, ou par la compréhension d'événements qui nous saisissent et « deviennent parole » (le mot parole en hébreu a ce double sens de parole et événement). Lorsque la Bible parle d'anges, peut-être nous faut-il être pudiques et consentir à ne pas voir leur visage ni entendre leur voix, mais du moins accueillir leur message, car il vient de Dieu. Il en va souvent ainsi dans notre vie ! Dieu est discret. Et nous apprenons au fil du temps à reconnaître sa parole. ■

La Bible a inventé un moule littéraire pour dire cet indicible : comment Dieu parle aux hommes.

LES SECONDS RÔLES DANS LA BIBLE

Anne Lécu, dominicaine

Jésus et les centurions

Des centurions de l'armée romaine sont cités dans les évangiles. Ils n'avaient peut-être pas le meilleur rôle à l'époque de Jésus, et pourtant deux d'entre eux, en le voyant, nous livrent un acte de foi.

Les centurions de l'armée romaine, qui commandaient chacun cent hommes, ont parfois eu recours à Jésus, comme cet homme venu à lui pour lui demander de guérir un de ses serviteurs. Jésus s'apprêtait à le rejoindre, mais l'homme a préféré lui épargner cette peine avec ces mots désormais nôtres : « Seigneur, je ne suis pas digne que tu entres sous mon toit, mais dis seulement une parole et mon serviteur sera guéri » (Mt 8, 8). Et Jésus fut dans l'admiration.

Ces hommes sont loin de chez eux. Ils occupent un pays qui n'est pas le leur, et font certainement leur travail avec loyauté pour les uns, ou pour voir du pays pour les autres. Ils font partie de la chaîne de commandement de César. Ce sont souvent ces maillons-là, les gradés de terrain, qui ont le rôle le plus difficile et le plus sensible. Certains ont sans doute côtoyé Jésus sans le voir, d'autres ont peut-être été un peu agacés par sa bande d'amis un peu explosifs dont certains sont liés aux zélotes. Quelques-uns, on le sait, avaient pour lui de la sympathie. Ils ne sont guère différents de nous. Et voilà la Pâque juive lors de laquelle Jésus est livré à Pilate, puis aux soldats. Nous ignorons le nom du centurion responsable de l'équipe qui va arrêter Jésus, l'humilier et le violenter. Nous ne savons pas s'il est présent, s'il cautionne, ou s'il ignore ce qui se passe. L'évangile de Marc, très sobre habituellement, prend le temps de décrire les crachats, les moqueries et les coups. Nous retrouvons le centurion devant la Croix, à la mort de Jésus. Dans toute l'atmosphère ...

Première Alliance

« Qui regarde vers lui resplendira, sans ombre ni trouble au visage. Un pauvre crie ; le Seigneur entend : il le sauve de toutes ses angoisses. » Psaume 33 (34), 6-7

… d'effondrement qui entoure la Passion, après la fuite des disciples et le reniement de Pierre, il est le seul à poser de façon extrêmement claire un acte de foi. Il est en face de Jésus et s'écrie : « Vraiment, cet homme était Fils de Dieu ! » (Mc 15, 39). Marc poursuivra les récits du matin de Pâques en mettant en avant la peur des femmes et l'absence de foi de tous. Seul cet homme, au milieu du Golgotha, comme un jumeau de Jésus, semble nous dire qu'il est possible de croire même quand on est très loin, non seulement culturellement, mais aussi existentiellement car il a peut-être cautionné les coups reçus par le Seigneur. Et pourtant. Il est là, en face du Christ. Il le regarde et il le voit. Nul ne sait ce que deviendra cet homme plus tard ni ce qu'il fera de cette rencontre avec le Christ. Le centurion de la Passion est en quelque sorte la réponse à la question que posait Jésus avec grande anxiété : « Le Fils de l'homme, quand il viendra, trouvera-t-il la foi sur la terre ? » (Lc 18, 8). ■

Nouvelle Alliance

« Le centurion qui était là en face de Jésus, voyant comment il avait expiré, déclara : "Vraiment, cet homme était Fils de Dieu !" »

Marc 15, 39

Emmanuelle Billoteau, ermite

« Devant moi, tu as ouvert un passage » (Ps 30 [31], 9)

La Semaine sainte et les célébrations pascales nous acclimatent au grand passage qu'est la mort pour la vie, en nous recentrant sur le Christ en sa relation au Père et à l'Esprit d'une part, à notre humanité et au cosmos d'autre part.

Une hymne de Carême, intitulée *Lumière pour l'homme aujourd'hui,* nous donne une clé de compréhension de la liturgie du triduum pascal (de la messe du soir du Jeudi saint au dimanche de Pâques) avec ces mots qui concluent la première et la troisième strophe : « Comment savoir d'où vient le jour, si je ne reconnais ma nuit ? […] Comment savoir quelle est ta vie, si je n'accepte pas ma mort ? » Si la liturgie du Jeudi saint ne pose en général pas trop de questions à notre conscience contemporaine, il n'en est pas de même pour le Vendredi saint et la vénération de la croix, ni pour le Samedi saint, journée « a-liturgique » nous proposant de veiller dans le silence avec Jésus, le roi qui « dort » (homélie anonyme ancienne). Or ces deux jours sont pourtant essentiels…

... pour accueillir avec une réelle profondeur la nouveauté, la lumière et la joie de Pâques. Ils nous confrontent à des réalités que nous essayons d'oublier parce qu'elles nous blessent et nous remettent devant la finitude humaine, la haine, la violence, le mal et la mort. Et cela, non parce que la souffrance et la mort auraient une valeur en elles-mêmes, mais pour nous apprendre à les traverser à la suite du Christ et avec lui. L'Écriture ne donne pas d'explication au mal, mais nous assure de la présence de Dieu à nos côtés en la personne de Jésus qui a vécu notre condition mortelle et est devenu ainsi « capable de compréhension » (He 5, 2). Une présence à laquelle nous sommes invités à nous abandonner, y compris dans la nuit de la foi.

En ce sens, la lecture du livre des Lamentations à l'office monastique des matines (ou des lectures) revêt un poids tout particulier. Cet ensemble de cinq poèmes (chapitres), vraisemblablement écrit dans les années qui ont suivi la prise de Jérusalem et la chute du Temple (587 av. J.-C.), relève du genre des lamentations, bien connu des civilisations du Moyen-Orient ancien et de la Bible, où la douleur personnelle et collective trouve une expression religieuse et publique. Le premier mot hébreu est « comment ? » ou « quoi ? ». Car devant l'absolu du malheur, il ne peut y avoir que sidération, incompréhension ou révolte. Est ensuite décliné le malheur de Jérusalem, cité vaincue comparée à une veuve, avec les conséquences de la défaite sur les habitants du pays : humiliation et affliction dans toutes les couches de la population, face aux ennemis qui jubilent (cf. Lm 1; 5). La culpabilité, qui assaille à un moment ou à un autre tout être dans le malheur, se dit avec intensité et, sur elle, se greffe un appel à la conversion, au retour vers Dieu. Car Dieu semble avoir rejeté son peuple (cf. Lm 2). Le poème de « l'homme qui voit l'humiliation » est particulièrement fort. Au cœur de ce qui relève d'une « descente aux enfers » (cf. Lm 3, 1), d'une déréliction absolue, se vit un retournement en ce lieu intérieur où les ténèbres rencontrent la lumière. « Il [Dieu] m'a broyé les dents avec du gravier, il m'enfouit dans la cendre. Tu enlèves la paix à mon âme, j'ai oublié le bonheur; j'ai dit: "Mon assurance a disparu, et l'espoir qui me venait du Seigneur." Rappelle-toi ma misère et mon errance, l'absinthe et le poison. Elle se rappelle, mon âme, elle se rappelle; en moi, elle défaille. Voici ce que je redis en mon cœur, et c'est pourquoi j'espère: Grâce à l'amour du Seigneur, nous ne sommes pas anéantis; ses tendresses ne s'épuisent pas; elles se renouvellent chaque matin, – oui, ta fidélité surabonde. Je me dis: "Le Seigneur est mon partage, c'est pourquoi j'espère en lui" » (Lm 3, 16-24).

Nous reconnaissons la victoire de la vie donnée par Dieu, une victoire sur la mort que le Christ porte à son sommet dans sa résurrection.

Nous reconnaissons, dans cette capacité à reprendre espoir, la victoire de la vie donnée par Dieu, une victoire sur la mort que le Christ porte à son sommet dans sa résurrection. Pour les mélomanes, rappelons enfin que ces lamentations ont été mises en musique par Couperin et Lalande *(Leçons de ténèbres)*, par Tallis et Allegri *(Lamentations de Jérémie)*. ■

Des témoins du synode sur la synodalité – qui poursuit son chemin dans sa phase continentale – nous racontent ce qui se vit dans leur pays.

La mission au centre

DR

Bernard Holzer, prêtre assomptionniste, habite à Manille aux Philippines, depuis 2006. Il distingue trois appels qui ont particulièrement été retenus lors de la phase diocésaine du synode : aller vers les personnes pauvres, former les baptisés, renouveler la façon d'animer l'Église.

MANILLE, PHILIPPINES La préparation du synode sur la synodalité a été contrastée. Dans certains diocèses, peu de concertation; dans d'autres, une discussion confisquée par les équipes en place; ailleurs, des sorties aux « périphéries », à la rencontre des habitants des bidonvilles, des ouvriers, des pêcheurs. Cela dépendait beaucoup du charisme de l'évêque local. Les communautés ecclésiales de base, présentes dans tous les diocèses, ont sans doute été les plus actives et les plus participantes.

J'ai regretté, pour ma part, que nous n'ayons pas saisi davantage cette occasion pour rencontrer ceux, de plus en plus nombreux, qui quittent l'Église en silence, surtout dans les zones urbaines.

La synthèse nationale fut originale. Pour éviter une remontée laborieuse des 86 diocèses, une équipe synodale nationale a d'abord animé des assemblées par archidiocèses puis organisé une assemblée synodale nationale avec plus de 250 participants : tous les évêques, des prêtres, des religieuses et des laïcs délégués par chaque diocèse. Ils suivirent la démarche du « voir – juger – agir » et partagèrent leurs découvertes de manière créative.

Trois appels ont particulièrement été retenus : l'Église doit aller à nouveaux frais vers les personnes pauvres, les accueillir et les écouter; la formation des baptisés doit devenir une priorité, une conversion dans la façon d'animer l'Église est exigée.

« L'une des prises de conscience les plus troublantes est que notre Église locale est loin d'être l'Église des pauvres que nous aspirons à être, notait l'archevêque de Manille, le cardinal Jose Advincula. Il y a un fossé sombre et large entre l'Église et les pauvres de notre pays. L'Église ne connaît pas les pauvres, et ces pauvres ne connaissent pas l'Église. Nos frères pauvres et marginalisés ont le sentiment que leurs points de vue et leurs valeurs sont ignorés dans nos communautés et organisations ecclésiales. »

Le président de la conférence des évêques des Philippines, Mgr Pablo Virgilio David, notait pour sa part : « Nous sommes appelés à ouvrir des portes à la rencontre, à l'écoute et au dialogue; à un plus grand témoignage de simplicité et d'humilité ; renforcer la formation à la foi et l'autonomisation des laïcs, ainsi que l'édification de nos communautés. Beaucoup sont baptisés, mais ils en savent peu sur leur foi chrétienne. »

Il faut alors recentrer l'Église sur sa mission : faire connaître Jésus et sa Bonne Nouvelle ! ■

Vencelas Deblock, prêtre du diocèse de Cambrai, historien de l'art

Chaises d'églises

S'asseoir, se lever, se mettre à genoux, en cercle ou en rang d'oignons… La présence de sièges et leur disposition dans nos églises nous invitent à ne jamais rester assis dans notre pratique liturgique et communautaire.

Nous sommes tellement habitués à nos églises structurées par leurs sages rangées de chaises que nous n'imaginons pas qu'il ait pu en être autrement. Pourtant lorsque les chaises sont retirées, lors de grands rassemblements par exemple, nous sommes saisis par l'espace qui se déploie alors librement.

Au Moyen Âge, les nefs des églises étaient non seulement des espaces liturgiques, mais des espaces de vie et de rencontres. L'exemple de la cathédrale de Chartres (28), qui a redécouvert le merveilleux labyrinthe caché sous les chaises qui le recouvraient, le démontre. Destiné aux pèlerins comme aux simples visiteurs, le labyrinthe dessine sur le sol une démarche de prière ou, a minima, une question sur le sens de la vie et la recherche de Dieu.

C'est avec la généralisation de la prédication lors de la Contre-Réforme catholique que l'usage des chaises s'impose. Les prie-Dieu, jusqu'alors réservés à l'usage privé, gagnent aussi les églises pour faciliter l'agenouillement au cours des liturgies eucharistiques et exprimer le caractère sacré de la présence réelle du Christ. L'organisation des églises se rapproche alors de celle des théâtres : les fidèles paient leur place, les meilleures étant devant la chaire. Celles-ci prennent la forme d'un nouveau meuble richement décoré : le banc d'œuvre, dévolu aux bienfaiteurs et notables de la paroisse. L'ordre social est ainsi répété dans l'espace des célébrations. Avec la réorganisation de l'espace liturgique lancée au XXe siècle et entérinée par le concile Vatican II, une réflexion nouvelle sur le sens de l'assemblée émerge, insistant plus sur son caractère communautaire. Si, dans la plupart des églises, l'alignement traditionnel des chaises est conservé en raison de l'espace architectural, la place des fidèles est repensée. Dans les églises

Église Saint-François de Molitor, Paris (XVIe)

contemporaines, on préfère parfois des dispositions plus enveloppantes, comme à Saint-François de Molitor à Paris (XVIe), où les bancs sont disposés en mandorle autour de l'autel. Ce qui nous semble si banal – « notre » siège à la messe – nous invite finalement à réfléchir sur nos attitudes corporelles personnelles et communautaires au cours des célébrations et ce qu'elles disent de notre façon de faire communauté. ■

Propos recueillis par **Frédéric Pascal**, journaliste

En pèlerinage tous les jours

Falai Falelavaki, jeune retraitée, vient de Wallis-et-Futuna. Installée avec son mari dans le Maine-et-Loire pour leur retraite en 2017, elle traduit chaque jour en wallisien l'évangile et le commentaire issus de *Prions en Église*.

« Je suis partie en pèlerinage en Terre sainte en novembre 2019. Sur place, j'ai été véritablement saisie par les lieux et par la parole de Dieu. Cela a été une "lecture vivante" de la Bible, comme lorsque nous avons lu l'appel des Apôtres sur les rives du lac de Tibériade. Bien sûr, j'entendais ces textes d'évangile à la messe, sur mon île, puis à Saint-Laurent-des-Autels (49) où nous avons déménagé. Mais sur place, c'est saisissant de voir les lieux où cela s'est passé : ce Jésus dont on parle, il a vécu là, il s'est assis ici, ses pieds se sont posés sur ce sol… Chaque soir, j'envoyais à mes proches à Wallis les photos de ces lieux, avec les commentaires du prêtre qui nous accompagnait. À la fin, celui-ci nous a dit : "Votre pèlerinage ne fait que commencer : il continue chaque jour avec votre lecture de la Bible."

Alors, j'ai continué de lire dans mon *Prions en Église* l'évangile et le commentaire qui l'accompagne.

© Sandrine Martin

Et j'ai également continué à les envoyer à mes amis là-bas, sur mon île. Certains avaient un peu de mal avec le français, ils m'ont interpellée : "Pourquoi ne nous enverrais-tu pas les commentaires en wallisien ?" Je me suis prise au jeu : depuis lors, je traduis l'évangile et le commentaire chaque jour. Après la messe du matin dans mon village, je reste devant le tabernacle et je dis au Seigneur : "Donne-moi les mots pour dire ta parole." De retour à la maison, je me mets à ma table pour traduire l'évangile et le commentaire du lendemain. À Wallis, ils sont contents de recevoir les textes du jour à leur réveil. Mes amis d'ici, de là-bas et de Calédonie les partagent à leurs propres amis. Ma sœur a pris l'engagement d'aller tous les jours lire l'évangile en wallisien chez des personnes qui n'ont pas internet : ça fait effet boule de neige ! Vraiment, mon pèlerinage continue et les pèlerins sont nombreux. ■

QUESTION DU MOIS

Pourquoi seul l'évêque préside-t-il la messe chrismale?

Unique au cours de l'année liturgique, célébrée le matin du Jeudi saint ou un autre jour de la Semaine sainte, la messe chrismale rassemble tous les baptisés du diocèse. Elle manifeste la communion et la mission de l'Église du Christ, de qui elle tire son nom. L'évêque la préside, entouré des prêtres du diocèse qui y renouvellent leurs promesses sacerdotales. L'évêque bénit l'« huile des catéchumènes » (force pour lutter contre le mal) et l'« huile pour les malades » (soutien dans l'épreuve de la maladie); et il consacre le saint chrême, huile parfumée conférée lors du baptême, de la confirmation, de l'ordination des prêtres et évêques : il est le signe du sacerdoce commun des baptisés et du sacerdoce ministériel. Ces huiles sont partagées à toutes les paroisses à la fin de la messe chrismale.

Saint Ignace d'Antioche (fin du Ier siècle) résumait : « Là où est l'évêque, là est l'Église. » Le ministère de l'évêque est au service de tous : la concélébration de la messe chrismale manifeste la collaboration des prêtres à sa mission, et tous les membres du corps ecclésial du Christ participent, chacun selon sa vocation, à l'annonce de l'Évangile et au service des hommes. Ce temps fort de l'Église diocésaine autour de son pasteur manifeste son unité. ■

Michèle Clavier, *théologienne*

À la découverte de l'ordre de Saint-Jean-de-Jérusalem

Sur les pas de saint Paul à Malte

Malte, surnommée « la Fière », a résisté à de multiples invasions sans jamais perdre sa foi chrétienne. L'ordre des Chevaliers de Saint-Jean-de-Jérusalem, hospitalier et souverain, y a établi son quartier général en 1523. L'archipel est fortement marqué de cette empreinte qui se révèle à travers nombre de forteresses, des palais somptueux et de superbes églises baroques. Un passage mouvementé des Actes des Apôtres (Ac 27 ; 28) rapporte le séjour de saint Paul sur cette île et invite les chrétiens à faire rayonner la charité et l'hospitalité, expressions concrètes de l'Évangile. Le pèlerinage sera accompagné par Venceslas Deblock, prêtre du diocèse de Cambrai, historien de l'art et spécialiste de saint Paul. ■

Corinne Miguel, *responsable événementiel*

PRATIQUE **Du lundi 5 au dimanche 11 juin 2023.** Une sélection **"Prions en Église",** organisée par Routes bibliques. **Informations et inscriptions :** 01 45 49 07 77 ou accueil@routesbibliques.fr

Adélaïde Royal, volontaire de la DCC et assistante de langue française en Terre sainte

L'arrivée du feu sacré à Ramallah

« Nous sommes le samedi avant la fête orthodoxe de Pâques, à Ramallah (Palestine). La rue principale est noire de monde. Toute la population de la ville et des villages alentour se presse pour voir l'arrivée, depuis Jérusalem, du feu sacré qui vient annoncer la résurrection du Christ. À seulement 16 kilomètres de là, dans l'église du Saint-Sépulcre, les chrétiens orthodoxes célèbrent cette cérémonie dite miraculeuse, comme chaque année depuis plus de mille ans. Le patriarche entre dans le tombeau, son cierge éteint, reste un long moment en prière avant de ressortir brandissant le cierge allumé. La tradition veut que les scouts de Ramallah rapportent cette lumière depuis Jérusalem. Le trajet est d'autant plus symbolique qu'ils doivent traverser le mur de séparation, infranchissable sans un permis délivré par Israël. Après avoir défilé en grande pompe au son des tambours et des cornemuses, les scouts distribuent la flamme qui se répand à toute vitesse dans la foule. Je suis immergée dans ce moment de joie collective, et marquée par l'unité puisque tous, chrétiens comme musulmans, y participent. Le prouvent les slogans qui résonnent : "Islam et chrétienté, toute la Palestine unifiée." » ■

©DCC/Adélaïde Royal

Parti de Jérusalem, le feu sacré annonçant la résurrection du Christ est accueilli par des chrétiens et des musulmans à Ramallah, en Palestine.

Anne-Quitterie Jozeau, journaliste

Les religieuses au chocolat

Pâques est aussi synonyme de… chocolats ! En Champagne, une dizaine de sœurs cisterciennes de l'abbaye Notre-Dame du Val d'Igny fabrique du chocolat toute l'année. Un travail manuel et spirituel.

À 9 h 30, à l'issue de l'office de tierce, cinq religieuses accourent dans un bal d'habits monastiques. Direction le corps de ferme, en face de l'abbaye du XIIe siècle, Notre-Dame du Val d'Igny (Marne). Cette vieille bâtisse abrite la chocolaterie des sœurs depuis 1961. Les cisterciennes y réalisent six tonnes de chocolats par an. « La chocolaterie fournit du travail à toutes les sœurs », explique la mère Isabelle, dont l'accent méridional détonne dans la campagne marnaise. Si les bouchons sont leur spécialité, les religieuses produisent aussi des napolitains, des œufs de Pâques, des lapins en chocolat, des tablettes au chocolat au lait, noir ou praliné, des petits sujets… On fabrique de tout dans cette chocolaterie hors norme !

Une fois par trimestre, un camion livre aux sœurs de l'abbaye plusieurs centaines de kilos de chocolat brut. Le travail commence par la mise au point du chocolat. Des machines, appelées « tempéreuses », font fondre le chocolat à bonne température. Après cette étape, le chocolat passe dans la machine « *one shot* » :

a boutique
e l'abbaye

L'abbaye Notre-Dame du Val d'Igny

Sœur Marie-Pierre récupère les chocolats réalisés avant de les mettre au frais.

en une seule injection, avec ou sans fourrage, le chocolat est prêt.

« Aujourd'hui, quelques chocolats sont encore réalisés à la main », se réjouit sœur Marie-Joëlle, responsable de la chocolaterie, en les énumérant – « œufs, cloches, anges… » – avant de poursuivre, sur le ton de la confidence : « C'est agréable d'en faire manuellement. Avant, tout était confectionné à la main. Nous avons automatisé une partie de la production, mais nous avons gardé l'habitude d'en faire une partie de manière artisanale. »

Pour Marie-Rose, la sœur hôtelière : « Le travail à la chocolaterie nous ramène à une certaine forme d'humilité. Ce travail manuel nous aide à grandir spirituellement. Notre vie spirituelle part de l'acceptation du réel. » Car les religieuses de ce vallon de la Marne doivent « s'adapter à la matière parfois capricieuse du chocolat ». Suivant la température qu'il leur faut, les chocolats réalisés sont placés à refroidir dans une des trois pièces : le réfrigérateur, la salle climatisée à 16 degrés ou celle à température ambiante. Surviennent la …

… phase du démoulage et celle du conditionnement, tâche à laquelle s'adonnent cinq sœurs aînées, préposées à l'emballage et l'étiquetage des produits. Une fois fin prêts, certains chocolats sont transportés au magasin pour une vente directe, d'autres envoyés à l'extérieur. La chocolaterie attire de nombreux curieux, parfois venus de loin. Les consacrées y voient l'occasion pour elles d'entrer en relation avec les visiteurs : « Le chocolat est un prétexte, c'est un moyen missionnaire », glisse sœur Marie-Rose. Aux touristes de passage, elle explique : « On ne mange pas énormément de chocolat quand on y travaille. On en garde le goût et l'appétit ! » D'ailleurs, la sœur hôtelière répète souvent avec humour aux visiteurs : « Dieu n'a pas créé les bonnes choses pour cracher dessus. » La cistercienne invite ces pèlerins du chocolat non à la gourmandise, mais à la « gourmettise », car « être gourmet, ce n'est pas un défaut », justifie-t-elle avec malice.

Depuis quand mange-t-on du chocolat à Pâques ?

Au Moyen Âge, les chrétiens décoraient les œufs, symboles de vie, non consommés pendant le Carême. Au XVIIIe siècle, le cacao se popularise. En plus d'être décorés, les œufs sont vidés puis remplis de chocolat et dégustés le jour de Pâques. Depuis, certains monastères se sont spécialisés dans la fabrication de chocolat.
Outre les cisterciennes du Val d'Igny (Marne), citons la Joie Notre-Dame à Campénéac (Morbihan), Notre-Dame de Bonneval (Eure-et-Loir) et Notre-Dame-de-la-Paix à Castagniers (Alpes-Maritimes).

LE JOUR DU SEIGNEUR – FRANCE 2 (11 heures)

2/4 Couvent Saint-Thomas d'Aquin, Lille (59).
Prédicateur : P. Frédéric Ozanne, prêtre de la Mission de France.

9/4 Messe depuis la canton de Fribourg, Suisse.
Prédicateur : *information non confirmée.*

16/4 *Informations non confirmées.*

23/4 Église Saint-Pierre, Cognin (73).
Prédicateur : P. Vincent Cabanac, assomptionniste.

30/4 Église Saint-Pierre de Biesmerée, Mettet (Belgique).
Prédicateur : *information non confirmée.*

FRANCE CULTURE (10 heures)

2/4 Chapelle Notre-Dame de la Médaille miraculeuse, Paris (VIIe).
Prédicateur : P. Alexis Cerquera Trujillo, lazariste.

9/4 Chapelle Notre-Dame de la Médaille miraculeuse, Paris (VIIe).
Prédicateur : Mgr Bernard Podvin.

16/4 Chapelle Notre-Dame de la Médaille miraculeuse, Paris (VIIe).
Prédicateur : Fr. Gabriel Nissim, dominicain.

23/4 Chapelle Notre-Dame de la Médaille miraculeuse, Paris (VIIe).
Prédicateur : P. Guillaume de Menthière.

30/4 Église Saint-Maxime, Antony (92).
Prédicateur : P. Ambroise Riché.

Informations communiquées sous réserve de modifications.

LIVRES

LA SÉLECTION DE PANORAMA

Dieu est patient

Paul-Dominique Marcovits
Éditions du Cerf, 82 p.

Vous n'avez pas le temps de suivre une retraite spirituelle ? Le frère Paul-Dominique Marcovits, dominicain à Strasbourg, vous invite à le faire… chez vous. Partant du psaume 102 – « Le Seigneur est […] lent à la colère et plein d'amour », il propose six jours de méditations guidées, accompagnées de questions permettant de s'approprier les enseignements. Précieux ! ■

Marie-Christine Vidal

Le dialogue interreligieux : une perspective chrétienne

Dennis Gira, Chemins de dialogue, 250 p.

Théologien et chercheur, Dennis Gira répond avec tact et simplicité, dans son nouvel ouvrage, aux chrétiens parfois frileux à l'idée de promouvoir et d'exercer le dialogue interreligieux, dont il est expert. Prenant des exemples bibliques ou personnels, il souhaite rassurer et éclairer le lecteur, tout en « exhortant » au dialogue entre croyants, à l'instar du pape François.

Un renouveau au-delà de la paroisse

James Mallon,
Artège Le Sénevé, 380 p.

L'auteur de *Manuel de survie pour les paroisses* sort un nouveau recueil sur la mission dans les églises. Visant la transformation de chaque paroisse, le père James Mallon donne des clés concrètes pour en repenser l'organisation. Il évoque la création d'une culture propre à la paroisse, le système de gouvernance à instaurer et l'étroite collaboration à établir avec les diocèses pour des objectifs précis. ■

Anne-Quitterie Jozeau

EXPOSITION

Christ mort soutenu par deux anges, Giovanni Bellini, vers 1470-1475, Gemäldegalerie, Berlin (Allemagne).

Giovanni Bellini le Vénitien

Né à Venise dans une famille de peintres renommés, Giovanni Bellini (v. 1430-1516) est souvent présenté comme un précurseur de l'école vénitienne. À travers une cinquantaine d'œuvres issues de collections publiques et privées européennes, le musée Jacquemart-André veut souligner combien l'artiste, l'un des maîtres de l'art chrétien, se réinvente constamment au gré des influences et des rencontres. ■

Benoît de Sagazan, rédacteur en chef du *Monde de la Bible*

« Giovanni Bellini, influences croisées », jusqu'au 17 juillet au musée Jacquemart-André, à Paris (75008) www.musee-jacquemart-andre.com/fr/giovanni-bellini

NOS ACTUS

Agenda 2023-2024

Unique sur le marché, conçu avec Quo Vadis et de fabrication française, l'agenda universitaire *Prions en Église* est disponible en précommande sur la librairie Bayard. Il contient, chaque jour, une citation de l'évangile et les références des lectures de la messe, les prières du pape François, le calendrier liturgique et un carnet répertoire pour noter tous vos contacts et vos précieux codes. ■

Amandine Boivin

Disponible en précommande sur librairie-bayard.com/agenda2324 et en librairie dès le 10 mai.

CD

La joie du Vivant Eucharisto !

ADF Musique

Les Scouts et Guides de France (SGDF) proposent un parcours eucharistique complet. Il comporte une vingtaine de chants créés pour célébrer en camp, en paroisse comme en aumônerie avec des jeunes (même loin de l'Église) ainsi que la messe composée pour le centenaire du mouvement SGDF.

Marcher ensemble

Raoul Mutin

ADF Musique

Les quinze chants de ce nouvel album de Raoul Mutin nous appellent à être les pierres vivantes d'une Église synodale. Ils nous invitent à « marcher ensemble », à donner une place à la fraternité dans nos vies, à écouter la Parole, à être attentifs aux cris de nos sœurs et frères. ■

Dominique Pierre, rédacteur en chef de *Chantons en Église*

NUMÉRIQUE

Femmes de la Bible

Il en est des personnages de la Bible comme de ceux des arbres généalogiques de nos familles. Une fois la cinquième géné-ration de nos aïeux passée, les souvenirs sur l'histoire de la vie de nos ancêtres sont de plus en plus flous. Dans une première série consacrée aux personnages des Écritures, découvrez sur l'appli *Prions en Église* cinq femmes aux destins étonnants. Cinq méditations originales proposées par Benoist de Sinety, prêtre à Lille. ■

Sébastien Antoni

Sur Appstore et Google play

Informations communiquées sous réserve de modifications.

PÈLERINAGE NATIONAL J-135! 150 ANS

PRIÈRE

Béatification de cinq Français

Le 22 avril 2023, sont béatifiés cinq martyrs de la Commune de Paris : les prêtres picpuciens Ladislas Radigue, Polycarpe Tuffier, Marcellin Rouchouze, Frézal Tardieu, et le père Henri Planchat. Ce dernier, frère de Saint-Vincent-de-Paul, consacra sa vie aux pauvres dans les quartiers populaires parisiens. Ces cinq religieux figurent parmi les cinquante prisonniers civils, gendarmes et religieux massacrés rue d'Haxo, le 26 mai 1871 lors de la « Semaine sanglante ». ■

Grand Nord-Ouest

VION (72)

DU VENDREDI 14 AU DIMANCHE 16

Session

Quel message nous délivre le Saint-Sépulcre encore aujourd'hui ? Un week-end pour découvrir celui de Jérusalem et sa copie au sanctuaire Notre-Dame du Chêne.

02 43 95 48 01
ndchene@notredameduchene.com
www.notredameduchene.com

LA FERTÉ-IMBAULT (41)

SAMEDI 15 ET DIMANCHE 16

Retraite spirituelle

« Discerner à la lumière de la parole de Dieu » : pour les familles et les fiancés, avec les Fraternités monastiques de Jérusalem. Lectio divina, prières et balade en forêt. Animée par Laetitia Calmeyn, vierge consacrée, docteur en théologie, consulteur à la Congrégation pour la Doctrine de la foi.

Catherine Gendre-Usal : 06 07 30 58 54
familles.paris@fraternitesjerusalem.org

Grand Nord-Est

REIMS (51)

MARDIS 4 ET 11

Groupe de prière

Plusieurs mardis soirs par mois, se retrouver en groupe pour prier, écouter la parole de Dieu et louer à la chapelle du •••

... foyer Saint-Sixte. Proposé par le diocèse de Reims et des Ardennes et la Communauté du Chemin Neuf.
P. Thibaut du Rusquec :
thibautdurusquec@gmail.com
03 26 47 67 15
https://espacemissionnairereimsest.fr

JOIGNY (89)
DU JEUDI 6 AU DIMANCHE 9
Triduum pascal
Célébrer le mystère pascal. Temps de réflexion et de prière, seul ou en groupe, avec les religieuses du Sacré-Cœur, animés par l'équipe du centre Sophie-Barat. Et participation aux offices avec les paroissiens de Joigny.
03 86 92 16 40
centre-sophie-barat@rscj.com
www.centre-sophie-barat.com

MOUVAUX (59)
DU VENDREDI 21 AU JEUDI 27
Session prière et vélo
« Prier et pédaler », partager des tranches de vie à la lumière de l'Évangile et de bons moments de convivialité. Avec Guy Delage, jésuite, et une équipe du centre spirituel du Hautmont.
contact@hautmont.org
03 20 26 09 61
www.hautmont.org

Grand Sud-Ouest

BORDEAUX (33)
SAMEDI 1ER
Formation à la prière
Expérimenter comment la parole de Dieu, le silence et notre propre parole irriguent nos différentes prières. Autour de la spiritualité cistercienne, avec Mère Marie-Christine, cistercienne, mère abbesse de l'abbaye Notre-Dame du Rivet (Gironde).
05 57 81 74 96
www.institutpeyberland.fr

DORAT (87)
LUNDI 10
Cérémonie
Ouverture solennelle des Ostensions de saint Israël et saint Théobald. Ces fêtes septennales honorent les saints patrons de la ville de Dorat. Messe à 10h30 suivie de la procession des reliques.
confrerieisraeltheobald.fr

TOULOUSE (31)
LES JEUDIS 6, 13 ET 20
Session
« Attention, fragiles ? » :

un parcours (en trois fois deux heures) autour du chemin d'humanité qu'est la fragilité, la nôtre et celle de nos proches. Partage, réflexion personnelle et découverte de la tradition ignatienne. Avec Catherine Guillet et Alain Feuvrier, jésuite.
05 62 71 65 30
secretariat@coteaux-pais.net
www.coteaux-pais.net

Grand Sud-Est

BIVIERS (38)
DU DIMANCHE 2 AU LUNDI 10
Retraite spirituelle
Pendant la Semaine sainte, prier et relire sa vie, en silence et selon les Exercices spirituels de saint Ignace. Retraite à la carte, avec un accompagnement •••

ZOOM

Frat des lycéens à Lourdes
« N'ayez pas peur ! » : les lycéens se rassemblent sur ce thème au Frat à Lourdes, du 23 au 28 avril. Invités à « prier, rencontrer, chanter » par les évêques d'Île-de-France, ces jeunes âgés de 15 à 18 ans participent à des carrefours, des témoignages spirituels, des activités ludiques, festives et par diocèse. « Nous espérons les outiller pour qu'ils puissent passer de la peur à une moindre crainte de la vie actuelle et, accompagnés du Saint-Esprit, l'affronter avec recul et lucidité », explique Jean-Michel Dupont, délégué du Frat (pour Fraternel). À la basilique Saint-Pie-X et autour des sanctuaires, ils peuvent vivre aussi deux célébrations, la procession mariale, le sacrement des malades et une soirée de louange et d'adoration. « Nous sommes heureux de retrouver Lourdes, ajoute le délégué : il n'y avait pas eu de Frat ici depuis 2018. » Se tient aussi le FestiFrat, où se produisent des groupes de pop louange : Be Witness, Believe, Hopen, etc. L'occasion pour les 10000 jeunes attendus, parfois éloignés de l'Église, de « découvrir le visage inattendu de la foi ! » ■ **Clotilde Pruvôt**
http://frat.org

... individuel.
Autre possibilité,
du 10 au 16 avril.
04 76 90 35 97
www.sainthugues.fr

LES HOUCHES (74)

DU LUNDI 24 AU DIMANCHE 30

Retraite spirituelle

« Un pauvre crie, le Seigneur entend » (Ps 33, 7) : retraite autour des figures de la Bible, animée par Jean-Sébastien Tuloup, prêtre. Au foyer de charité de La Flatière.
04 50 55 50 13
retraite@flatiere.fr
www.flatiere.org

Île-de-France

CLAMART (92)

DU DIMANCHE 2 AU VENDREDI 7

Retraite biblique

« Vivre la Semaine sainte », à partir de la parole de Dieu. Retraite prêchée par Roland Meynet, jésuite, et animée par Marie-Agnès Bourdeau et Robert Huet, prêtre.
01 45 29 98 60
accueil@manrese.com
www.manrese.com

PARIS (VIE)

VENDREDI 21

Journée d'études

Journée « Éthique biomédicale » pour un état des lieux des « Défis nouveaux de l'accompagnement en fin de vie », avec différents acteurs et observateurs des soins palliatifs et en collaboration avec la Maison médicale Jeanne-Garnier à Paris (XVIe). Ouvert à tous.
01 44 39 75 00
secretariat@centresevres.com
www.centresevres.com

FRANCE

DIMANCHE 30

Le 4e dimanche de Pâques, l'Église invite à prier pour les vocations.

ENVOYEZ VOS RENDEZ-VOUS À L'AGENDA DE PRIONS EN ÉGLISE : Merci d'envoyer les informations nécessaires 3 mois avant l'événement, sans engagement de publication par la rédaction, à : *Prions en Église*, Agenda, 18 rue Barbès, 92120 Montrouge, ou par e-mail : *prionseneglise@groupebayard.com*